**21세기
지정학과
미국의 패권전략**

■ ■ ■ ■ ■ ■ ■

자신의 정책을 시대에 맞추는 자는 흥하지만,

정책이 시대의 요구와 충돌하는 자는 멸망한다.

■ ■ ■ ■ ■ ■ ■

마키아벨리

THE NEXT DECADE

GEORGE FRIEDMAN

21세기
지정학과
미국의 패권전략

제국으로서 미국은 어떻게 세계를 지배하는가

조지 프리드먼 지음 | K전략연구소 옮김

김앤김북스

THE NEXT DECADE by George Friedman

21세기 지정학과 미국의 패권전략
제국으로서 미국은 어떻게 세계를 지배하는가

초판 1쇄 발행 2018년 3월 15일
초판 2쇄 발행 2018년 9월 15일

지은이 조지 프리드먼
옮긴이 k전략연구소
발행인 김건수
발행처 김앤김북스
디자인 이재호디자인

출판등록 2001년 2월 9일(제 2015-000138호)
주소 서울시 마포구 월드컵로42길 40, 326호
이메일 apprro@naver.com
전화 (02) 773-5133
팩스 (02) 773-5134
ISBN 978-89-89566-72-4 03340

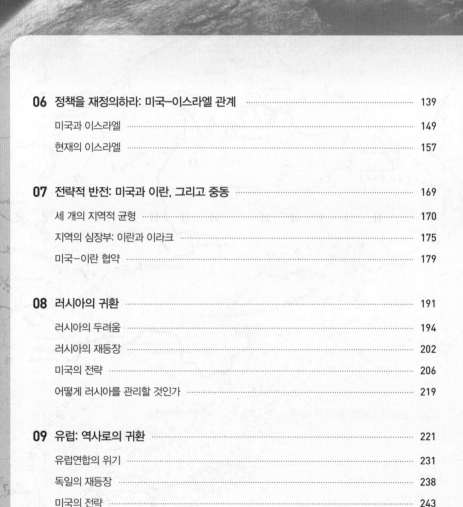

앞으로 맞이하게 될 10년은 동아시아 지역, 특히 한국에게 중요한 시기가 될 것이다. 최근 급변하는 동아시아를 바라보면서 나는 두 개의 확실한 가능성을 읽어낼 수 있었다. 첫째, 중국 경제의 눈부신 성장은 곧 국내외의 수많은 문제들과 함께 서서히 정체될 것이다. 둘째, 지금까지도 이미 강력한 경제력을 가지고 있는 일본은 잦은 재해에도 불구하고 더 강력한 힘을 갖게 될 것이다. 나는 이 두 강대국과 위의 두 가지 가능성 사이에 위치한 한국이 다음 10년에는 그 어느 때보다도 중요한 역할을 수행하게 될 것이라고 판단한다.

그 어떤 경제적 발전과정도 아무런 굴곡 없이 일직선으로 뻗어나가지는 않는다. 이런 원리는 중국에게도 똑같이 적용된다. 알다시피 오늘날 중국은 극심한 경제적 변동을 겪고 있다. 하지만 이런 비약적인 발전의 이면에는 10억 명에 이르는 가난한 국민들이 소외된 채 방치되어 있다. 이들은 그리 멀지 않은 미래에 자신들의 생존권과 극심한 빈부격차를 돌파하기 위한 행동에 돌입할 것이다. 한편 수출에 주로 의존해온 중국은 점차 증가하고 있는 수출비용과 치솟는 가격으로 인해 경쟁력을 잃어가고 있다. 이런 상황은 수출 산업 전반에 걸쳐 노동력을 줄여야 한다는 압박으로 이어지고 있다. 중국의 빈곤층이 처한 상황을 고려해볼 때, 이런 노동력 축소로 인한 실업률 증가는 사회적 불안과 동요를 불러일으킬 것이다. 몸집을 키워가는 중국 경제와 더불어 이런 압박은 이미 가시화되고 있다.

일본은 동아시아지역에서 대부분의 사람들이 인식하는 대로, 혹은 그보다 더 강력한 힘을 가지고 있다. 또 일본에게는 중국처럼 빈곤층 때문에 발생하는 경제적 부담도 없다. 물론 일본도 나름대로 심각한 경제적 문제를 떠안고 있다. 2011년 발생한 지진과 쓰나미는 결국 원전사고라는 절망적인 상황으로 이어졌고, 전력수급 문제를 비롯한 경제적 불안이 광범위하게 퍼졌다. 그러나 일본은 회복력이 강한 사회이며, 그 어떤 역경도 극복해낼 수 있을 것이다. 나는 최근의 재난이 일본을 궁지에 몰아넣을 것이라고 생각하지는 않는다. 지난 역사에서 경험했듯이 일본이 또다시 이런 재난의 한계에 도달한 것처럼 보일지라도 그들은 과거보다 훨씬 강력하게 대처해나갈 수 있을 것이다.

한국은 역사적으로 오랜 시간 동안 중국과 일본 사이에 갇혀 있었다. 남한과 북한으로 갈라져 있는 한반도의 현실 역시 이런 상황을 타개하는 데 아무런 도움이 되지 않는다. 다음 10년 동안 한국과 미국의 동맹관계는 더욱더 견고해질 것이다. 이 지역에서 양자가 추구하는 공통의 이익이 존재하기 때문이다. 특히 이 지역에서 점차 가중되고 있는 예측 불가능성은 양국의 관계를 더 확실하게 강화시켜줄 것이다.

한편으로 나는 이런 불확실한 상황 속에서도 북한이 다음 10년 동안 충분히 살아남을 것이라고 믿는다. 북한의 존속은 한반도뿐 아니라 중국과 일본의 정세를 더욱 복잡하게 만들겠지만, 한국과 미국을 더 가깝게 만들어줄 것이다.

나는 다음 10년이 동아시아뿐만 아니라 전 세계적으로도 위험한 시기가 될 것이라고 생각한다. 하지만 그렇다고 해서 어떤 시대가 특히 더 위험하다고 주장하는 것은 불합리하다. 한국전쟁 이후 한국은 빠른 성장을 통해 경제적으로 일정한 위치에 도달했으며 주변의 강대국들에 쉽게 휘둘리지 않을 만큼 충분히 강력해졌다. 그러나 지난 몇 십 년간의 평화로운 상태에 비해 오늘날 이 지역에서 요동치고 있는 정치적, 경제적 변화는 주변 세력들의 이목을 끌기에 충분하다. 이런 상황에서 한국은 특히 더 신중하고 민첩하게 대처해야 한다. 이를 위해서 다음 10년에는 한국도 마키아벨리 같은 지도자를 필요로 하게 될 것이다.

조지 프리드먼

『21세기 지정학과 미국의 패권전략』은 다음 10년에 전개될 제국 (empire)과 공화국(republic), 그리고 권력 행사(exercise of power) 사이의 관계에 관한 책이다. 이 책은 전작 『100년 후』보다는 좀더 개인적인(personal) 책이라 할 수 있다. 왜냐하면 이 책은 세계적인 미국의 권력이 공화국을 훼손할 것이라는 나의 가장 큰 관심사를 다루고 있기 때문이다. 나는 권력을 기피하는 사람이 아니다. 나는 권력 없이는 공화국이 존재할 수 없다는 사실을 이해한다. 하지만 내가 제기하는 문제는 미국이 세계에서 자신의 권력을 행사하는 과정에서 어떻게 행동해야 하고, 그리고 동시에 어떻게 공화국을 지켜내야 하는가이다.

나는 독자들이 두 가지 주제에 대해 생각해 보길 바란다. 첫 번째 주제는 의도하지 않은 제국(unintended empire)이라는 개념이다. 나는 미국이 제국이 되고자 의도했던 것이 아니라 역사가 그런 방향으로 작동해 왔다고 주장한다. 미국이 제국이 되어야 하는가의 문제는 더 이상 의미가 없다. 미국은 이미 제국이다.

따라서 두 번째 주제는 제국의 관리에 관한 것이다. 그리고 그 이면에 있는 가장 중요한 문제는 과연 공화국이 살아남을 수 있을 것인가이다. 미국은 영국의 제국주의에 맞서 건국되었다. 그러한 건국자들이 우리에게 물려준 국가가 지금 이런 딜레마에 처해 있다는 사실은 아이러니할 뿐만 아니라 여러 측면에서 상당히 두려운 일이다. 이러한 운명으로부터 벗어날 길이 있었을지도 모르지만, 그 가능성은 거의 없었다. 국가들은 역사의 제약을 통해 현재와 같은 모습이 된다. 역사는 우리의 이데올로기나 희망사항에 대해서는 전혀 개의치 않는다. 오늘날 미국의 모습이 바로 미국이다.

공화국이 제국의 압력을 버텨낼 수 있다거나 혹은 제국이 잘못 운영되더라도 미국이 그것을 견뎌낼 수 있을지 나로서는 확실치 않다. 조금 다르게 질문을 던져 보자. 제국을 운영하는 방식이 공화국의 요건과 양립할 수 있을까? 이것은 정말로 나에게 확실치 않다. 나는 다음 10년 동안 미국이 세계에서 막강한 세력일 것임을 알고 있다. 그 점에 관한 한 다음 100년 동안도 그럴 것이다. 하지만 미국이 어떤 정치체제를 갖게 될지는 알지 못한다.

나는 공화국을 열정적으로 지지한다. 역사는 정의(justice)와는 무관한 것일지도 모른다. 그러나 나는 늘 정의에 관심을 가지고 있었으며, 그 때문에 오랫동안 제국과 공화국의 관계에 대해 생각해왔다. 내가 도달한 유일한 결론은, 공화국이 살아남고자 한다면, 그것을 구할 수 있는 유일한 제도가 바로 대통령제라는 것이다. 대통령제는 우리의 정치 제도 중 가장 제국적(대통령은 단 한 사람에 의해 구현되는 단일 제도이다)이라는 점에서 조금 이상하게 들릴 것이다. 하지만 동시에 대통령제는 가장 민주적이기도 하다. 왜냐하면 대통령은 전체 국민들이 단일하고 강력한 지도자를 선출하는 유일한 공직이기 때문이다.

대통령이라는 직책을 이해하기 위해 나는 미국의 위대함(American greatness)을 정의한 세 명의 대통령에 주목한다. 첫 번째는 공화정을 구한 에이브러햄 링컨이고, 두 번째는 미국에 세계의 대양들을 선사한 프랭클린 루스벨트이고, 세 번째는 소련 제국을 약화시키고 제국을 위한 기초를 닦은 로널드 레이건이다. 그들 각각은 대단히 도덕적인 인간들이었으나, 그러한 목표들을 성취하기 위해 언제든 거짓말을 하고, 법을 위반하고, 원칙을 저버릴 준비가 되어 있었다. 그들은 내가 '마키아벨리적 대통령'이라고 부르는 것의 역설(paradox)을 보여주었다. 마키아벨리적 대통령은, 좋게 보자면 미국의 약속을 지키기 위해 올바름(righteousness)과 이중성(duplicity)을 조화시킨 것이라 할 수 있다.

나는 정당하다는 것(being just)이 단순하다고 생각하지 않으며, 권력이 단순히 선한 의도(good intention)의 구현이라고도 보지 않는다. 이 책의 주제는 정의가 권력으로부터 나오며, 권력은 우리 대부분이 감수하기 어려운 수준의 무자비함으로부터 온다는 것이다. 정치적 삶의 비극성은 선한 의도가 가진 한계와 권력의 필요성 간의 갈등에 있다. 때때로 이는 선한 결과를 낳는다. 링컨의 경우가 그랬고, 루스벨트, 레이건의 경우도 그랬다. 하지만 미래에는 이에 대한 보장이 없다. 그것은 위대함(greatness)을 필요로 한다.

지정학(geopolitics)은 한 국가에 어떤 일이 벌어지는지 설명해준다. 하지만 국가가 어떤 종류의 정치체제(regime)를 갖게 될 것인지에 대해서는 거의 아무것도 알려주지 않는다. 우리가 만약 권력의 본질을 이해하지 못하고 통치의 기술에 통달하지 못한다면 정치체제의 방향을 선택할 수 없게 될 것이다.

그러므로 미국이 다음 세기를 지배하게 될 것이지만 공화국의 정신을 잃게 될지도 모른다는 말은 절대로 모순이 아니다. 솔직히 나는 그러지 않기를 바란다. 그리고 나는 제국이 공화국을 희생할 만한 가치를 지니고 있는지도 확신할 수 없다. 그러나 역사는 분명 나나 다른 이들이 생각하는 바에 대해 전혀 개의치 않고 흘러갈 것이다.

따라서 이 책은 다가올 10년의 문제들과 기회, 그리고 내재적인 도전에 대해 살펴볼 것이다. 앞으로 다가올 세계에서는 놀라운 동맹이 형성되고 예상치 못한 긴장이 전개되며, 특정한 경제 조류가 융성하거나 쇠퇴할 것이다. 당연하게도, 미국(특히 미국의 대통령)이 어떻게 이런 일련의 사건들에 접근하느냐가 공화국의 번영 혹은 쇠퇴를 좌우하게 될 것이다. 흥미로운 10년이 우리 눈앞에 펼쳐져 있다.

이 책은 세 개의 주제로 이루어져 있다. 첫 번째는 제국으로서 미국과 공화국으로서 미국 간의 긴장이다. 두 번째는 공화국을 유지하면서, 의도하지 않은 그리고 원하지 않은 제국을 관리하기 위해 요구되는 대통령의 자질이다. 세 번째는 다음 10년 동안 우리가 살게 될 세계에 대한 예측이다.

이 책의 하드커버가 출간된 지 8개월이 지난 지금 이 페이퍼백(Anchor판)을 위한 서문을 쓰면서, 나는 사건들이 발생하는 속도와, 미디어나 대중의 인식에 거대하게 보였던 사건들이 이미 잊혀지기 시작했다는 사실에 놀라지 않을 수 없다.

분명 가장 중요한 사건은 유럽연합의 위기가 가속화된 것이다. 『100년 후』와 이 책에서 나는 제도로서의 유럽연합과 통합된 이상(united ideal)으로서의 유럽이 유지될 수 없다고 주장했다. 그것은 단순히 상이한 문화의 문제가 아니다. 비록 그게 작은 문제는 아니지만 진짜 문제는 세계 두 번째 수출 대국인 독일이 그 중심에 있는 자유무역지대라는 것이다. 독일은 자신의 경제를 안정화시키면서 다른 회원국들의 경제 발전 능력을 약화시키는 데 자유무역지대를 활용하고 있다. 이 문제는 브뤼셀의 관료주의와 북유럽에 유리하게 고안된 단일 통화와 결합되어 유럽이 살아남는 것을 상상하기 어렵게 만든다. 사실상 그것

16

은 생존이 아니다. 분명히, 제도로서 죽기까지는 오랜 시간이 걸릴 것이다. 하지만 유럽의 현실은 불과 수년 전에 상상했던 것과는 전혀 다른 것이 되었다. 남아 있는 것은 유럽의 기구들(machinary)과 쓰라림뿐이다.

나는 중국을 위기에 직면해 있는 국가라고 말했다. 중국은 위기의 와중에 있다. 기업들이 파산하는 것을 막고 실업 계층이 부풀어 오르는 것을 막기 위해 중국 은행들은 빚을 상환하지 못하는 기업들에 돈을 빌려주고 있다. 그로 인해 인플레이션이 치솟고 있으며, 이는 다시 중국의 노동력을 멕시코보다 더 비싸게 만들고 있다. 이것이 의미하는 바는 중국이 경제를 유지하기 위해 의존하는 수출이 경쟁력을 잃고 있거나 이윤이 극도로 줄어들고 있다는 것이다. 경제는 성장하지만 이윤은 줄어들고 있다. 이는 1990년대에 일본에서 일어났던 일이고, 지금 중국에서 일어나고 있다. 일본에 대해 그랬던 것처럼, 서구의 미디어들은 여전히 중국의 성공을 찬양하고 있다.

러시아는 금융위기를 경험하지 않은 유일한 강대국으로서 계속해서 힘이 커지고 있다. 터키는 자신의 지역에서 존재감과 영향력을 계속 키우고 있다. 동부 유럽은 폴란드, 체코, 슬로바키아, 헝가리로 이루어진 비세그라드 그룹(Visegrad Battle Group)을 결성하였다. 현 시점에서 그것은 종이 연합에 불과하며, 효과적인 전투력을 형성하는 것과는 거리가 멀다. 하지만 이들 국가는 그들의 안보를 위해 나토(NATO) 이후를 내다보고 있다,

이 책에서 예측하지 못했던 것은 아랍의 봄이었다. 나는 아랍의 봄이 서구인들의 환상 속을 제외하고는, 결코 일어나지 않았다고 주장한다. 어떤 정권도 리비아 외에는 그리고 단지 나토의 개입만으로 무너

지지 않았다. 무바라크Mubarak의 몰락은 정권의 실패가 아니라 개인의
실패였다. 그는 1950년대 나세르Gamel Abdul Nasser에 의해 수립된 군사
정권의 일부인 군부(military junta)에 의해 대체되었다. 현 시점에서 시
리아의 아사드Assad는 무너지지 않았고 정권이 바뀌지도 않았다. 바레
인 정부는 그대로 있으며, 사우디 군대의 보호를 받고 있다. 아랍의 봄
은 일어나지 않았다. 그것은 일어나는 것처럼 보였지만 결코 굳어지지
않았다.

우리는 항상 모든 동요가 혁명으로 이어지는 것은 아니라는 것을 기
억해야 한다. 그리고 모든 혁명이 성공하는 것도 아니다. 모든 성공한
혁명들이 입헌 민주주의를 가져오는 것도 아니다. 분명 군중 가운데는
입헌 민주주의자들이 있지만 그들이 아무리 자주 CNN이나 BBC와 인
터뷰를 한다 하더라도 그들이 군중들의 대다수를 차지하지는 않는다.
그리고 그들 중 많은 수가 민주주의자이면서도 자유주의 정권이 아니
라 이슬람 정권을 만들길 원한다. 결국 이 지역은 정치적 소요가 휩쓸
고 지나갔지만, 흥미롭게도 거의 변한 게 없다. 아랍 세계는 아랍 세계
이고, 그들은 유럽과 미국을 선망하거나 그들의 모습으로 재창조되길
갈망하지 않는다. 그리고 그렇게 되지도 않았다.

내가 주장했던 것처럼, 미국은 어떤 강대국보다 좋은 상황에 있다.
유럽과는 달리, 미국의 경제적 문제는 관리될 수 있다. 이는 미국의 경
제적 문제가 고통스럽지 않았다고 말하는 게 아니다. 미국은 제도적
위기를 만들어내지 않았다거나, 더 정확하게는 세계를 휩쓴 제도적 위
기가 미국에 영향을 미치지 못했다고 말하는 것이 아니다. 글로벌 금
융위기의 가장 중요한 결과는 금융 엘리트들의 권위가 추락했다는 것
이다. 그들은 부패할 뿐만 아니라 무능력한 것으로 보여졌다. 정치 엘

리트들은 그 상황을 안정화하기 위해 개입했으나 문제를 해결하는 데 실패하면서 권위가 추락하고 말았다.

글로벌 위기는 주요 국가의 대중들이 더 이상 정치 엘리트나 금융 엘리트를 신뢰하지 않는다는 데 있다. 이는 유럽과 중국에서 볼 수 있다. 또한 좌파와 우파 운동가 모두가 정치체제의 원칙보다는 리더십에 대해 문제를 제기하는 미국에서도 볼 수 있다. 우파 진영의 티파티The Tea Party와 민주당 좌파는 다른 방식과 다른 정치적 수사로, 엘리트들이 대중의 이익을 위해 행동하고 있는지, 또는 그들이 제대로 알고 일을 하고 있는지에 대해 의문을 제기한다.

이는 결정적으로 중요한 시기에 공화국의 위기를 심화시키고 있다. 나는 이 책에서 제국이 공화국을 위협한다고 주장해 왔다. 현 시점에서 정치 엘리트에 대한 신뢰의 위기는 특히 문제가 된다. 다음 10년에 공화국과 제국을 조화시키는 일이 대단히 중요하다. 시간은 우리 편이 아니다. 제국은 공화국이 감당하기 어려운 부담이 되고 있다. 정치 엘리트들이 점점 더 불신을 받게 됨에 따라, 이 어려운 과제를 관리할 그들의 능력이 불가능에 가까워지고 있다. 대중의 신뢰 없이는 결코 그일을 해낼 수 없다.

이것은 미국이 직면한 위기이다. 미국은 리더들의 권위가 추락하는 시기에, 정치체제와 현실의 근본적인 모순을 다루고 있다. 이러한 위기는 광범위한 국제적 현상이지만 국제체제에서 미국이 차지하는 중심적 위치(centrality) 때문에 전 세계에 영향을 미치게 된다. 미국에서 일어나는 일은 미국에만 머무르지 않는다.

나는 이러한 위기의 해결에 대해 지난 몇 달 간 더욱 비관적이 되었다. 우리가 필요로 하는 대통령은 이데올로기와는 그다지 관련이 없다. 중요한 것은, 대통령이 도덕적 목적을 위해 권력을 행사하고자 하는 의지가 있는가이다. 현재의 환경하에서 대통령이 되기는 어려운 일이다. 하지만 누가 대통령이 되든, 제국의 시대에 공화국을 관리하는 핵심적인 책임은 대통령이 져야 한다. 이는 나의 마음속에서 전혀 변함이 없다. 분명히 시간이 있기는 하지만 거의 없는 거나 마찬가지다. 역사에서 10년은 눈 깜박할 정도의 시간이다.

| 감사의 글 |

모든 책의 저자는 자신이 쓴 책의 바탕이 된 수많은 사람들의 생각과 글에 빚을 지고 있다. 나 역시 많은 이들에게 빚을 졌다. 로저 베이커, 피터 자이한, 콜린 채프먼, 레비 발라, 캄란 보카리, 로렌 굿리치, 유진 초소브스키, 네이트 휴즈, 마르코 파픽, 매트 거트켄, 케빈 스테치, 엠레 도그루, 베일리스 파슬리, 매트 파워스, 제이콥 샤피로, 그리고 이라 잠시디. 이들 모두는 이 책을 더 낫게 만드는 데 도움을 주었다. 나는 또한 지도 제작과 관련하여 벤 슬레지와 T. J. 렌싱에게 감사를 표하고 싶다. 그것이 결코 쉬운 일이 아니었음을 나는 알게 되었다. 도움을 준 워싱턴의 육해군 클럽 도서관에도 감사드린다.

저작권 담당자인 짐 혼피셔의 지원과 격려에 대해서도 특별한 감사를 드린다. 나에 대한 변함없는 신뢰와 유용한 비판으로 도움을 주었던 더블데이의 편집자 제이슨 카우프만, 롭 블룸에게도 감사드린다. 빌 패트릭은 나의 문체를 훨씬 더 부드럽게 만들어주었으며, 수전 코프랜드는 내 일정을 관리해주었다. 독자들을 포함하여, 스트랫포 STRATFOR에 있는 모든 분들의 활기 넘치는 지지와 비판에 감사드린다. 무엇보다 늘 나의 반석이자 안내자가 되어준 나의 아내 메레디스에게 감사의 마음을 전한다.

서론

미국의 재균형이
시작되고 있다

Rebalancing America

100년은 사건이 중심이지만, 10년은 인간이 중심이 된다.

나는 전작 『100년 후』에서 장기적으로 역사를 형성하는 비인격적인 힘에 대해 썼다. 그러나 인간은 유한한 존재다. 우리가 살 수 있는 시간은 훨씬 짧으며, 우리의 삶은 광대한 역사적 추이보다는 특정한 개인들이 내리는 특정한 결정에 더 큰 영향을 받는다.

이 책은 다음 10년이라는 단기적 미래를 다루고 있다. 우리가 직면한 특정한 현실들, 우리가 내려야 할 특정한 결정들, 그리고 그 결정들에 따른 결과에 대해 다룰 것이다. 대부분의 사람들은 시간의 범위가 늘어날수록 미래를 더욱 예측하기가 어려울 것이라고 생각한다. 나는 그 반대의 생각을 갖고 있다. 개별 행동들이 예측하기 가장 어렵다.

100년이라는 시간의 흐름 속에서는 너무나 많은 개별적 결정들이 이뤄지며, 그것들 중 어느 하나도 결정적인 중요성을 갖지 못한다. 이런 개별적 결정들은 100년이란 시간 동안 이뤄진 수많은 판단들 속에 묻혀버리고 만다. 하지만 10년이라는 짧은 시간 속에서 각각의 개인들이 내린 각각의 결정들, 특히 정치권력자가 내린 결정은 엄청난 중요성을 가질 수 있다. 결국 『100년 후』에서 내가 썼던 것은 다음 10년을 이해하는 데 필요한 프레임이다. 하지만 그것은 단지 프레임일 뿐이다.

한 세기를 예측한다는 것은 불가능한 것을 파악하고, 그런 다음 적어도 논리적으로 일어날 수 없는 모든 사건들을 고려의 대상에서 제거하는 기술이라 할 수 있다. 이는 셜록 홈즈의 다음과 같은 말과 같은 맥락이다.

"불가능한 것을 모두 제외했을 때 여전히 남아 있는 것은, 그것이 아무리 믿을 수 없어 보이더라도 진실임에 틀림없다."

지도자가 뜻밖의 어리석은 혹은 훌륭한 일을 하게 되는 경우가 항상 있을 수 있는데, 이는 예측이 장기적일수록 최선인 이유이다. 장기로 갈수록 개별 결정들은 그다지 큰 중요성을 갖지 못한다. 일단 장기적인 예측이 나오면, 이 시나리오를 되감아서 특정 기간, 이를테면 10년 동안 그것이 어떻게 펼쳐질지 알아볼 수 있다. 10년이라는 시간은 대단히 흥미로운데, 왜냐하면 광범위하고 비인격적인 힘들이 작용할 수 있을 만큼 충분히 길지만, 지도자들의 개별적인 결정이, 그러한 결정이 없었다면 필연적인 것으로 보였을지도 모를 결과들을 바꾸어 놓을 수 있을 만큼 충분히 짧기 때문이다. 10년이라는 시간은 역사와 지도자의 정치력이 서로 만나는 접점인 동시에, 정책들이 여전히 중요성을 가지는 기간이다.

나는 일반적으로 정책 관련 논쟁에는 참여하지 않는다. 나는 무슨 일이 벌어졌는가보다는 무슨 일이 '벌어질 것인지'를 알아내는 데 더 관심이 많다. 장기적으로 보면 별다른 중요성을 갖지 못하게 될 사건들도 10년이라는 시간적 범주 안에서는 우리들 개개인에게 심대한 영향을 미친다. 그것들은 또한 우리가 미래에 택하게 될 노선을 결정하는 데 있어서도 실제적인 의미를 갖는다. 따라서 이 책은 앞으로 우리가 추구해야 할 정책에 대한 예측이자 논의라 할 수 있다.

1910년에 대한 연구가 영국에서부터 시작하는 것과 똑같은 이유로, 나는 미국에서부터 시작할 것이다. 미래가 어떤 식으로 전개되던 간에, 1차 세계대전에 이르기까지의 세상이 영국을 중심으로 돌아갔던 것처럼, 현재의 세계질서는 미국을 중심으로 움직이고 있기 때문이다.

『100년 후』에서 나는 미국의 장기적인 힘에 대해 썼다. 이 책에서 미국의 약점에 대해 쓰고자 한다. 생각건대, 그러한 약점들은 장기적으로는 결코 문제가 되지 않을 것이다. 대부분의 문제는 시간이 해결해 줄 것이기 때문이다. 하지만 독자 여러분이나 내가 그렇게 오래 살지는 못하므로, 이런 문제들은 우리에겐 매우 현실적일 수밖에 없다. 대부분의 문제들은 해결책을 필요로 하는 구조적 불균형(structural imbalance)에 뿌리를 두고 있다. 일부 문제들은 리더십의 문제다. 내가 앞서 언급했던 대로, 10년이라는 기간에서는 인간이 중심이기 때문이다.

이런 문제들과 인간에 관한 논의는 특히 지금 이 시점에서 긴급하다. 미국이 세계 유일의 강대국이 된 첫 10년 동안, 세계는 다른 시대에 비해 상대적으로 평온했다. 미국의 진정한 안보라는 측면에서 볼 때, 바그다드나 발칸반도는 사실 위협이 아니라 골칫거리에 불과했다. 별 불만 없이 미국의 리더십을 인정하고 있는 것처럼 보이는 세계에서 미국은 굳이 전략을 갖출 필요조차 없었다. 그러나 그로부터 10년 뒤에 발생한 9·11 테러는 그런 환상을 산산조각내고 말았다. 세계는 상상했던 것보다 훨씬 더 위험했다. 하지만 선택할 수 있는 대안도 별로 없어 보였다. 미국은 그에 대한 대응으로 세계 전략을 내놓지도 않았다. 대신 오직 테러리즘을 패배시키기 위한 정치군사적 전략에만 협소하게 초점을 맞추었다. 다른 것들은 거의 배제해버린 것이다.

그 10년도 끝나가고 있는 상황에서, 미국은 여전히 이라크와 아프가니스탄으로부터, 그리고 실제로는 비행기를 납치한 테러리스트들이 뉴욕과 워싱턴의 건물들에 부딪치면서 시작된 세계로부터 벗어나기 위해 노력 중이다. 미국의 충동은 항상 동서 양쪽에 놓인 완충지대인 거대한 대양에 의해 보호받는 안전한 본토라는 기쁨을 음미하면서, 세계로부터 발을 빼려는 것이다. 이제는 미국 본토 역시 테러리스트로부터, 혹은 야심에 찬 국민국가들의 위협으로부터 더 이상 안전하지 않다. 그리고 그 국가들은 미국을 위험하고 예측 불가능한 나라로 간주한다.

부시와 오바마 정권하에서 미국은 지난 20세기 동안 꽤 유용했던 장기적인 전략적 시야를 상실했다. 최근의 미국 대통령들은 임시방편적인 모험으로 나아가고 있다. 이들은 마치 자신의 정치적 수사를 진심으로 믿기라도 하는 것처럼 이슈의 프레임을 잘못 설정했고, 도달할 수 없는 목표를 설정했다. 미국은 세계 곳곳에 그 힘을 투사하기 위해 자기 능력을 과도하게 증대시켰고, 이는 별로 중요하지 않은 세력들 (minor player)이 오히려 미국을 좌지우지하는 상황으로 이어졌다.

다음 10년에 미국의 정책에 있어 가장 우선시해야 할 것은, 균형 잡힌 세계전략으로 복귀하는 것이다. 그것은 미국이 고대 로마 제국과 100년 전 대영 제국의 사례를 통해 배운 것이다. 이 전통적인 제국들은 전력을 다해 지배하지 않았다. 대신 지역의 국가들이 서로를 견제하도록 상황을 조성하고, 저항을 부추길 가능성이 있는 국가들에 대해 다른 국가들이 그 반대편에 서게 함으로써 그들의 지배력을 유지했다. 그들은 반목하는 국가들이 서로의 힘을 상쇄하게 하는 식으로 힘의 균형을 유지하면서, 광대한 영역에서 제국의 이익을 확보했다. 또한 그들은 경제적 이해관계와 외교를 통해 의존국들(client state)을 묶어놓았는데, 교묘한 책략을 사용해 인접한 같은 의존국들끼리 제국보다는 서로를 더 불신하게 만들었다. 제국이 보유한 군사력의 직접적인 개입은 가장 드물게 사용되는 최후의 수단이었다.

이런 전략에 따라, 미국은 유럽 열강들 간의 대치상태가 무너졌을 때, 그리고 러시아가 몰락하고 독일이 실제로 서부전선에서 영국과 프랑스를 제압하는 상황이 되었을 때, 비로소 1차 세계대전에 개입했다. 전쟁이 끝났을 때 미국은 강화조약을 통해 프랑스가 전후 유럽을 지배하지 못하게 만들었다.

2차 세계대전 초기에도 미국은 가능한 한 직접 개입을 자제하면서 영국을 지원해 독일의 서유럽 진출을 저지하는 한편, 동유럽에서는 소련을 지원해 독일과 싸우도록 했다. 2차 세계대전 이후 미국은 세력 균형 전략을 구사함으로써 소련이 서유럽과 중동, 궁극적으로는 중국을 지배하는 것까지도 저지했다. 미국의 분열과 조작(distraction and manipulation) 전략은 '철의 장막'이 처음 등장했던 시점부터 냉전이 종식될 때까지, 장기간에 걸쳐 이성적이고, 일관되고, 효과적으로 기만적이었다.

하지만 소련이 붕괴된 이후, 미국은 주요 강대국들을 봉쇄하는 데 초점이 맞춰진 전략에서 잠재적인 지역 패권국들의 행동이 미국의 감정(sensibility)을 상하게 할 때 그들을 억제하는 분산된 시도로 전환했다. 1991년에서 2001년 사이에 미국은 다섯 개 국가, 즉 쿠웨이트와 소말리아, 아이티, 보스니아, 유고슬라비아를 침공하거나 개입했다. 이는 예사롭지 않은 속도의 군사 작전들이었다. 비록 그 목적이 항상 명확하지는 않았지만 때때로 미국의 전략이 인도주의적 관심사에 의해 주도되는 것처럼 보였다. 이를테면 1994년 아이티 침공이 미국의 이익과 무슨 상관이 있었겠는가?

하지만 1990년대에 미국은 엄청난 힘을 비축해놓고 있었기 때문에 군사적 개입의 여유뿐만 아니라 이념적인 변덕을 충족시킬 여유가 있었다. 일단 상대방보다 압도적으로 우세할 경우에는, 외과의사의 정밀도를 갖추고 작전을 수행할 필요는 없다. 또한 미국은 잠재적인 지역 패권국을 상대할 때도 적의 군대를 패배시키고 그들의 영토를 점령하는 식으로 승리할 필요도 없었다. 군사적 관점에서 보면 1990년대에 이루어진 미국의 군사활동들은 파쇄공격(spoiling attack)이었다. 이 공격의 직접적인 목적은 미국이 선택한 시기와 장소에서 야심을 가진 지역 강대국을 혼란에 빠뜨리고, 그들이 주변 지역이나 내부의 위협에 대처할 수밖에 없게 만듦으로써, 그 국가가 자신의 계획에 따라 발전하거나 미국에 맞서지 못하게 하는 것이다.

2001년 9월 11일 이후 미국은 테러리즘 문제에 집착하기 시작하면서 이전보다 갈피를 잡지 못했고, 장기적인 전략적 원칙의 시야를 상실했다. 그 대신 미국은 테러 위협의 제거라는 새롭지만 실현 불가능한 전략적 목표를 만들어냈다. 한편 그러한 위협의 주된 원천인 알카에다 역시 가능성은 낮지만 터무니없지는 않은 목표에 몰두하고 있었다. 그들은 이슬람 칼리프, 즉 7세기에 마호메트가 설립한 이후부터 오스만 제국이 멸망하게 된 1차 세계대전 종전 무렵까지 다양한 형태로 지속됐던 신정국가의 재창설을 원했다. 알카에다는 이슬람 원리를 충실히 지키지 않는 국가의 정부를 전복시키기 위해 대중을 선동하고 폭동을 일으키는 전술을 추구했다. 알카에다는 이슬람 대중들이 압제에서 벗어나지 못하는 이유가 그들 정부에 대한 두려움 때문이며, 그런 두려움의 근원에는 그들 정부의 후원자인 미국이 감히 도전하기 어려울 정도로 강력하다는 인식이 자리하고 있다고 보았다. 이런 두려움에서 이슬람 대중을 해방시키기 위해 알카에다는 미국이 겉으로 보이는 것만큼 강하지 않으며, 사실상 죽음을 각오하기만 하면 소규모 이슬람 집단의 공격에도 취약하다는 사실을 보여줘야 한다고 느꼈다.

알카에다의 공격에 대한 대응으로, 미국은 이슬람 세계와 충돌했고, 특히 아프가니스탄과 이라크에서 그렇게 했다. 공격의 목적은 미국의 능력과 세력을 보여주는 것이었지만 그 시도들은 여전히 파쇄공격이었다. 즉, 군대를 패배시키고 영토를 점령하는 것이 아니라, 알카에다를 분열시키고 이슬람 세계에 혼란을 초래하는 것이 목적이었다.

하지만 혼란을 야기하는 것은 단기적 전술이지 장기적 전략이 아니다. 미국은 테러리스트 조직을 파괴하고 테러리즘을 약화시킬 수 있다는 사실을 증명했지만, 명시했던 목표를 달성하지는 못했다. 즉, 테러리즘의 위협을 완전히 제거하지 못했다. 그와 같은 위협을 제거하려면 세계 전역에 흩어져 있는 10억 명이 넘는 개인들의 모든 활동을 감시해야 한다. 그것을 시도하는 것조차도 엄청난 자원과 물량이 필요하다. 그리고 그런 노력이 성공을 거두기 불가능하다는 점을 고려한다면, 미국은 그 과정에서 계속 자신을 소모하다가 결국에는 자원 부족에 시달릴 수밖에 없을 것이다. 실제 과거에도 그런 일이 있었다. 테러리즘의 제거가 바람직하다고 해서 그것이 실질적이거나 혹은 그것을 위해 치르는 대가가 합리적이라는 것을 의미하진 않는다.

미국은 이런 시도들로 인한 고갈과 혼란(distraction)으로부터 회복하는 데 다음 10년을 쓰게 될 것이다. 그 첫 번째 단계는 지역적인 힘의 균형을 유지하는 정책으로 복귀하는 것이다. 이는 지중해로부터 힌두쿠시 산맥에 걸쳐 현재 미군이 개입하고 있는 주요 지역에서부터 시작되어야만 한다. 지난 반세기 동안 이 지역에서는 세 개의 고유한 지역적 힘의 균형이 자리 잡고 있었다. 아랍-이스라엘, 인도-파키스탄, 이란-이라크 사이의 균형이 그것이다. 하지만 이런 균형은 미국이 밀어붙인 정책들 때문에 불안정해지거나 아예 사라져버렸다. 이스라엘은 더 이상 이웃의 아랍 국가들이 제어할 수 있는 상대가 아니며, 심지어는 그 지역에서 새로운 현실을 만들어내려 하고 있다. 파키스탄은 아프가니스탄 전쟁으로 인해 심각한 피해를 입었고, 더 이상 인도와 균형을 유지할 수 있는 상대가 아니다. 가장 중요한 것은 이라크 정권이 붕괴됨에 따라 이란이 페르시아 만 지역에서 가장 강력한 군사력을 보유한 국가가 됐다는 것이다.

이들 지역이 그리고 좀더 일반적으로 미국의 정책이 균형을 회복하려면, 다음 10년 동안 논란의 여지가 많은 조치들이 취해질 필요가 있다. 본문에서도 주장하겠지만, 미국은 조용히 이스라엘과 거리를 두어야만 한다. 그리고 파키스탄을 지원해야 한다(그게 안 된다면 적어도 약화시키지는 말아야 한다). 2차 세계대전 당시 루스벨트가 소련과 협상하고 1970년대 닉슨이 중국과 협상했던 것처럼, 미국은 이란의 핵시설을 공격할 것인지 여부에 상관없이 불쾌하더라도 이란을 수용해야만 한다. 이런 조치들을 수행하기 위해서는 최근의 미국 대통령들이 보여준 것보다 좀더 정교하게 힘을 구사할 필요가 있다. 그 정교함의 본질과 성격이 앞으로 다가올 10년의 두 번째 주요한 주제가 될 것이며, 나는 이것을 상세히 다룰 것이다.

중동이 미국의 균형을 회복하기 위한 시발점이 되겠지만, 유라시아 대륙 또한 관계의 재정립을 요구할 것이다. 여러 세대에 걸쳐 미국이 펼친 외교정책의 핵심목표는 러시아의 천연자원과 인력을 유럽의 고도화된 기술과 분리시키는 데 있었다. 하지만 1990년대 초 미국이 초강대국이 되고 모스크바가 구소련뿐만 아니라 러시아에 대한 통제력마저 상실했을 때, 그 목표는 뒷전으로 밀려났다. 그리고 9·11 테러 이후 거의 즉각적으로 미군이 지중해 – 히말라야 전역에 무리하게 개입하기 시작하자, 러시아의 안보기구는 자신의 영향력을 회복할 수 있는 기회를 갖게 되었다. 푸틴의 러시아는 조지아Georgia와 전쟁을 벌이기도 전에 자신의 권리를 주장하기 시작했으며, 그때부터 세계 무대에 재등장하기 위한 과정을 가속화했다. 이라크와 아프가니스탄에 정신이 팔리고, 묶여 있던 미국은 영향력을 회복해가는 모스크바를 저지할 수 없었으며, 러시아의 야망을 억누를 만큼 확실한 위협을 제기하지도 못했다. 그 결과 오늘날 미국은 유럽에서의 영향력 행사를 포함한 독자적인 목표를 가진 중요한 지역 강대국과 마주하게 됐다.

러시아의 재등장과 서방으로의 영향력 확대에서 오는 위험은 미국의 두 번째 관심 지역인 유라시아의 다른 한 세력인 유럽연합(EU)을 살펴보면 더욱 확실해진다.

한때 미국과 같은 차원의 초국가로 인식됐던 유럽연합은 2008년 금융위기가 발생하자 구조적 약점을 드러내기 시작했다. 당시의 금융위기는 남유럽 경제, 즉 이탈리아와 스페인, 포르투갈, 그리스의 위기로 이어졌다. 유럽연합 최대의 경제 동력인 독일은, 일단 유럽연합의 다른 국가들이 저지른 실책과 무절제의 비용을 부담할 수밖에 없다는 전망과 마주하자, 자국의 우선순위를 재평가하기 시작했다. 그로 인해 내려진 결론은 독일이 유럽연합의 이웃들보다는 러시아와 잠재적으로 더 많은 이해관계를 공유할 수 있다는 것이었다. 유럽의 경제동맹들로부터 아무리 큰 이익을 얻을 수 있다고 해도, 독일은 대량의 천연가스를 러시아에 의존하지 않을 수 없다. 한편 러시아는 독일이 풍부하게 보유하고 있는 기술력을 원한다. 독일 역시 이민자 유입에 따른 사회적 스트레스를 유발하지 않으면서 노동력을 확보할 수 있는 방법을 찾고 있으며, 한 가지 확실한 해결책이 바로 러시아 영토에 독일 공장을 짓는 것이다. 반면 미국이 아프가니스탄을 비롯해 여러 지역에서 독일의 지원을 요청하자 독일과 미국 사이에 마찰이 발생했으며, 독일의 이해관계를 러시아와 가장 밀접하게 만들어 버렸다.

이 모든 사실들은 미국이 균형 전략으로 복귀하는 다음 10년 동안, 미국이 독일과 러시아의 관계증진을 저지하기 위해 상당한 노력을 기울여야 하는 이유를 말해준다. 앞으로 살펴보겠지만 미국의 접근법에는 독일과 러시아의 우호관계를 가로막는 지리적 장애물인 폴란드와 새로운 관계를 구축하는 것이 포함될 것이다.

물론 중국에도 주의를 기울여야 한다. 하지만 현재 중국의 팽창에 쏠려 있는 관심은 그들의 경제기적이 절정에 도달한 이후부터 감소하게 될 것이다. 중국의 경제발전 속도는 보다 성숙한 경제체제와 비슷한 수준으로 느려질 것이다. 덧붙이자면 중국의 경제는 극빈 상태에 있는 10억 이상의 인구를 가진 채 성숙 단계에 도달하게 된다. 미국은 동북아시아의 실제 강국, 세계 3위의 경제대국이자 동아시아에서 가장 큰 해군력을 보유한 일본으로 초점을 전환할 것이다.

앞서 간략히 살펴보았듯이 다음 10년은 수많은 가변적 사건들과 예상치 못한 요소들로 인해 엄청나게 복잡해질 것이다. 이 시기에 미국의 대통령들은 미국의 전통 및 도덕적 원칙과 대다수 미국인들이 외면하는 편이 더 낫다고 여기는 현실을 조화시켜야 할 것이다. 이것은 적과 동맹을 맺는 것을 포함해 매우 까다로운 책략의 실행을 요구하며, 한편으로는 외교정책과 가치가 서로 일치한다고 믿는 — 믿고 싶어 하는 — 대중들을 단합시켜야 한다. 미국 대통령은 이전의 위대한 대통령들이 그랬던 것처럼 가치를 추구하면서 동시에 적절한 이중성

(duplicity)을 추구해야 할 것이다.

하지만 세상의 모든 영특함도 근본적인 약점을 상쇄해주지는 못한다. 미국은 내가 '딥 파워(deep power)'라고 부르는 것을 가지고 있으며, 이 딥 파워는 그 무엇보다도 '균형 잡힌 힘'이다. 균형 잡힌 힘은 상호 지원하는 적절한 규모의 경제력과 군사력, 정치력을 의미한다. 두 번째 의미로, 그것은 권력을 사용하는 방법을 정의하고 개별 행동에 대한 틀을 제공하는 문화적, 윤리적 규범의 토대에 기초하고 있다는 점에서 심오한(deep) 것이라 할 수 있다. 예를 들어 유럽은 경제력은 있지만 군사력은 미약하고 토대도 얕다. 유럽에서는 정치적 합의, 특히 구성원들에게 부과되는 의무의 기본틀에 대해 합의가 거의 존재하지 않는다.

깊게 뿌리 내렸을 뿐만 아니라 제대로 균형 잡힌 힘을 찾아보기란 거의 불가능하다. 하지만 나는 다음 10년 동안 미국이 두 가지 조건을 동시에 강화하고 발휘할 수 있는 특수한 위치에 있다는 사실을 보여주기 위해 노력할 것이다. 더 중요한 점은, 미국이 그 문제에 있어 선택의 여지가 거의 없다는 사실이다. 좌파와 우파 진영 모두 미국이 전 세계적 힘을 관리하는 복잡한 일에서 물러날 선택권을 가지고 있다고 생각한다. 그들은 만약 미국이 세계 여러 나라의 문제에 참견하는 일을 멈춘다면, 세계 역시 더 이상 미국을 증오하거나 두려워하지 않을 것이고, 미국인들은 어떤 공격에 대한 두려움 없이 즐거움을 누릴 수 있을 것이라 믿는다. 이런 믿음은 미국이 본토에서 자신의 이익을 추구하는 동안 세계가 제 갈 길을 가도록 내버려두었던 옛 시절에 대한 향수에서 나온 것이기도 하다.

실제로 토머스 제퍼슨Thomas Jefferson은 미국이 다른 나라와 동맹관계로 얽히는 것을 경고하기도 했다. 하지만 1800년대 초반은 미국이 지금처럼 세계 GDP의 25퍼센트를 차지하던 시대가 아니었다. 이런 생산력 하나만 봐도 이제 미국은 세계문제에 얽힐 수밖에 없는 운명에 있다. 미국에서 생산하고 소비하는 것이 전 세계인들의 삶의 형태를 결정한다. 미국이 추구하는 경제정책들이 세계의 경제 현실을 결정한다. 미 해군의 바다에 대한 통제력 덕분에 미국은 세계 어디든 경제적으로 접근이 가능해졌으며, 동시에 다른 나라의 접근을 거부할 수 있는 잠재력도 갖게 되었다. 비록 미국이 자신의 경제 규모를 적절한 수준으로 축소시키길 원한다 할지라도, 그것이 어떻게 가능할지 확실치 않을 뿐만 아니라 그에 따른 비용이 청구됐을 때 과연 미국 국민들이 그것을 지불할지도 확실하지 않다.

하지만 그렇다고 해서 미국이 자신의 힘에 대해 안심할 수 있다는 의미는 아니다. 모든 것들이 너무나 빠르게 멀리까지 가버렸다. 바로 그런 이유 때문에 미국이 정책적 균형을 되찾기 위해서는 먼저 국제사회에서 자신이 차지하는 현실적인 위치를 인정할 필요가 있다. 우리는 이미 구소련이 붕괴된 이후 세계 지배를 놓고 미국과 경쟁할 국가가 사라졌다는 사실을 주목해 왔다. 이제 우리가 그러한 상황을 좋아하든 말든, 그리고 그것이 의도된 것이었든 아니든, 미국이 냉전 종식 이후 세계적인 패권국일 뿐만 아니라 세계적인 제국이 되었음을 정면으로 받아들여야 한다.

현실에서 미국인들은 제국에 대한 갈망을 갖고 있지 않다. 이는 미국인들이 그것의 경제적이며 전략적인 혜택을 바라지 않는다는 말이 아니다. 단지 그에 따르는 비용을 부담하고 싶어 하지 않는다는 의미일 뿐이다. 경제적으로 미국인들은 자유 시장의 성장 잠재력을 원하지만, 그에 따르는 고통까지 바라지는 않는다. 정치적으로 그들은 커다란 영향력을 갖고 싶어 하면서도 세계적인 증오의 대상이 되기를 바라지는 않는다. 군사적으로 그들은 위험으로부터 보호받기를 원하지만, 장기 전략에 따르는 부담까지 감당하기를 원하지 않는다.

처음부터 계획되거나 의도적으로 만들어진 제국은 거의 없다. 나폴레옹이나 히틀러의 경우처럼 의도적으로 만들어진 제국은 오래 지속되지 못했다. 오래 지속되는 제국은 유기적으로 성장하며, 그들의 제국적 지위가 압도적인 수준에 도달하기 전까지는 종종 누구에게도 제대로 인식되지 않는다. 이는 로마 제국이나 대영 제국 모두에게 해당되는 경우인데, 일단 그들이 제국의 지위를 성취했을 때 그들은 그 사실을 받아들였을 뿐만 아니라 제국을 관리하는 법을 배웠기 때문에 성공할 수 있었다.

로마 제국이나 대영 제국과 달리 미국의 지배구조는 비공식적이다. 하지만 그렇다고 그것이 덜 현실적인 것은 아니다. 미국은 대양을 통제하며 경제는 전 세계 총생산의 25퍼센트 이상을 차지한다. 만약 미국인들이 새로운 기기나 먹거리를 찾게 되면 중국과 라틴아메리카에 있는 공장과 농장은 새로운 요구를 충족시키기 위해 움직인다. 이는 19세기 유럽 열강들이 중국을 지배했던 수법이었다. 그들은 절대로 공식적으로 지배하지 않았으나 공식과 비공식의 구분에 아무 의미가 없을 정도로 중국을 개조하고 착취했다.

미국이 다른 나라들과 융합하는 데 어려움을 겪는 것은 아메리카 제국의 규모와 힘이 본질적으로 파괴적(disruptive)이고 강압적(intrusive)이기 때문이다. 이는 미국이 어떤 국가를 위협하거나 또 다른 국가에 혜택을 주는 식으로 밖에 조치를 취할 수 없다는 것을 의미한다. 이런 힘은 거대한 경제적 이점을 가져다주지만 본질적으로 적대감을 불러일으킨다. 미국은 상업 공화국이며, 이는 미국이 교역을 통해 살아간다는 것을 의미한다. 미국의 엄청난 번영은 자신의 자산과 장점에서 비롯된 것이지만 미국이 세계로부터 고립된다면 이러한 번영을 유지할 수 없다. 따라서 미국이 자신의 규모와 부, 그리고 권력을 유지하고자 한다면, 유일한 선택은 자신의 파괴적인 영향력을 성숙하게 관리하는 방법을 배우는 것이다.

미국이 제국이라는 현실을 받아들이기 전까지는, 그것의 유용성과 혹독함, 그리고 무엇보다 그 불가피성에 관해 일관된 대중적 논의를 펼치기가 어렵다. 경쟁자 없는 권력은 그 자체로도 충분히 위험하지만, 자신이 처한 현실을 의식하지 못하는 경쟁자가 없는 권력은 미쳐 날뛰는 코끼리와 다름없다.

따라서 나는 다음 10년이, 비록 내키지 않더라도 미국이 현실에 대한 의도적 무시에서 그것을 수용하는 방향으로 나아가는 시기가 되어야 한다고 주장할 것이다. 그런 수용을 통해, 좀더 정교한 외교정책이 나오기 시작할 것이다. 미국이 스스로를 제국이라고 선언하는 일은 없을 것이다. 오로지 상황에 대한 기본적인 진실에 기초해 좀더 효과적인 관리가 이루어지게 될 것이다.

01

의도하지 않은
제국

Unintended Empire

미 국 대통령은 세계에서 가장 중요한 정치 리더다. 이유는 간단하다. 그가 통치하는 나라의 경제적, 군사적 정책들이 모든 대륙의 국가와 국민들의 삶에 영향을 미치기 때문이다. 미국 대통령은 군사적 침공이나 통상금지, 각종 제재를 명령할 수 있고 실제로 그렇게 하고 있다. 그가 집행하는 경제 정책들은 수십억 인구에게 퍼져나가며, 아마 그 영향은 수세대에 걸쳐 지속될 것이다. 다음 10년 동안, 누가 미국 대통령이 되고, 그가 무엇을 결정하느냐가 비미국 국민들의 삶에 자국 정부의 결정보다 더 많은 영향을 미치게 될 것이다.

이런 생각이 내 머릿속에 떠오른 것은 지난 2008년 미국 대통령 선거일 밤이었다. 당시 나는 브뤼셀에 있는 내 직원에게 전화를 걸었는데, 마침 그녀는 버락 오바마 당선을 축하하는 벨기에인들로 가득 찬 술집에 있었다. 나중에 나는 일종의 버락 오바마 당선 축하파티가 세계 곳곳의 도시에서 벌어졌다는 사실을 알았다. 세상 모든 사람들이 미국 대통령 선거 결과가 자신에게 큰 영향을 미친다고 생각하는 것처럼 보였으며, 많은 이들이 오바마가 대통령에 당선됐다는 사실에 개인적으로 감명을 받은 듯했다.

오바마가 집권을 시작한 지 첫 해가 채 지나기도 전에 다섯 명의 노르웨이 정치가들은 그에게 노벨 평화상을 안겼으며, 아직 그가 노벨상에 합당한 업적을 올리지 못했다고 생각하는 많은 사람들을 경악하게 만들었다. 하지만 노벨상 위원회장의 말에 따르면, 오바마는 이미 극적으로 미국에 대한 세상의 인식을 바꾸었으며, 이러한 변화만으로도 노벨상의 자격이 충분했다. 조지 W. 부시는 제국주의 깡패처럼 보였기 때문에 증오의 대상이 됐다. 반면에 오바마는 자신이 제국주의 깡패가 되지 않을 것이라는 인식을 심어주었기 때문에 칭송 받았다.

노벨상 위원회로부터 싱가포르와 상파울루에 있는 술집에 이르기까지, 사람들은 미국의 대통령이라는 직책 자체의 특별함은 물론 미국인들이 받아들이길 주저하는 새로운 현실을 무심코 인정하고 있다. 즉, 미국의 새로운 정권은 노르웨이인, 벨기에인, 폴란드인, 쿠바인을 비롯해 수십억에 이르는 지구상의 모든 사람들에게 매우 중요하다. 왜냐하면 현재 미국 대통령이 전 세계의 제왕이라는 때때로 어색한 (그러나 결코 명시적으로 언급되지 않는) 역할을 수행하고 있기 때문이며, 바로 이것이 다음 10년 동안 세계 그리고 미국의 대통령이 고심해야 할 현실이다.

제왕으로서의 미국 대통령

미국 대통령의 특별한 지위와 영향력은 정복이나 계획, 신의 섭리에서 비롯된 게 아니다. 사실상 미국이 그런 효과를 누리게 된 것은 유일한 세계적 군사 강국이기 때문이다. 또한 미국의 경제 규모는 2위 국가에 비해 세 배 이상 크다. 이와 같은 현실로 인해 미국은 인구나 국토면적에 어울리지 않을 정도로 강력한 힘을 보유하게 됐다. 하지만 미국은 제국이 되려고 의도하지 않았다. 이 의도하지 않은 상황은 미국의 통제와는 무관한 일련의 사건들의 결과일 뿐이다.

이전에도 제국에 관한 이야기는 있었다. 명백한 사명(Manifest Destiny)과 미국 – 스페인 전쟁 사이인 19세기에 제국에 대한 비전이 넘쳐흘렀다. 당시의 생각은 실제 출현한 제국에 비하면 상당히 온건한 것이었다. 지금 내가 말하는 제국은 이러한 초창기의 생각과는 아무관계가 없다. 사실 내가 주장하려는 핵심은, 현재의 제국은 어떤 계획이나 의도에 의해 등장하지 않았다는 점이다.

2차 세계대전부터 냉전 종식에 이르기까지 미국은 이러한 우월한 지위를 향해 조금씩 나아갔다. 하지만 1991년 소련이 붕괴되고 균형을 잡아줄 경쟁자가 없는 군사강국으로 홀로 남기 전까지는 진정한 정점에 도달한 게 아니었다.

1796년 조지 워싱턴은 고별연설을 하면서 다음과 같은 원칙을 선언했다.

> "외국과 관련한 우리 행동의 대원칙은 상업적 관계는 확장시키
> 면서 그들과의 정치적 관계는 가능한 한 적게 가지는 것이다."

당시 미국은 나머지 세계와 거리를 두는 선택을 할 수 있었다. 그때까지만 해도 미국은 작은 국가에 불과했고 지정학적으로도 고립되어 있었다. 지금은 아무리 세계가 미국에게 강압적 개입을 줄이라고 요구한다 해도, 혹은 고립주의가 미국인들에게 아무리 매력적으로 보인다 해도 이렇게 방대한 경제 규모를 가진 국가가 다른 나라들과 정치적인 관계를 맺지 않은 채 상업적 관계만을 갖기란 불가능하다. 조지 워싱턴의 반정치적 욕구는 제국주의에 반대하는 공화국을 창건한 이들에게는 당연한 것이었다. 하지만 그 공화국이 유례없는 성공을 거둠으로써 그의 비전 역시 불가능해졌다는 사실은 역설적이다.

미국 경제는 마치 소용돌이처럼 주위의 모든 것을 빨아들이고 있다. 여기에는 작은 국가들을 철저하게 파괴시키거나 부유하게 만드는 감지할 수 없는 작은 소용돌이도 포함된다. 미국 경제가 호황을 누릴 때

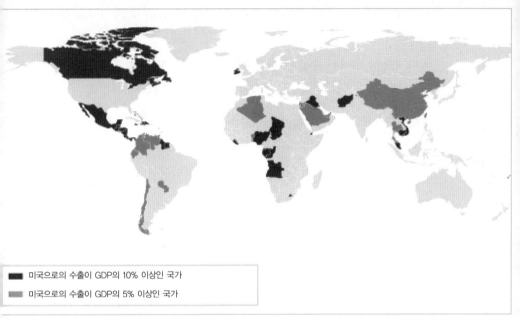

미국으로의 수출이 GDP의 10% 이상인 국가
미국으로의 수출이 GDP의 5% 이상인 국가

미국의 주요 교역 관계

그것은 마치 힘차게 구동하는 자동차 엔진과도 같다. 만약 엔진이 털털거리면 자동차 전체가 고장날 수도 있다. 이 세상의 어떤 경제도 전 세계에 그렇게 깊은 영향을 미치거나 효과적으로 연계되어 있지 않다.

세계를 수출과 수입의 관점에서 보면, 놀랄 만큼 많은 국가들이 5퍼센트, 심지어는 10퍼센트에 이르는 국내총생산을 미국에 의존하고 있는데, 이는 엄청난 규모의 상호의존성이라 할 수 있다. 미국이 배제된 양자적 경제 관계뿐 아니라 다국적 경제 관계가 존재하기는 하지만, 그 누구도 미국의 영향에서 벗어날 수 없다. 모두가 두 눈을 크게 뜨고 앞으로 미국이 무엇을 할지 지켜보고 있으며, 모두가 이익을 얻거나 불이익을 회피하기 위해 미국의 행동에 다소나마 영향을 미치려고 애를 쓴다.

역사적으로 이러한 수준의 상호의존은 마찰은 물론 전쟁까지 초래하곤 했다. 19세기와 20세기 초, 프랑스와 독일은 서로의 힘을 두려워해 상대국의 행동에 영향을 미치려고 노력했다. 그 결과 두 나라는 70년이라는 세월 동안 세 차례에 걸쳐 전쟁을 치렀다. 1차 세계대전이 발발하기 전 영국의 저널리스트이자 훗날 하원의원이 된 노먼 에인절 Norman Angell은 『거대한 환상The Great Illusion』이라는 책에서 유럽의 경제적 상호의존이 매우 높은 수준임을 보여주고, 이 때문에 전쟁은 불가능하다고 주장했다. 그러나 두 차례의 세계대전은 그의 주장이 틀렸음을 증명했다. 그럼에도 자유무역 옹호론자들은 그의 주장을 여전히 반복하고 있다. 더욱이 앞으로 우리가 이 책에서 보게 될 내용처럼, 미국을 중심으로 한 고도의 범세계적 상호의존성으로 인해 전쟁의 위험은 감소하기는커녕 실제로는 오히려 증가하고 있다.

세계는 더 이상 군사적 모험의 유혹을 받기 쉬운 상대적으로 대등한 세력들이 모여 있는 상태가 아니다. 따라서 전쟁 발발의 위험이 어느 정도는 약화된 게 사실이다. 미국의 군사적 힘은 너무나 압도적이어서, 정규군을 동원해 미국과의 관계를 근본적으로 재정의하고자 하는 나라는 존재하지 않는다. 하지만 동시에 우리는 미국의 힘에 대한 저항이 상당하고 1991년 이래로 빈번하게 부상하고 있음을 알고 있다.

미국의 제국적 힘이 쇠퇴할 수 있을지는 몰라도, 전쟁에 의하지 않는 한 이 정도 규모의 힘은 순식간에 붕괴되지 않는다. 한때 거대국가였던 독일과 일본, 프랑스, 영국의 국력이 쇠퇴한 것은 부채 때문이 아니었다. 정확히 말하자면 전쟁으로 인해 경제가 황폐화되고 전쟁이 남긴 수많은 부산물 중 하나인 부채가 양산됐기 때문이다. 1920대와 1930년대에 세계를 휩쓸었던 대공황은 1차 세계대전 이후 독일 경제가 파멸하고 결국에는 교역과 금융 관계의 붕괴가 전 세계적으로 확산된 데 기인한 것이다. 반대로, 1950년 이후 미국의 동맹국들이 커다란 번영을 누릴 수 있었던 것은 2차 세계대전 동안 미국이 축적해둔, 피해를 입지 않은 경제력이 있었기 때문이다.

대규모의 파괴적 전쟁이 사라진 상태에서, 경제력에 기초한 국제적 영향력의 재편은 여러 세대에 걸쳐 이루어지게 될 것이다. 오늘날 중국이 다음 강대국이 될 것이라고 말해진다. 그럴지도 모른다. 하지만 미국 경제는 중국보다 3.3배나 더 크다. 중국이 미국을 따라잡기 위해서는 유례없이 높은 수준의 경제성장을 상당히 오랜 기간 지속해야만 한다. 2009년 미국은 전 세계 해외직접투자의 225퍼센트를 차지했으며, 유엔무역개발회의(UNCTAD)에 따르면 미국이 세계 최대의 단일 투자국이라고 한다. 이와 대조적으로 중국은 44퍼센트를 차지했을 뿐이다.

이와 동시에 미국은 아마도 세계 최대의 채무국일 것이다. 하지만 채무로 인해서 국제사회에 대한 미국의 영향력이 감소하지는 않는다. 미국이 차입을 중단하든, 부채를 늘리거나 감소시키든, 미국 경제는 언제나 세계시장에 영향력을 행사하고 있다. 중요한 것은 바로 영향력을 행사할 수 있는 힘이다. 물론 미국이 달러를 차입할 때마다 다른 나라가 빌려주고 있다는 사실 역시 기억해야만 한다. 만약 채권시장을 신뢰할 수 있다면, 낮은 금리일지라도 미국에 돈을 빌려주는 것이 유리한 투자라 할 수 있다.

많은 나라들이 다른 나라에 영향을 미친다. 미국을 제국으로 만드는 것은 미국이 영향을 미치는 나라들의 숫자, 영향력의 강도, 그리고 이러한 경제적 과정과 결정에 영향을 받는 나라들에 사는 사람들의 숫자이다.

예를 들어, 최근 몇 년간 미국인들 사이에 새우에 대한 기호가 증가했던 적이 있다. 미국 시장에서 일어난 이 작은 물결은 메콩 강 삼각주 지역의 양식업자들이 새로운 수요에 맞춰 생산량을 재조정하도록 만들었다. 하지만 2008년 미국 경제가 급격하게 하락하자 새우 같은 기호식품의 소비가 제일 먼저 감소하기 시작했고, 한참 멀리 떨어진 메콩 강 유역의 양식업자들도 타격을 입었다. 이와 유사한 사례로, 미국의 델 컴퓨터는 아일랜드에 대규모 공장을 건설했지만, 인건비가 상승하자 아일랜드가 극심한 경제적 압박을 받고 있던 시기에 생산시설을 폴란드로 이전시켰다. 미국도 유사한 방식으로 다른 나라의 영향을 받고 있으며, 이는 대영 제국이나 로마 제국도 마찬가지였다. 하지만 미국은 그러한 그물망의 중심에 있으며, 미국의 경제는 군사력에 의해 뒷받침된다. 여기에 기술적 우위를 더하면 우리는 미국이 가진 딥 파워(deep power)의 구조를 실감할 수 있다.

제국은 명확한 권위 구조를 갖춘 공식적인 형태일 수도 있지만 어떤 제국은 좀더 미묘하고 복잡할 수 있다. 영국이 이집트를 지배했을 때도 영국의 공식적 권력은 결코 명확하게 드러나지 않았다. 미국은 많은 다른 나라들의 진로에 영향을 미칠 수 있는 전 세계적 도달능력(global reach)을 갖고 있다. 하지만 스스로를 제국적 국가로 생각하지 않기 때문에 자신이 명백히 보유하고 있는 힘을 관리하기 위한 공식적이고 합리적인 구조를 만들지 않고 있다.

미국이 중동에서 실패에 직면했다는 사실은, 미국이 제국이라는 논

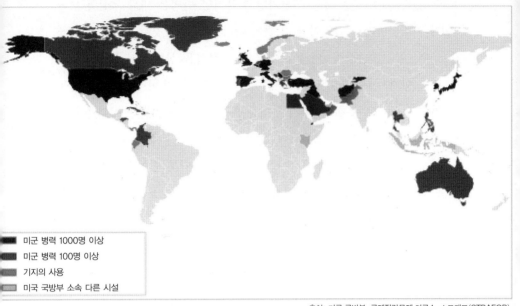

미군 병력 1000명 이상
미군 병력 100명 이상
기지의 사용
미국 국방부 소속 다른 시설

출처: 미국 국방부, 국제전략문제 연구소, 스트랫포(STRAFOR)

미군 주둔 현황
(2007년 12월 31일 기준, 비밀작전 부대는 제외)

거를 조금도 약화시키지 못한다. 실패와 제국이란 개념이 양립 불가능
한 것은 아니며, 제국의 성장과 팽창 과정에서 재난이 전혀 없는 것도
아니다. 가령 영국은 제국의 정점에 도달하기 한 세기 전, 식민지의 반
란으로 인해 북아메리카 식민지의 대부분을 상실했다.

　미국이 가진 힘의 핵심은 경제적인 것이며, 막강한 군사력이 그 뒤
를 받치고 있다. 미국의 군사력은 미국의 경제적 영향력에 의해 피해
를 입은 국가 혹은 국가들의 동맹이 자신들에게 불이익을 초래하는 조
건들을 변경하기 위해 군사력을 사용하는 것을 방지하는 데 목적이 있
다. 로마 제국의 군단이 그랬던 것처럼, 미군 역시 세계 전역에 배치되

어 있다. 군사력을 사용하는 가장 효율적인 방법은 새로 부상하는 국가가 조금이라도 위협이 되기 전에 미리 분쇄하는 것이기 때문이다.

위 지도는 사실상, 미국 군대의 주둔 상황을 상당히 축소해서 보여주고 있다. 예를 들어 이 지도에는 여러 영역, 특히 아프리카에서 활동하는 미군 특수부대들, 현지 부대를 훈련시키거나 기술적 지원을 제공하거나 그와 유사한 임무를 수행하는 병력들이 포함되어 있지 않다. 일부 미군 병력은 전쟁을 수행하고 있으며, 일부는 마약거래를 단속 중이고, 일부는 잠재적 공격으로부터 주둔국을 보호하고 있다. 인근 다른 국가로부터의 지원 요청에 대비해 일종의 대기 장소로서 주둔국을 활용하는 경우도 있으며, 또 어떤 경우 미군 병력은 주둔국을 직간접으로 관리하는 미국인들을 지원한다. 물론 아무것도 통제하지 않은 채 그저 주둔만 하는 경우도 있다. 지도상에서 미국에 주둔해 있는 미군은 본토 방어를 위한 것이라기보다는 군대 용어로 '힘의 투사(Power Projection)'를 위한 것이다. 이는 대통령이 병력을 투입하는 게 적절하다고 판단한 어느 곳에서든, 그들이 작전을 수행할 준비가 되어 있음을 의미한다.

세계 제국으로서 미국은 그에 걸맞은 경제 체계와 군사 체계를 갖추고 세계 경제의 보증자로 나서고 있다. 동시에 미국은 세계 각국이 자신의 기술과 기타 재화 및 서비스를 살 수 있도록 제공하고 있다. 또한 미국에 물건을 팔 수 있도록 거대한 시장을 제공하고 있으며, 자유로운 해상통행이 이루어질 수 있도록 군대를 제공하고 있다. 필요한 경우, 미국은 질서가 붕괴된 지역의 치안을 유지하기 위해 행동하지만, 이는 해당 국가가 아닌 미국을 위한 행동이다. 미국의 경제력과 세계 전역에 배치되어 있는 군사력 때문에 많은 국가들이 미국에 동조할 수밖에 없다. 바로 이런 불가피성 덕분에 미국과 이러한 국가들 사이에는 어떤 공식적인 제국적 체제에서 기대할 수 있는 것보다 더 긴밀한 관계가 형성된다.

제국의 꿈과는 아주 동떨어진 목적을 위해 축적된 힘의 의도하지 않은 결과인 제국은, 그것이 등장하고 오랜 시간이 지난 후에야 사람들에게 인식된다. 제국은 스스로의 위치를 자각하면서 더욱더 의식적인 팽창을 추구하게 되고, 팍스로마나(PaxRomana)나 '백인의 책무(Whiteman's burden)' 같은 제국주의 이데올로기가 제국의 현실에 덧붙여진다. 제국에서 베르길리우스나 러디어드 키플링Rudyard Kipling 같은 시인이 등장하는 것은 제국이 확립되기 전이 아니라 그 다음이다. 그리고 로마 제국과 대영 제국 모두 그랬던 것처럼, 아메리카 제국을 찬양하는 사람들과 제국의 존재를 혐오하고 이전의 좀더 진실했던 시대를 그리워하는 사람들이 공존하게 된다.

로마 제국과 대영 제국은 제국의 세계라는 덫에 빠졌지만 그 덫을 찬양하는 법을 알았다. 하지만 미국은 여전히 제국이 된 자신을 마주하기를 거부하며, 제국의 덫이 보일 때마다 혐오감을 느끼는 단계에 머물고 있다. 지금은 비록 비공식적인 형태지만, 미국 대통령은 유례없는 힘과 영향력을 가진 거대 제국을 이끌고 있다는 사실을 인정할 수밖에 없는 시기가 되었다. 오로지 이 현실을 인정한 뒤에야 비로소 미국은 다음 10년을 위한 정책을 구상할 수 있다.

제국적 현실의 관리

지난 20년 동안 미국은 소련 붕괴 이후 '최후의 승자'가 된 데 따른 여파들을 수습하느라 정신이 없었다. 다음 10년 동안 미국 대통령의 임무는 단순한 반사적 행동에서 세계를 관리하는 체계적 방법으로 전환하는 것이다. 그 방법이란 이 세계가 작동하는 현실을 망설임이 없이 정직하게 대면하는 것이다. 이것은 아메리카 제국을 문서화되지 않은 무질서로부터 일종의 팍스아메리카나(PaxAmericana)라는 질서정연한 체계로 전환시키는 것을 의미한다. 이는 대통령의 선택 사항이 아니다. 정확히 말하자면 그에게는 선택권이 없다.

제국에 질서를 부여하는 것은 필수적이다. 왜냐하면 미국이 압도적인 국력을 갖고 있다고 해도 결코 전지전능하지 않으며, 특별한 힘(singular power)을 갖는 것은 특별한 위험(singular danger)을 초래하기 때문이다. 예를 들어 미국이 9·11 테러를 당했던 이유는 분명 미국이 가진 특별한 힘 때문이었다. 미국 대통령의 과제는 그러한 종류의 힘을 그것의 기회뿐만 아니라 위험까지도 인식하고, 그런 다음 위험을 최소화하고 이익을 극대화하는 식으로 관리하는 것이다.

제국이라는 말만 나와도 눈살을 찌푸리고, 제국적 통치에 질서를 부여하는 것에 대해 말하기를 꺼려하는 사람들에게 언급할 것이 있다. 바로 지정학적 현실은 미국 대통령에게 일반 시민들에게 적용될 수 있는 방식으로 미덕(virtue)을 펼치는 사치를 누릴 수 없게 만든다는 점이다. 직접적으로 미덕을 추구했던 두 명의 대통령, 즉 지미 카터와 조지 W. 부시 모두 놀라울 정도로 실패했다. 반면에 리처드 닉슨이나 존 F. 케네디처럼, 훨씬 더 단호하고 무자비했던 대통령들도 그들의 행동이 어떤 압도적으로 중요한 도덕적 목적을 지향하지도 않았고, 그것에 의해 통합되지 않았기 때문에 실패하고 말았다.

제국에 질서를 부여하는 데 있어, 나는 미래의 대통령들이 놀랍도록 유능했던 세 대통령의 사례를 따를 것을 제안한다. 그들은 전략을 실행하는 데 있어 전적으로 무자비했지만, 그럼에도 불구하고 그 전략은 도덕적 원칙하에서 실행되었다. 이들의 사례에서, 도덕적 목적은 사실상 비도덕적일 뿐만 아니라 반헌법적인 수단들을 정당화한다.

에이브러햄 링컨은 연방을 유지하고 노예제를 폐지하기 위해 기만 전략을 사용했고 시민들의 자유를 침해하기도 했다. 그는 경계 지역에 있는 주들(border states)의 충성심을 유지하기 위해 1858년의 대논쟁 과정에서 노예제를 폐지하려는 자신의 의도를 결코 밝히지 않았다. 대신 그는 시치미를 떼고 남부지역 밖으로 노예제가 확대되는 것은 반대하지만 이미 노예 소유가 합법인 주에서 그 권리를 폐지할 의도는 없다고 주장했다.

하지만 링컨은 거짓말 이상의 것을 했다. 그는 국가 전역에 걸쳐 인신보호법에 따른 권리를 유예했다. 그리고 메릴랜드 주에서 연방 탈퇴에 찬성하는 의원을 체포하도록 승인했다. 그는 자신의 이런 행동을 정당화하기 위한 어떤 시도도 하지 않았다. 그는 단지 메릴랜드와 다른 경계 주들이 탈퇴할 경우, 전쟁에서 패배하고 미국이 해체될 것이며, 미국 헌법은 무의미해질 것이라고 말했다.

그로부터 75년 뒤 프랭클린 루스벨트는, 또 한 차례의 엄청난 국가적 위기 앞에서 아직 자신을 따를 준비가 되어 있지 않은 미국 대중들에게 자신의 행동을 숨기는 거짓말을 하면서 필요한 조치들을 취했다. 1930년대 말 미국 의회와 여론은 유럽이 전쟁에 들어갈 준비를 하자

엄격한 중립을 유지하기를 원했다. 하지만 루스벨트는 민주주의의 생존 자체가 위험에 처해 있다는 사실을 알고 있었다. 그는 비밀리에 프랑스에 대한 무기판매를 주선했고, 윈스턴 처칠에게 미 해군을 동원해 영국으로 향하는 보급상선들을 보호해주겠다고 약속했다. 이는 명백한 중립 위반이었다.

링컨처럼 루스벨트도 도덕적 목적에 의해 고무되었으며, 이는 세계전략에 대한 도덕적 비전을 의미했다. 루스벨트는 나치 독일에 분개했으며 민주주의 이념에 헌신했다. 하지만 미국의 이익과 체제를 지키기 위해 나치 독일만큼이나 도덕적으로 타락한 소련의 스탈린 정권과 동맹을 맺었다. 게다가 본국에서는 대법원의 판결을 무시하고 서신을 가로채거나 영장 없이 도청하는 것을 인가했다. 하지만 그의 가장 큰 인권침해 사례는 시민권 유무와 상관없이 모든 일본인에 대한 체포와 격리수용을 승인한 인종주의적 결정이었다. 루스벨트는 자신의 행동이 잘못됐다는 생각을 하지 않았다. 그는 도덕적 필요성을 추구하는 과정에서 형식적인 규범(rules of decency) 따위는 가차 없이 위반했다.

로널드 레이건 역시 도덕적 목적을 달성하기 위해 무자비하게 밀고나갔다. 그의 목표는 자신이 '악의 제국'이라고 불렀던 소련의 파멸이었고, 실제로 그 목표를 추구했다. 그는 소련이 도저히 감당하지 못할 것이라는 사실을 알았기에 군비경쟁을 가속화했다. 그런 다음 정교하고 기만적인 방법으로 제3세계의 민족해방운동에 대한 소련의 지원을 막아냈다. 레이건은 1983년 그레나다Grenada를 침공했으며, 니카라과에서는 막시스트 정권에 맞서는 콘트라 반군을 지원했다. 이런 행동은 이라크와 전쟁 중인 이란에게 이스라엘로 하여금 무기를 팔게 한 정교한 계략으로 이어졌고, 니카라과의 콘트라 반군에 대한 자금지원으로도 이어졌다. 이는 그와 같은 개입을 막기 위해 특별히 제정된 법을 어기고 비껴가는 방식으로 추진되었다. 또한 우리는 레이건이 소련과 전쟁 중이던 아프가니스탄의 무슬림 지하디스트들을 적극적으로 지원했다는 사실 또한 기억해야 한다. 루스벨트와 스탈린의 경우처럼, 미래의 적은 현재의 적을 무찌르는 데 유용하게 활용될 수 있다.

다음 10년은 위대한 도덕적 십자군의 시대가 되지는 않을 것이다. 대신 현실 세계의 실제 모습이 더욱 공식적으로 제도에 통합되는, 과정의 시대(ear of process)가 될 것이다.

9·11 테러 이후 지난 10년간 미국은 테러리즘을 상대로 열정적인 십자군 전쟁을 벌였다. 다음 10년에는 열정을 식히고 이스라엘과 이란 같은 국가들과의 관계에 있어 좀더 세심한 조정이 필요할 것이다. 또한 이 시기는 폴란드와 터키처럼, 미국과 새롭게 정의된 관계를 가지게 된 국가들을 포함하는 동맹 체제의 구축도 요구된다. 이는 제국적 전략의 어렵고 세밀한 작업이다. 하지만 미국 대통령은 압도적인 미국 패권의 현실을 세계가 쉽게 받아들일 것이라는 환상에 빠져서는 안 되며, 그러한 권력을 포기해서도 안 된다. 또한 그가 마치 준 황제와 같은 지위에 있는 것처럼 보인다 해도, 전 세계가 아닌 한 나라의 대통령이라는 사실도 절대 잊어서는 안 된다.

그래서 그가 절대 입에 올려서는 안 되는 단어가 바로 '제국'이다. 미국을 건국했던 반제국주의 기풍은 계속해서 정치 문화의 밑동에 단단히 묶여 있다. 더 나아가 권력이 국가들 간에 보다 균등하게 배분되어 있는 것처럼 가장하는 것은 단지 다른 나라를 위해서만이 아니라, 미국 스스로를 위해서도 유용하다. 그렇다 하더라도 다음 10년 내에 전 세계적인 아메리카 제국의 비공식적 실체는 일관된 형태를 갖추기 시작해야 할 것이다.

전혀 마주할 준비가 되어 있지 않은 현실을 대중에게 직시하라고 강요할 수는 없다. 그러므로 대통령은 환상을 관리하는 전문가가 되어야만 한다. 남부의 주들이 아무리 원했다 하더라도 노예제도는 1860년대 이후 더 이상 존속될 수 없었다. 아무리 미국 대중들이 고립주의로 기울어져 있었다 해도 미국이 2차 세계대전을 피할 수는 없었다. 비록 대중이 미국과 소련의 충돌에 공포를 느꼈지만 소련과의 대결은 결국 일어날 수밖에 없는 일이었다.

이런 각각의 경우에, 강력한 대통령들은 대중들의 거대한 반발을 유발하지 않으면서 필요한 일을 수행할 수 있게 하는 모종의 환상을 만들어냈다. 레이건의 경우를 보자. 미국의 무기거래 계략이 '이란-콘트라 게이트'로 집중조명 받다가 의회 청문회와 가담자 다수에 대한 기소, 유죄판결로 결말을 맺었을 때도, 레이건은 생각이 단순한 친구라는 가면을 잘 유지한 덕분에 정치사건의 후유증으로부터 대통령의 권위와 이미지를 지킬 수 있었다. 이란과 이라크, 니카라과에서 벌어진 행위들이 너무나 복잡했기 때문에 레이건 비판자들조차도 그에게 책임이 있을 거란 사실을 쉽게 믿지 못했다.

미국의 전 세계적 지역 전략

미국의 근본적인 이해관계는 물리적 안보와 상대적으로 제약 받지 않는 국제경제 체제에 있다. 이것은 자유시장주의자들이 말하는 자유무역 체제를 의미하지 않는다. 이것은 단지 거대한 미국 경제가 세계의 대부분과 상호작용하는 것을 허용하는 국제 체제를 의미한다. 어떤 규제 체제가 존재하든, 미국은 세계 전역에서 재화를 사고 팔며, 자금을 빌리고 빌려주며, 투자하고 투자 받을 필요가 있다.

세계 경제의 4분의 1을 차지하는 국가는 고립된 상태에서는 번영할 수 없을 뿐 아니라, 상호작용의 결과가 순전히 경제에만 국한될 수도 없다. 미국 경제는 기술적, 조직적 혁신을 바탕으로 세워졌으며, 경제학자 요제프 슘페터Joseph Schumpeter가 말한 '창조적 파괴(creative destruction)'를 포함하는 단계로 발전했다. 창조적 파괴란 기술의 발전을 통해 경제가 지속적으로 자신을 파괴하고 재건하는 과정을 의미한다.

미국의 경제적 문화가 다른 국가와 접촉할 때, 그 영향을 받은 국가는 거기에 적응하거나 매몰되는 양자택일을 하게 된다. 가령 컴퓨터는 그것을 중심으로 조직화된 기업들과 함께, 인도의 방갈로르에서 아일랜드에 이르기까지 세계 전역의 문화적 삶에 심대한 영향을 미쳤다. 미국 문화는 이런 종류의 변화에 익숙한 반면 다른 문화는 그렇지 않을 수도 있다. 중국은 공산주의 국가로서의 정치체제를 유지함과 동시에 시장경제에 적응하기 위한 추가적인 부담을 지고 있다. 독일과 프랑스는 미국의 영향을 제한하고 그들이 '앵글로색슨 경제학'이라고 부르는 것으로부터 자신들을 차단시키려고 분투한다. 1990년대 러시아는 아무런 완충장치 없이 이 힘에 처음으로 노출됐다가 비틀거렸고, 이후 10년 동안 자신의 균형을 찾고자 노력했다.

미국발 소용돌이에 대응하는 세상의 태도가 종종 시무룩하거나 저항적인 것은 전혀 놀랄 일이 아니다. 왜냐하면 이들은 미국을 이용하거나 그 영향력에서 벗어나려고 노력하기 때문이다. 오바마 대통령은 그런 반감을 눈치채고 활용했다. 국내적으로 그는 미국인이 좀더 존경받고 사랑받아야 할 필요성을 역설하는 한편, 해외에서는 미국이 좀더 유화적(conciliatory)이고 덜 고압적이 되어야 한다고 역설했다.

오바마 대통령이 이런 문제를 인식하고 관리하기 위해 노력했음에도, 제국적 권력에 대한 저항은 영구적 해결책이 없는 문제로 남아 있다. 이는 궁극적으로 미국의 정책에서 기인하는 것이 아니라 제국적 권력의 고유한 특성에서 기인하기 때문이다.

미국이 패권국에 가까운 위치에 있었던 것은 단지 20여 년에 지나지 않는다. 이 제국적 시기의 첫 10년은 냉전의 종말이 곧 전쟁 자체의 종말을 의미하는 것이라고 가정하면서 경솔한 환상을 품었던 시기였다(물론 그것은 거대한 충돌이 끝날 때마다 등장했던 망상이었다). 21세기가 시작된 후의 첫 10년은 미국인들이 세계가 여전히 위험하다는 사실을 깨달았고, 미국 대통령은 그에 대한 임시방편의 대응을 하느라 정신없이 노력했던 시기였다. 다음 10년은 미국이 세계의 적대적 감정을 관리하는 방법을 배우는 시기가 될 것이다.

다가올 10년에 선출될 미국 대통령은 지난 10년간 부상했던 위협이 일시적인 이상 현상이 아니라는 점을 인정하고 전략을 구상해야만 한다. 알카에다와 테러리즘도 그런 위협 가운데 하나다. 하지만 실제로 미국이 당면한 가장 심각한 위협은 아니다. 미국 대통령은 이런 위협들이 존재하지 않게 될 미래를 이야기할 수 있고 또 그렇게 해야 한다. 하지만 절대 본인까지 자신의 정치적 수사를 믿어서는 안 된다. 반대로 그는 제국적 권력에 대한 위협이 수그러들 것이라는 기대를 국민들이 점점 낮추도록 해야 하고, 그런 다음 이런 위협은 미국이 가진 부와 권력을 위해 치러야 할 비용임을 이해하도록 만들어야 한다. 그렇지만 그는 그러한 전략을 계획하고 집행하면서도, 그 전략이 있음을 공개적으로 인정할 필요는 없다.

세계적 패권을 놓고 겨룰 경쟁자가 사라진 상황에서, 미국 대통령은 세계를 개별 지역의 측면에서 생각해야 한다. 동맹 파트너들을 만들고 지역 개입을 위한 비상계획을 세우면서 지역적 힘의 균형을 창조하는 일을 시작해야 한다. 전략적 목표는 세계의 어떤 지역에서도 미국에 도전하는 국가가 출현하는 사태를 모조리 차단하는 것이어야 한다.

루스벨트와 레이건이 세계적으로 통합된 단 하나의 게임에 열중하는 호사를 누렸던 반면, 다음 10년간의 미국 대통령은 극심하게 분열된 테이블 위에서 다수의 게임을 벌이게 될 것이다. 이제 모든 것이 하나 혹은 소수의 전 지구적 위협을 중심으로 돌아가던 시대는 끝났다. 유럽에서의 힘의 균형은 아시아에서의 힘의 균형과 긴밀한 관련이 없고, 라틴아메리카에서 평화를 유지하는 힘의 균형과도 연관성이 없다. 따라서 오늘날의 세계는 2차 세계대전이나 냉전시대만큼 미국에게 위험하지는 않지만 그때보다 훨씬 더 복잡해진 것은 분명하다.

당연히 미국의 외교정책은 이미 지역별로 세분화되어 있다. 이를 반영한 미국의 군사력 또한 여러 개의 지역 사령부를 중심으로 조직화되어 있다. 이제 미국은 전략적 사고에서 이처럼 세분화된 현실을 인정하고 적절하게 다루는 것이 필요하다. 우리는 미국을 지지하는 범세계적 동맹은 존재하지 않으며, 미국은 어떤 나라와도 특별한 역사적 관계를 맺고 있지 않다는 사실을 인정해야 한다. 여기서 조지 워싱턴의 고별연설 중 한 대목을 참조할 필요가 있다.

"다른 나라에 대한 습관적 증오 혹은 습관적 편애에 몰두하는 국가는 어떤 면에서 노예나 다름 없습니다. 그런 나라는 자신의 적대감이나 애정에 사로잡힌 노예입니다. 어느 쪽이든 그런 감정을 지닌 나라는 자신의 책무와 이해관계로부터 벗어나 엉뚱한 미혹에 빠지게 될 겁니다."

이는 이제 유럽의 범위를 벗어나면, 나토(NATO)는 더 이상 미국에게 특별한 의미를 갖지 않으며, 유럽은 세계의 다른 지역들보다 더 중요한 지역으로 간주될 수 없다는 것을 의미한다. "특별한 관계'에 대한 향수에도 불구하고, 오늘날 분명한 현실은 유럽이 미국에게 더 이상 중요하지 않다는 사실이다.

그럼에도 오바마 대통령은 유럽에 초점을 맞춘 선거운동을 전개했다. 2008년 대통령 선거 전 그는 유럽을 방문했는데, 이는 그가 다자주의를 통해 의도하는 바가 미국이 다시 유럽에 관심을 기울이고, 미국의 대외 활동에 대해 유럽의 조언을 구하고, 그리고 유럽의 경고(caution)를 수용하는 것임을 상징했다(유럽인들은 그들의 제국을 상실했기 때문에 언제나 경고라는 측면에서 이야기한다). 오바마의 제스처는 성공했다. 유럽은 크게 열광했고, 미국은 누군가가 다시 자신들을 좋아해준다는 사실에 기뻐했다. 하지만 그런 열광은 오바마도 결국엔 미국 대통령일 뿐이며 미국의 이익을 추구한다는 사실을 깨달은 뒤 급속하게 사그라졌다.

이 모든 사실들로부터 우리는 다음 10년 동안 미국 대통령이 감당해야 할 도전을 확인할 수 있다. 그것은 가차 없이 감정을 배제한 외교정책을 수행하는 것이다. 아직도 자신이 사랑받고 있다거나 적어도 고립상태를 유지할 수 있다는 비합리적 환상을 가진 미국이라는 나라에서 말이다. 대통령은 대중의 정서를 교묘히 활용하면서, 그것을 초월해 외교정책을 추진해야만 한다.

감정을 배제한 외교정책이란, 앞으로 10년 동안 미국 대통령은 명확하고 냉철한 시각으로 가장 위험한 적들을 식별하고, 그들을 관리할 동맹을 창조해야 한다는 사실을 의미한다. 이런 비감상적 접근은 나토와 국제통화기금, 유엔을 포함해 냉전 체제의 모든 동맹과 조직체로부터 자유로워지는 것을 의미한다. 이러한 냉전시대의 유물들은 오늘날 세계의 다양성을 다룰 수 있을 정도로 충분한 유연성을 갖고 있지 않다. 실제로 오늘날의 세계는 1991년 소련이 해체됨에 따라 자신을 재정의했고 구시대의 조직들을 과거의 존재로 바꿔놓았다. 일부는 계속 자신의 존재가치를 유지할 수 있을지도 모르지만, 이는 앞으로 등장할 새로운 조직체와 충돌하지 않는 범위 내에서만 그럴 뿐이다. 이러한 새로운 조직체들은 지역적이어야 하며, 다음 세 가지 원칙에 따라 미국의 전략적 이익에 기여해야 한다.

1. 가능한 한 최대로, 세계에서 그리고 각 지역에서 힘의 균형이 에너지들을 소모하게 하고 미국으로부터의 위협에 대해 관심을 두지않게 한다.
2. 동맹을 구축하면서, 지역에서의 대치나 충돌에 따르는 부담 중 상당 부분을 지역 국가들이 부담하게 한다. 대신 동맹국들에게는 경제적 혜택과 군사 기술을 지원하고, 필요할 경우 군사적 개입을 약속한다.
3. 힘의 균형이 붕괴되고 동맹국들이 더 이상 문제에 대처할 수 없을 때, 군사적 개입을 최후의 수단으로 사용한다.

대영제국의 절정기에 팔머스톤 경Lord Palmerston은 이렇게 말했다.

"이 나라나 저 나라를 우리의 항구적 동맹이나 영구적 적대세력
으로 규정할 수 있다고 가정하는 것은 매우 편협한 정책이다. 우
리에게는 항구적인 동맹도, 영구적인 적도 없다. 항구적이며 영
구적인 것은 우리의 이익뿐이며 그 이해를 따르는 것이 바로 우
리의 의무다."

이것이 다음 10년 동안 미국 대통령이 제도화해야 할 정책 유형이
다. 미국에 대한 분노와 적개심이 발생하게 될 것임을 인식하면서, 대
통령은 미국의 핵심적인 이익을 포기하지 않고도, 다른 나라가 미국에
대해 더 좋게 생각하도록 설득할 수 있다는 착각을 버려야 한다. 그는
가능한 한 화려한 약속들을 통해 이들 국가들을 유혹하려고 노력해야
한다. 하지만 상대를 유혹하려는 노력은 결국 실패할 것이라는 사실도
인정해야만 한다. 그가 실패할 수 없는 부분은 바로 이 적대적인 세계
에서 미국을 이끄는 그의 책임이다.

공화국과 제국,
그리고
마키아벨리적
대통령

Republic, Empire, And
The Machiavellian President

다음 10년 동안 제국을 관리하는 데 있어 미국의 가장 큰 도전은 로마(Rome)가 당면했던 것과 똑같은 도전일 것이다. 즉, 제국이 되었을 때 어떻게 공화국이 유지될 수 있는가이다. 미국의 건국자들은 도덕적 확신을 가지고 제국주의에 반대하였다. 그들은 영국 제국을 물리치기 위해 그들의 생명과 재산, 그리고 신성한 명예를 걸었고 민족자결의 원칙과 자연권에 근거해 공화국을 건설했다. 의도적이든 아니든 다른 국가들과의 제국적 관계는 이런 건국 원칙에 도전하는 것이다.

만약 당신이 보편 원칙들을 신뢰한다면, 당연히 반제국적인(anti-imperial) 공화국은 제국이 될 수 없다는 결론이 나온다. 이러한 주장은 1840년대와 미국－멕시코 전쟁 당시로 거슬러 올라간다. 오늘날 정치적 스펙트럼의 양 극단 모두는 해외에서의 모험 활동에 반대하는 주장을 한다. 좌파 진영은 제국주의에 반대하는 오랜 전통을 갖고 있다. 하지만 티파티TeaParty 내의 일부 인사를 비롯해 우파 진영이나 자유주의자들로부터 나오는 몇몇 주장들을 들여다보면, 이들 역시 다른 나라에 대한 군사개입에 반대한다는 사실을 알게 된다. 아이젠하워가 '군산복합체'를 경계하라고 경고했던 것도 군사개입에 대한 우려와 관계가 있다. 아이젠하워 같은 직업 군인이자 전쟁영웅이 그 같은 두려움을 말했을 정도라면, 미국의 정치문화 속에 그것이 얼마나 뿌리 깊게 자리 잡고 있는지를 알 수 있다. 나는 앞으로 10년 동안 이런 두려움이 미국 정계에서 강력한 흐름으로 정착할 것이라고 생각한다. 현재 미국 시민들도 정파를 불문하고 외국 개입에 넌더리를 내고 있기 때문이다.

공화국과 제국은 양립할 수 있는가

　사람들이 제국적 야망에 대한 두려움을 갖는 것은 매우 당연하다. 로마의 공화정은 제국에 의해 압도당했다. 제국은 돈과 권력에 대한 야망을 만들어냈으며, 그 결과 로마 시민들의 위대한 긍지였던 공화주의적 미덕들은 파괴되고 말았다. 물론 그러한 로마인들의 긍지가 전적으로 정당화될 수 없을지라도, 로마 공화국은 쿠데타로 이어진 군사적 경쟁에 의해 무너진 것이 아니라 환심을 사려는 시민들과 외국인들에 의해 로마 제국의 수도로 유입된 엄청난 돈 때문에 무너졌다는 사실에는 전혀 의문의 여지가 없다.

　그와 똑같은 위험이 미국에도 존재한다. 미국의 세계적 권력은 항시적인 위협과 더 큰 유혹을 만들어낸다. 2차 세계대전 이래로 미국이 창설한 국가안보기구는 공식적 비밀 장막에 가려져 있는 탓에, 이제는 그에 대한 감독은커녕 그 조직을 이해하는 것조차도 어려워졌다. 엄청난 예산을 잡아먹으면서도 다루기 힘든 이러한 기구는 대규모 교역이나 해외투자 같은 거대한 규모의 해외 경제활동과 함께, 민주적 기관에 의해 통제되기 어렵고 미국의 도덕적 원칙과도 양립하기 어려운 체제를 만들어낸다. 이러한 힘들이 합쳐져서 미국의 민주주의를 무의미하게 만들어 버릴 수도 있다는 건 상상하기 어려운 일이 아니다.

　문제는 카이사르 시대의 로마처럼 미국도 제국이 될 것인지 말 것인지 선택의 여지가 없는 시점에 다가서고 있다는 것이다. 엄청난 규모의 경제, 전 세계의 국가들과 복잡하게 얽혀 있는 관계, 그리고 전 세계 곳곳에 주둔해 있는 미군의 위력은 그 범위에 있어 사실상 제국적이라 할 수 있다. 미국이 현재와 같은 세계 체계에서 이탈하기란 거의 불가능에 가깝다. 만약 그것을 시도한다면, 미국의 경제뿐만 아니라 세계 체제 역시 불안정해질 수 있다. 그러한 반제국주의의 대가를 이해한다면, 반제국주의에 대한 지지가 거의 없어질 것이다. 사실 많은 국가들은 미국의 존재에 대해 실제로 체감하는 것보다 덜 반대하고 있다. 그들은 미국의 힘을 인정하는 대신 그 힘이 자국의 이익에 유리하게 작용하기를 바란다.

제국적 권력의 위험은 실질적이며, 이러한 위험들은 미국 정치계에서 점점 더 논쟁을 불러일으키는 주제가 될 것이다. 이미 전 세계에서 그에 대한 논쟁이 뜨겁게 진행되고 있다. 과거를 돌아보면 초창기 미국의 건국자들이 비개입주의를 내세웠던 것은 공화국이 도덕적이었기 때문이 아니라 약했기 때문이었다. 이전에 식민지였던 13개의 주들로 이루어진 미합중국이 복잡한 대외관계를 가졌더라면, 분명 국가가 붕괴됐을 것이다. 3억 인구를 가진 오늘날의 미국은 복잡한 대외관계를 가질 수밖에 없다.

공화국의 미덕을 잃지 않으면서도 의도하지 않은 제국을 관리하는 것은 장기간에 걸쳐 미국의 중요한 과제가 될 것이다. 하지만 지하디스트들과의 전쟁의 여파로, 그것은 특히나 힘든 도전이 될 것이다. 대부분의 논의는 희망 사항에 지나지 않을 것이다. 한번 지나왔던 길은 결코 되돌아갈 수 없으며 깔끔한 해결책도 없다. 역설적이게도 공화국을 유지할 수 있는 최선의 방법은 제도적인 것이 아니라 개인적인 (personal) 것이다. 그리고 그것은 무엇이 미덕인지에 대한 우리의 통념에 반하는 미덕의 정의에 달려 있다.

마키아벨리적 대통령: 이상과 현실의 결합

나는 공화국을 구하기 위한 방법으로 힘의 균형보다는 대통령의 술수와 지혜에 더 큰 기대를 건다. 분명 미국 대통령은 광대한 관료조직을 거느린다. 그들은 대통령의 통제를 받기도 하고 대통령을 통제하기도 한다. 하지만 결국 우리가 기억하는 건 링컨이나 루스벨트, 레이건 같은 대통령이지 관료나 국회의원 또는 판사가 아니다. 이유는 간단하다. 대통령은 권력과 함께 리더십을 발휘한다. 10년 혹은 그보다 짧은 기간에서는 그러한 리더십이 결정적일 수 있다.

개인의 인격은 국가의 미래를 위한 토대가 되기에는 너무나 미약한 갈대처럼 보일지도 모른다. 동시에 미국의 건국자들이 대통령제를 창설한 건 이유가 있어서다. 그 이유의 핵심에 있는 것이 바로 리더십이다. 대통령제는 하나의 기관과 한 명의 개인이 동일한 유일한 구조이다. 의회와 대법원은 사람들의 집합체로, 단일한 목소리를 내는 경우가 거의 없다. 대통령제에서는 오로지 대통령 한 명만이 있을 뿐이며, 그는 국민들을 대표하는 사람들이 선출하는 최고의 공직자다. 이는 우리가 대통령을 제국과 공화국의 관계를 관리하는 데 필요한 최고의 대리인으로 볼 필요가 있는 이유이다.

대통령의 전반적인 특성에 대해 먼저 살펴보자. 대통령은 그 정의상 권력을 즐긴다는 점에서 다른 사람들과 다르다. 대통령은 권력을 획득하고 사용하는 일을 무엇보다 중시하며, 권력을 추구하기 위해 자신의 삶에서 큰 부분을 헌신한다. 대통령의 지식과 본능은 권력을 향하도록 정교하게 연마되어 있으며 진정한 권력을 누려보지 못한 사람들은 도저히 파악할 수 없는 방식으로 그것을 이해한다. 따라서 본질적으로 최악의 대통령은 대통령이 되기 위해 거쳐야 할 과정을 겪어보지 못한 그 어떤 사람보다도 최선의 대통령에 가깝다.

현대의 미국 대통령이 가진 권력의 수준과 범위는 그들이 세상을 남들과 다른 시각으로 볼 수밖에 없게 만든다. 심지어 다른 국가의 수반들과 비교해도 미국 대통령의 시각은 특별하다. 어떤 지도자도 그렇게 다양한 방식으로 세상의 그렇게 많은 부분을 상대하지는 않는다. 미국 민주주의 체제 속에서 대통령은 시민들과 전혀 다르지 않은 척하면서 이 지위에 도달해야만 한다. 그것은 상상할 수도 없을 뿐만 아니라 만약 사실이라 해도 겁나는 일이 아닐 수 없다. 제국이 감당해야 할 도전이 더욱 커지고 잠재적 위협들이 점점 더 현실화되면, 헌법이 부과한 제약에서 벗어나는 수준의 권력을 필요로 하고 요구하는 지도자가 등장하게 될 위험이 존재한다.

반제국적 정부를 창설하면서 미국의 건국자들이 공화적 통제를 받는 제국적 리더십의 로드맵을 제공했다는 것은 행운인 동시에 역설이 아닐 수 없다. 그들은 독재정치와 귀족정치 모두에 대한 대안으로서 미국식 대통령제를 창설했다. 이러한 행정부는 국내에서는 허약할지 몰라도 미국 밖에서는 대단히 강력하다. 국내 정치에 있어 행정부는 헌법의 지배를 받고 있으며 본질적으로 관리가 불가능한 의회와 예측이 어려운 대법원에 포위당해 있다. 경제는 연방준비은행뿐만 아니라 투자자와 경영자, 소비자의 손에 달려 있다(만약 헌법에 의한 것이 아니라면, 법률과 관행에 의해 확실히 그렇게 되어 있다). 주정부 역시 상당한 권력을 보유하고 있으며 종교와 언론, 대중문화, 예술에 관련된 시민사회의 상당 부분이 대통령의 통제력 밖에 있다. 미국의 건국자들이 원한 것이 바로 그것이었다. 즉, 누군가가 국가를 통솔하기는 하지만 지배하지는 않는 것이다. 하지만 미국이 외교정책을 통해 세계와 마주할 경우 백악관의 주인보다 더 강력한 개인은 존재하지 않는다.

미국 헌법 2조 2항은 이렇게 기술하고 있다.

> "대통령은 미 육군과 해군, 그리고 현역으로 소집된 몇몇 주의 민병대의 총사령관이 된다."

이것은 의회와 공유하지 않아도 되는 미국 대통령 최고의 권력이다. 조약과 임명, 예산, 전쟁선포는 의회의 승인을 요구하지만 군대를 지휘할 수 있는 사람은 오직 대통령뿐이다.

하지만 여러 해에 걸쳐 대통령의 외교적 특권을 통제하던 헌법적 제약들이 무너지고 있다. 의회의 승인을 필요로 하는 조약은 최근 그 자체가 드물어졌고, 외교정책은 협정과 양해각서를 통해 이루어지고 있으며 많은 경우 비밀리에 이루어진다. 따라서 외교정책의 수행은 이제 사실상 대통령의 손에 달려 있다. 마찬가지로, 지금까지 의회가 전쟁을 선포한 경우는 다섯 차례에 불과하지만, 미군이 세계 전역에서 전투에 참가한 횟수는 그보다 훨씬 더 많다. 앞으로 다가올 21세기의 두 번째 10년 동안 미국 정치체제의 현실은 세계무대 위에서 미국 대통령의 권한이 거의 모든 제약과 균형을 초월하고 있으며, 오직 그 권력을 사용하는 자신의 능력에 의해서만 제약을 받는다는 것이다.

1999년 클린턴 대통령이 유고슬라비아를 공습하기로 결정했을 때, 그리고 1983년 레이건 대통령이 그레나다를 침공하기로 결정했을 때, 의회는 이를 중단시킬 수 없었다. 미국 대통령은 다른 국가에 제재를 가하고 세계 전역의 경제관계를 주무른다. 실제로 이것은 미국 대통령이 마음에 들지 않는 국가를 파멸시키고 편애하는 국가에게는 보상을 제공할 수 있다는 것을 의미한다. 전쟁권한법이 이미 통과됐지만 많은 대통령들은 그 법과 관계없이 미군 최고사령관으로서 전쟁을 벌일 수 있는 권한이 자신에게 있다고 주장해왔다. 현실에서는 대통령이 의원들을 포섭해서 자신의 정책을 지지하게 만들고 있다. 그런 관행은 다음 10년 동안에도 변화가 없을 것이다.

미국 대통령이 마키아벨리가 말한 군주와 가장 많이 닮은 것은 외교정책을 수행할 때이다. 이는 미국의 건국자들이 현대 정치철학을 연구했으며 마키아벨리가 그 시조라는 점을 고려한다면 놀라운 사실도 아니다. 우리가 아메리카 제국의 존재를 인정해야만 하는 것처럼, 우리의 상황과 관련하여 마키아벨리의 통찰력이나 조언이 갖는 가치도 인정해야 한다. 미국 대통령의 주요 관심사가 외교정책과 권력의 행사라는 점은 마키아벨리의 가르침과 일치한다.

> "따라서 군주는 다른 어떤 목표나 생각을 가져서도 안 되며 전쟁술을 시행하고 훈련하는 방법 외에는 어떤 기술도 가져서는 안 된다. 왜냐하면 그것이 지휘하는 자에게 적합한 유일한 기술이기 때문이다. 이 원칙은 너무나 효과적이어서, 세습 군주들이 자신의 지위를 유지할 수 있었을 뿐만 아니라, 많은 경우 평민 출신이라도 군주의 자리에 오를 수 있었다. 반면 군사적 문제가 아닌 고상한 이상을 생각하는 데 더 열중했던 군주들은 결국 자신의 국가를 잃었다. 국가를 잃은 가장 중요한 이유는 바로 이 기술을 등한시했기 때문이다. 반면 국가를 얻는 방법은 이 기술에 정통하는 것이다."

미국의 외교정책과 미국 대통령의 권력 행사에 있어 이상주의와 현실주의 간에 근본적인 차이가 존재하며, 그러한 차이는 미국 외교정책의 전통에 내재되어 있다. 미국은 헌법에 반영되어 있는 민족자결주의 원칙을 토대로 하여 건국되었으며, 이 원칙은 지도자를 선택할 때 민주주의적 절차를 당연시한다. 미국은 또한 영국의 권리장전에서 비롯된 인간 자유의 원칙 위에 세워졌다. 제국주의는 공식적이든 비공식적이든, 민족자결주의 원칙을 침해하는 것으로 보일 수밖에 없다. 더욱이, 외교정책 수행은 인권에 관한 미국의 원칙을 실천하거나 존중하지는 않지만 미국의 이익에 도움이 되는 정권들을 지원한다. 미국의 외교정책을 미국의 원칙과 일치시키는 것은 어려운 일이며, 이는 그러한 정권의 도덕적 토대를 위협하게 된다.

이상주의자들은 미국이 건국자들이 의도한 도덕적 원칙들에 기반해서 행동해야 한다고 주장한다. 미국이라는 나라는 존 로크 등의 계몽주의 사상으로부터 유래한 도덕적 프로젝트이며, 따라서 외교정책의 목표는 이런 도덕적 원칙들을 미국의 행동, 좀더 중요하게는 미국의 목적에 적용해야 한다는 것이다. 이 주장을 따르게 될 경우, 미국은 자국의 가치를 채택하는 정권들만 지원하고 거기에 반대하는 정권은 배격해야 한다.

반면 현실주의자들은 미국이 다른 국가들과 전혀 다를 바 없는 존재이며, 일반적으로 말하는 것처럼 국가의 이해관계를 보호해야 한다고 주장한다. 여기서 이해관계란 미국의 안보와 경제적 이익추구, 정권의 도덕적 성격에 관계없이 미국의 이익에 부합하는 정권을 지원하는 것을 포함한다. 이런 이론에 따른다면 미국의 외교정책은 다른 나라의 정책에 비해 더 도덕적이지도 덜 도덕적이지도 않다.

이상주의자들은 미국 고유의 도덕적 사명을 부정하는 것은 미국의 이상에 대한 배신이자 미국의 역사가 지닌 모든 비전에 대한 배신이라고 주장한다. 반면 현실주의자들은 우리가 위험한 세상에 살고 있으며 도덕적 목표에만 초점을 맞추는 경우 진정한 이익의 추구를 등한시하게 되며, 결국 미국적 이상의 결정체인 공화국의 존립 자체를 위험에 빠뜨리게 된다고 주장한다. 여기서 유념해야 할 사실은 미국 정치의 토대로서 이상주의는 이데올로기를 초월하는 것이다. 이상주의의 좌파 변종은 인권옹호와 전쟁반대를 중심으로 형성되었고, 우파 변종은 미국적 가치와 민주주의를 널리 확산시키려는 신보수주의적 염원을 중심으로 형성되었다. 이들 두 가지 시각이 공유하고 있는 것은 미국의 외교정책이 무엇보다도 도덕적 원칙에 초점을 맞춰야 한다는 이념이다.

나의 관점에서 볼 때, 이상주의와 현실주의 사이의 논쟁은 근본적으로 문제를 잘못 이해하고 있으며, 이러한 잘못된 이해는 앞으로 10년 동안 결정적인 영향을 미치게 될 것이다. 이러한 잘못된 이해가 해결되지 않으면 미국의 외교정책 내에서의 불균형이 점점 더 분명해질 것이다. 이상주의 논쟁은 언제나 민족자결권과 인권 간의 논쟁에 빠지게 된다. 미국의 혁명은 두 원칙 모두를 토대로 하고 있다. 하지만 그로부터 200년이 넘는 세월이 지난 지금, 만약 독일 같은 나라가 헌법에 따른 절차를 통해 인권을 폐기하기로 결정한다면 어떻게 해야 할까? 민족자결권과 인권 중에서 어떤 것이 우선할까? 미국과 같은 방식으로 선거를 치르지는 않지만 오랜 기간 지속된 문화적 관행에 따라 분명하게 국민의 의지를 구현하고 있는 정권을 어떻게 보아야 할까? 사우디아라비아가 가장 좋은 예다. 미국이 다문화주의를 신봉한다고 하면서 다른 나라의 국민들에게는 아이오와 주에서 하는 것과 같은 방법으로 지도자를 선택하라고 요구할 수 있을까?

현실주의자들의 주장도 모순되기는 마찬가지다. 이들은 21세기 제국의 국가 이익이 18세기 북아메리카 동부 연안에 몰려 있던 소규모 공화국의 국가 이익만큼이나 분명하다고 가정한다. 국력이 약한 소규모 국가들은 국가 이익을 명확하게 정의해 왔다. 최대한의 안전과 번영을 유지함과 동시에 생존을 가장 우선시하는 것이다. 하지만 미국처럼 안전하고 번영하는 국가, 게다가 사상 유례가 없는 제국적 활동 영역을 가진 국가의 이익을 정의하는 것은 그보다 훨씬 더 복잡한 문제다. 현실주의 이론은 단기적으로는 선택의 여지가 훨씬 더 적으며, 그러한 위험은 항상 똑같이 크다고 가정한다. 현실주의라는 개념은 추상적 명제로서 논란의 여지가 없다. 누가 비현실적이 되고 싶겠는가? 현실을 구성하는 요소에 대한 명확한 정의를 제시하는 것은 훨씬 더 복잡하다. 16세기에 마키아벨리는 이렇게 썼다.

"고대 국가이든 신생 국가이든, 모든 국가의 중요한 토대는 좋은 법률과 우수한 군대다. 우수한 군대 없이는 좋은 법률을 가질 수 없으며 우수한 군대가 있는 곳에는 좋은 법률이 반드시 따라오기 마련이다."

이는 현실주의자들이 우리에게 제시하는 것보다 현실주의를 더 잘 정의한다.

나는 현실주의자들과 이상주의자들 사이의 논쟁이 최근 수십 년 동안 급격히 변화된 세상을 너무 순진하게 보고 있다고 생각한다. 이상주의와 현실주의는 권력이라는 동일한 실체의 서로 다른 측면에 불과하다. 그 자체가 목적인 권력은 영속적인 어떤 것도 성취하지 않는 괴물 같은 것이며, 결국 미국의 정치체제를 왜곡시킬 것이다. 권력이 없는 이상은 공허한 메아리에 불과하다. 그것은 행동이 뒷받침될 때 비로소 생명력을 가질 수 있다. 현실주의는 권력을 사용하는 방법을 이해하고 있지만 우리가 권력을 어디에 사용해야 하는지 그 목적지를 알려주지는 않는다. 권력의 목적에 대한 이해가 없는 현실주의는 종종 맹목적 폭력의 또 다른 표현에 불과하며 궁극적으로 비현실적이다. 마찬가지로 이상주의는 독선주의의 다른 말이며, 완전한 의미에서 권력에 대한 심오한 이해를 통해서만 교정될 수 있는 일종의 병이다. 반면 원칙에서 벗어난 현실주의는 때때로 강인함으로 가장된 무능력이 되기도 한다. 이상주의와 현실주의는 서로에게 배타적이지 않으며 필수적으로 서로를 보완한다. 둘 중 어느 것도 그 자체만으로는 외교정책의 원리가 될 수 없다.

이상주의와 현실주의는 권력 투쟁으로 귀착되며, 권력 투쟁은 전쟁으로 이어진다. 다시 한 번 마키아벨리의 말을 들어보자.

"전쟁은 군주가 공부해야 할 유일한 대상이다. 그는 평화를 단지 숨을 고르기 위한 시간으로 간주해야 한다. 군사계획을 고안하고 그것을 집행할 수 있는 능력을 준비할 여유를 제공하는 시간 말이다."

20세기에 미국은 그 기간의 17퍼센트를 전쟁을 하면서 보냈다. 게다가 그것은 소규모 개입이 아니라 수십만 명이 참가하는 전면전이었다. 21세기에, 미국은 그 대부분의 기간 동안 전쟁을 수행해오고 있다. 미국의 건국자들은 단 한 가지 이유 때문에 대통령을 군대의 최고 사령관으로 만들었다. 그들은 마키아벨리를 꼼꼼하게 읽었고, 그가 쓴 대로 다음과 같은 사실을 알고 있었다.

"결코 전쟁을 피할 수는 없다. 단지 한쪽의 이익을 위해서 연기
될 뿐이다."

대통령이 가질 수 있는 가장 큰 미덕은 권력을 이해하는 것이다. 대통령은 철학자가 아니다. 권력의 행사는 응용 기술(applied art)이지 추상적인 기술이 아니다. 고결해지려고 노력했다가는 대통령뿐만 아니라 국가 전체가 비탄에 빠지는 결과를 초래하게 된다. 전시일 경우, 권력을 이해한다는 것은 적을 신속하고 철저하게 분쇄하는 것이 허둥대다가 전쟁을 확장시키거나 감상주의로 인해 전쟁에 지는 것보다 훨씬 더 낫다는 것을 의미한다. 바로 이것이 통상적인 미덕, 즉 우리가 훌륭하다고 할 수 있는 사람의 미덕이 대통령에게는 허용될 수 없는 이유다. 다시 한 번 마키아벨리를 보자.

"사실 모든 면에서 고결하게 행동하고 싶어 하는 자는 너무나
많은 고결하지 않은 자들 틈에서 곤경에 빠지게 된다."

마키아벨리는 미덕에 관한 새로운 정의를 도입했다. 그것은 인간적인 선량함이 아니라 교활함의 요소들로 구성되어 있다. 군주에게 있어서 미덕(virtue)은 운(fortune)을 극복할 수 있는 능력이다. 세상은 있

는 그대로이며, 그래서 예측불가능하고 변덕스럽다. 따라서 군주는 뜻밖의 사태가 일어났을 때 자신의 힘을 사용해 그것을 극복해야 한다. 군주의 과업은 어떤 통상적인 의미에서 보더라도 결코 고결하지 않은 사람들로 가득 찬 세상으로부터 공화국을 보호하는 것이다.

대통령들은 이념적인 공약과 약속된 정책에 기초해 직책을 수행할 수 있지만 그들의 대통령직은 실제로는 운과 미덕의 충돌(encounter), 있을 법 하지 않은 일과 예상치 못했던 일의 충돌, 그리고 그에 대한 그들의 대응에 의해 제약을 받는다. 대통령의 임무는 앞으로 일어날 일을 예상하고 예측불가능성을 최소화하며 책략과 권력을 통해 예상치 못했던 사태에 대응하는 것이다.

마키아벨리의 관점에서 볼 때, 이데올로기는 하찮은 것이며, 인물이 모든 것을 결정한다. 대통령의 미덕과 통찰력, 빠른 판단, 교활함, 무자비함, 결과에 대한 이해력이 가장 중요하다. 결국 그가 남기게 될 유산은 그의 본능에 의해 결정될 것이고, 그러한 본능은 결국 그의 성격을 반영한다.

위대한 대통령은 공화국의 원칙을 결코 잊는 법이 없으며, 현재의 필요성에 등 돌리지 않으면서 장기적으로 그것을 보존하고 강화시키는 방안을 모색한다. 평범한 대통령은 원칙 따위는 무시하고 그저 현재에 유익한 것만 실행한다. 하지만 최악은 지금 이 순간 운(fortune)이 무엇을 요구하는지를 전혀 고려하지 않고 오로지 원칙만을 고수하는 대통령이다.

미국은 자신과 다른 가치관을 지닌 국가와 야만적인 정권을 멀리한 채 오직 고귀한 행동만을 수행해서는 이 세상을 헤쳐나갈 수 없다. 도덕적 목적을 추구하기 위해서는 악마와도 기꺼이 식사를 할 수 있는

74

태도가 필요하다.

나는 이 장을 시작하면서 다음 10년 동안 일어날 아메리카 공화국과 제국 사이의 긴장에 대해 이야기했다. 제국이 된다는 것에 대해 우리가 얼마나 많은 도덕적 가책을 느끼든, 이는 역사가 미국에게 부여한 역할이다. 만약 제국이 되는 것에 따른 위험이 공화국을 잃는 것이라면, 분명 외교정책에 대한 현실주의적 관점이 우리를 그런 방향으로 이끌고 갈 것이다. 그런 다음 현실주의자들은 우리가 도덕적 문제에 무관심해지도록 만들 것이다. 동시에 이상주의자들은 의도적으로 그런 것은 아니지만, 권력에 대한 적대감과 무관심으로 인해 국가를 위기에 빠뜨리고, 결국 공화국을 붕괴시킬 것이다. 물론 공화국은 10년 이내에 몰락하지 않는다. 하지만 이 기간에 이루어진 결정들은 장기적인 결과에 깊은 영향을 미치게 될 것이다.

다음 10년 동안 미국 대통령은 이상이나 현실 어느 한쪽을 무시할 수 있는 호사를 누리지는 못할 것이다. 대신 그는 마키아벨리가 권유한 것처럼 둘의 불편한 결합(uncomfortable synthesis)을 선택해야만 한다. 대통령은 권력의 증대와 사용만이 아니라 그것의 한계에도 관심을 두어야 한다. 권력에 의해 뒷받침되는 훌륭한 정치체제(regime), 그리고 정치체제와 권력 둘 다의 미덕을 이해하는 지도자가 바로 미국이 필요로 하는 것이다. 이것은 단순한 공식으로 깔끔하게 설명될 수 있는 이념적 패키지가 아니다. 오히려 그것은 정치에 대한 실존주의적 태도, 즉 정치에도 도덕적 진실이 있음을 인정하지만 고지식하게 그 포로가 되지 않으며, 권력을 활용하지만 그것을 숭배하지 않는 태도라 할 수 있다.

의도하지 않은 제국이 공화국을 파괴하는 사태를 방지하는 데 있어 핵심적 요소는, 정부 부처들 간의 힘의 균형이 아니라 그런 헌법적 균형에 헌신하면서도 동시에 자신의 권리로서 권력을 행사할 의지를 가진 대통령이다. 이를 위해서 대통령은 이상주의와 현실주의의 입장이 모두 불충분하다는 사실을 명확히 이해하고 있어야 한다. 신보수주의적 혹은 진보주의적인 이상주의자들은 도덕적 원칙에 따라 행동하기 위해서는 권력의 속성을 잘 알아야 한다는 사실을 이해하지 못한다. 또한 현실주의자들은 도덕적 중심이 없는 권력이 얼마나 헛된 것인지를 이해하지 못한다.

마키아벨리는 말했다.

"자신의 정책을 시대에 맞추는 자는 흥하지만, 정책이 시대의
요구와 충돌하는 자는 멸망한다."

외교정책에서의 도덕성은 영원할지 모르지만, 그것은 또한 시대에 부합해야 한다. 다음 10년에 도덕적 원칙을 적용하는 것은 특히 어려운 일이 될 것이다. 왜냐하면 다음 10년에는 의도하지 않은 제국이라는 도전에 직면할 것이기 때문이다.

03

금융위기와
다시 일어선 미국

The Financial Crisis And
The Resurgent State

두 개의 세계적 사건이 다음 10년을 규정하고 있다. 그 두 개의 사건이란 바로 2001년 9·11 테러에 대한 부시 대통령의 대응과 2008년 금융위기다. 이 두 가지 사건이 왜 일어났는지, 무슨 일이 벌어졌는지 이해하는 것은 제국이 되는 것이 의미하는 바와 그 대가가 무엇인지에 대한 우리의 인식을 강화한다. 특히, 우리가 미국의 국내 문제로 시작된, 이 상호연관된 사건들이 어떻게 전 세계를 집어삼키게 되었는지를 생각해보면 제국이 된 미국의 현실을 좀더 분명히 인식할 수 있다. 우선 금융위기부터 살펴보도록 하자.

모든 경제 주기는 결국 붕괴로 끝나며, 대개 한 부문이 그 과정을 촉발시킨다. 2000년에 닷컴 버블이 붕괴됐을 때 클린턴 붐도 종말을 고했다. 1980년대의 레이건 붐은 저축대부조합의 붕괴와 함께 파란만장하게 끝을 맺었다. 이런 관점에서 보면 2008년에 일어난 금융위기는 전혀 특별할 게 없다.

이와 같은 활황과 붕괴의 이유는 매우 간단하다. 경제가 성장하면 정상적으로 소비할 수 있는 것보다 더 많은 통화를 창출한다. 일단 여유자금이 주택과 주식, 채권 같은 자산에 몰려들면 가격은 상승하고 금리는 떨어진다. 결국 가격은 불합리한 수준에 도달하게 되고 곧이어 붕괴하게 된다. 이때부터는 돈이 귀해지고 비효율적인 기업들은 문을 닫게 된다. 효율적인 기업들은 살아남고 순환주기가 다시 시작된다. 이것은 현대 자본주의가 등장한 이래 끊임없이 반복되어온 과정이다.

때때로 국가는 경제 붕괴와 그에 따른 불황을 피하기 위해 이 경제 주기에 개입하여 돈의 가치를 억지로 낮추기도 한다. 무엇보다 돈은 국가가 만들어낸 교묘한 수단이다. 연방준비은행은 그들이 원하는 만큼 돈을 찍어낼 수 있으며 그 돈으로 정부의 부채를 사들일 수 있다.

연방준비은행이 9·11 직후에 했던 일도 바로 그것이었다.

대테러 전쟁과 금융위기

부시 행정부는 대테러 전쟁에 필요한 비용을 충당하기 위해 세금을 올리지 않기로 했고, 결과적으로 연방준비은행이 정부에 돈을 빌려주는 방식으로 전쟁비용을 조달하는 데 협력했다. 그 결과 누구도 전쟁의 경제적 충격을 적어도 곧바로는 느끼지 않았다.

조지 부시의 판단은 지정학과 당파적인 국내 정치에서 비롯된 것이었다. 그는 이슬람 지하디스트들과 전쟁을 하고 있었고 군사개입에 따른 비용을 충당하기 위해 세금을 올리는 것을 원하지 않았다. 대신 그는 경제를 활성화하는 방식으로 조세 수입을 늘리기를 원했다. 이론상으론 군사비 지출과 세금감면, 낮은 금리가 어우러지면 경제가 팽창할 것이고, 이는 전쟁비용을 조달하기에 충분할 정도로 세수를 증대시키게 된다. 만약 이런 공급 측면에서의 계획이 성공을 거두지 못하더라도, 부시는 2004년 대통령선거 전에 증세를 하지 않음으로써 정치적 지지 기반을 약화시키지 않는 이득을 얻을 수 있다고 판단했다. 또한 그는 선거가 끝나고 전쟁이 종결됐을 때 자신이 경제적 불균형을 처리할 수 있을 것이라고 생각했다. 그러나 문제는 전쟁이 종결되지 않았다는 데 있었다. 그는 전쟁이 얼마나 오래 갈 것인지, 얼마나 격렬하게 전개될지를 극도로 과소평가했던 것이다. 그 결과 부시와 연방준비은행은 경제를 진정시키는 방향으로 정책을 전환할 수 없었다. 그리고 전쟁과 이러한 경제정책은 그의 대통령직 수행을 계속해서 제약하기

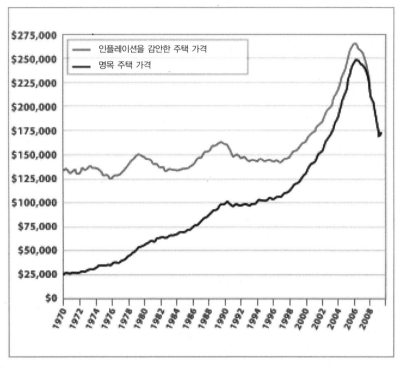

인플레이션을 감안한 주택 가격

미국 주택 가격

시작했다.

2008년의 금융위기를 초래한 또 다른 요인은 경제의 특정 부문, 즉 주택시장에 쏟아진 값싼 자금이었다. 이것은 부분적으로 경제적인 계산의 결과물이었다. 주택 가격이 시간이 흐를수록 상승하는 추세였기 때문에 겉으로 보기에는 부동산 투자가 보수적이고 안정적인 것처럼 보였다. 또한 정부의 정책도 개인들에게 집을 구입하도록 부추겼기 때문에 이 기간 동안 주택 수요는 그 어느 때보다 광범위하게 확산됐다. 안정적인 투자라는 인식이 정부 정책과 결합되면서 엄청난 액수의 돈

80

이 주택 시장에 유입되었으며, 투기꾼뿐만 아니라 다른 때였다면 담보 대출을 받기조차 어려웠을 수백만의 저소득자들까지 주택 구입에 나섰다.

지난 세대부터 주택 가격은 계속해서 상승해왔다. 하지만 위의 도표가 보여주는 것처럼, 지속적으로 성장했다는 주장은 다소 진실과 다르다. 인플레이션에 의한 주택 가격을 조정할 경우, 그 가격은 1970 - 2000년 사이에 협소한 폭으로 등락을 보여 왔다. 하지만 담보 대출금은 인플레이션과 함께 상승하지 않는다. 따라서 만약 당신이 1970년에 2만 달러를 대출 받아 2만 5,000달러의 주택을 구입했을 경우, 2000년이 됐을 때 그 집의 가치는 약 12만 5,000달러가 되고 대출금도 모두 상환한 상태가 될 것이다. 하지만 실질적으로는 12만 5,000달러가 2만 5,000달러보다 더 큰 액수는 아니다. 절대수치가 더 커지고 대출금을 모두 상환했기 때문에 더 부유해졌다고 느낄 수는 있다. 하지만 주택을 소유하는 것은 실제 이득을 창출하는 데 그리 좋은 방법이 아니다. 다른 한편으로, 데이터만 놓고 보면 어쨌든 주택 구입이 손실을 보게 될 가능성은 거의 없어 보였고, 이는 대부업자에게 자신감을 주었다. 만약 상황이 악화되더라도 언제든 집을 압류하고 되팔아 돈을 회수하면 그만이었다.

낮은 금리 덕분에 더 많은 사람들이 집을 구입할 수 있게 되자 수요가 증가했고, 이로 인해 2001년에 주택 가격이 치솟기 시작했으며, 2004년 이후부터 상승세가 더욱 가속화됐다. 대부업자들은 자신의 돈을 빌려갈 사람들을 더욱 열심히 찾아 다녔는데, 이것은 나중에 '서브프라임' 모기지론이라 불리게 된 대부금을 갚을 가능성이 점점 더 낮은 사람들에게 돈을 빌려주는 주는 것을 의미했다. 이런 움직임은 5년

만기 변동금리 모기지의 등장과 함께 정점을 찍었으며, 사람들은 대체로 월세 아파트 임대료보다 더 낮은 상환금을 지불하면서 집을 구입할 수 있게 되었다. 이런 금리는 5년 뒤에 폭발적으로 상승했지만 주택 구매자가 새로운 지불 금액을 감당하지 못해서 집을 잃게 되더라도 적어도 몇 년간 행복한 시간을 가졌던 것에 만족하고 원래 있던 위치로 돌아가면 그만이었다. 만약 주택 가격이 안정적으로 유지된다면 다시 융자를 받을 수도 있었으며, 실제로 대부분이 그렇게 했지만 감당해야 할 위험은 그리 크지 않은 것처럼 보였다.

대부업자 역시 그다지 큰 위험을 감수하는 것처럼 보이지 않았다. 특히 그들은 부동산 매매수수료를 비롯해 각종 거래수수료를 챙긴 다음, 그 모기지를 번들(bundle) 상품으로 만들어 2차 투자자에게 팔았다(물론 위험도 함께 떠넘겼다). 대부업자들은 2차 시장에 이들 대출 건을 팔면서 평생소득흐름(lifetime income stream)을 강조했는데, 이는 서브프라임 대출을 완벽하게 보수적인 투자인 것처럼 보이게 했다.

모두가 돈을 벌었지만 누구도 다치지 않았다. 이는 너무나도 익숙한 이야기다. 그리고 대부분의 사람들은 버블이 붕괴될 수도 있다는 사실에 관심을 두지도, 믿고 싶어 하지도 않았다.

하지만 곧 현실의 침략이 시작됐다. 평상시의 대출 조건이었다면 자격이 되지 않았을 새로운 주택 소유자들의 채무가 이행되지 않기 시작했으며, 부동산이 강제 매각되거나 압류되기 시작하면서 계속 상승하리라고 믿었던 부동산 가격이 하락하기 시작했다. 가격이 급등하던 기간에는 소규모 투자자들이 단기적 이익을 얻기 위해 다수의 주택을 사들인 다음 약간의 수리를 해서 되팔았다. 하지만 거품이 붕괴되어 투자자들이 이윤을 남기며 주택을 '환매'할 수 없게 되자, 이들은 가격이 아무리 싸더라도 서둘러 매물을 내놓았고, 그것은 다시 가격을 더욱 하락시키는 결과로 이어졌다. 2005년부터 시작된 미약한 하락세는 2007년이 되자 대규모 폭락세로 접어들었다. 하지만 실제로는 폭등이 시작되기 이전의 최고 수준으로 돌아간 것에 불과했다. 거품은 사라졌지만 본래 가치는 여전히 남아 있었다. 그럼에도 불구하고 주택에 투자했던 많은 사람들이 엄청난 타격을 받았다.

주택시장의 붕괴와 함께 번들로 묶여서 투자자들에게 판매됐던 모기지들의 가치는 더 이상 확실하지 않았다. 투자자들은 가격이 절대 떨어지지 않을 것이라고 믿었기 때문에 자신들이 사들였던 번들 안에 도대체 무엇이 들어 있는지도 살피지 않았을 것이다. 번들 모기지에 대한 더 공격적인 투자자들 ― 베어스턴스와 리먼브러더스 같은 투자은행들 ― 은 자신의 보유물량을 이용해 몇 배의 레버리지 투자를 했고, 결국 융자금 상환일자가 돌아왔을 때는 기초자산의 가치가 불투명해져서 아무도 그것을 사려고 하지 않았다. 심지어 융자금 상환을 위한 재융자조차도 불가능해졌다. 자신들의 베팅을 감당할 수 없게 되자이 큰손들은 하나둘씩 도산하기 시작했다. 더불어 은행이 발행한 상업어음을 포함해 안정적이라고 믿었던 투자 상품을 구입했던 사람들 다수는 해외에 있었기 때문에 결국 전 세계의 금융체계가 붕괴됐다.

경제 붕괴에 대한 이야기가 종종 미국에만 초점을 맞추지만, 실제로는 세계 전역에서 피해가 발생했다. 폴란드와 헝가리, 루마니아나 등 동유럽에서 평상시라면 결코 주택을 살 여유가 없는 사람들이 집을 구입했다. 특히 오스트리아와 이탈리아의 은행들은 유럽과 아랍계의 자금을 지원받아 동유럽에서 모기지를 제공하고 싶어 했다. 하지만 동유럽에서는 금리가 높았다. 그래서 은행들은 집을 사려는 신규 구매자들에게 유로화나 스위스프랑, 심지어 엔화로 표시된 대출을 훨씬 낮은 금리로 해주었다.

문제는 주택 소유자들이 해당 외국 통화가 아니라 즐로티Zloty나 포린트Forint 같은 자국 화폐로 대출금을 지급받았다는 데 있었다. 따라서 폴란드의 주택 소유자가 은행에 대출금을 상환하기 위해서는 먼저 엔화를 사야 했다. 환율이 오를수록 주택 소유자는 더 많은 즐로티를 내야 하고, 따라서 매달 지불해야 하는 금액도 늘어나게 된다. 만약 스위스프랑이나 엔화에 대한 즐로티의 가치가 오른다면 아무 문제가 없지만 반대로 가치가 떨어진다면 엄청난 문제가 발생할 수밖에 없었던 것이다. 매달 점점 더 많은 동유럽 사람들이 유로를 비롯한 각국의 외화를 매입했다. 금융위기가 심각해지자 자본 유출이 나타났고 동유럽의 화폐가치는 급락했다. 주택 소유자들은 재정적으로 압박을 당하다가 파산하고 말았다.

대규모 팽창은 언제나 금융의 비합리성으로 귀결된다. 그리고 이런 비합리성은 세계적인 현상이었다. 만약 미국이 서브프라임 모기지로 그 한계까지 갔다면, 유럽에서는 한 발 더 나아가 주택 소유자들이 세계 외환시장의 도박에 뛰어들게 만들었다.

대공황 이래로 이처럼 파멸적인 사태는 없었다는 말이 자주 반복되고 있다. 하지만 이는 3중으로 틀린 말이다. 2차 세계대전 이후에도 이와 유사한 붕괴가 세 번이나 더 있었기 때문이다. 이것은 다음 10년을 예측하는 데 중요한 사실이다. 2008년의 금융위기가 대공황에만 비견될 수 있다면 미국의 힘에 대한 나의 주장은 설득력을 잃을 것이다. 하지만 2차 세계대전 이후 이런 종류의 위기가 상대적으로 흔한 일이었다면, 그 중요성은 줄어들 것이며, 2008년의 금융위기가 미국에 엄청난 타격을 주었다고 주장하기도 어렵게 된다.

실제로 이런 사건은 흔한 일이다. 예를 들어 1970년대에는 지방채 시장에서 커다란 위협이 발생했다. 주 정부와 지방 정부가 발행하는 채권은 연방정부의 과세 대상이 아니었기 때문에 특히 매력적인 금융상품이었다. 게다가 지방채는 정부 기관이 조세권을 갖고 있는 한, 결코 채무불이행을 하지 않을 것이기 때문에 리스크가 전혀 없을 것이라고 예상했다. 하지만 1970년대에 뉴욕시는 채무를 이행할 수 없었고, 세금을 올릴 수도 없었거나 올리려고도 하지 않았다. 만약 뉴욕시가 채무불이행을 했다면, 주 정부와 지방 정부의 모든 금융시스템이 혼돈에 빠져들었을 것이다. 결국 연방정부는 뉴욕시에 구제금융을 제공하면서 지방채를 보증할 준비가 되어 있음을 시장에 분명히 밝혔다.

같은 시기에 주로 석유와 금속 같은 천연자원의 개발사업에 출자하는 형태로 제3세계 국가들에 대한 투자가 급증했다. 1970년대에 광물은 다른 모든 자원들이 그랬던 것처럼 가격이 상승하고 있었으며, 투자자들은 광물이 유한하고 대체 불가능하기 때문에 가격이 하락하는 일은 없을 것이라고 생각했다. 또한 그들은 주권국가가 결코 채무를 불이행하지 않을 것이라는 생각으로, 이러한 자원을 통제하고 있는 제3세계 정부에 돈을 빌려줘도 안전할 것이라고 가정했다.

1980년대 중반에 이르자 가격상승과 안정적인 정부에 대한 믿음은 대부분의 안이한 가정들과 마찬가지로, 잘못된 것으로 드러났다. 광물과 에너지 가격이 급락했고, 가격상승을 예상했던 채광업계는 붕괴되고 말았다. 대부분 대출 방식으로 유입됐던 투자자금은 사라졌다. 제3세계 국가들은 채무불이행과 증세(이것은 국민을 더욱 빈곤하게 만들어 폭동을 유발할 수도 있었다) 중 하나를 택하도록 압박을 받자 채무불이행을 선택했고, 그것은 세계금융 시스템을 뒤엎을 수 있는 위협으로 등장했다. 결국, 이로 인해 제3세계의 부채에 대한 미국 주도의 다국적 구제금융이 이루어지게 되었다. 조지 H. W. 부시 행정부의 니콜라스 브래디Nicolas Brady 재무장관은 안정성을 확보하기 위한 이른바 '브래디 채권'을 발행하여 보증 시스템을 구축했다.

그 다음엔 저축대부조합의 위기가 발생했다. 고객의 예금을 받아서 주택대출을 해주기 위해 설립된 저축대부기관은 다른 자산에 투자할 수 있는 권리를 갖고 있었기 때문에 상업용 부동산 시장에 진출했다. 이는 전통적인 주거용 부동산 시장에서 한 발 정도 더 나아간 것처럼 보였다. 그와 같은 확장에는 가격이 절대 떨어지지 않을 것이라는 동일한 "통념"이 자리하고 있었다. 즉, 경제가 성장하고 있을 때에는 사무실이나 상가 같은 상업용 부동산의 가격이 그저 오르기만 할 것이라고 생각되었다.

다시 한 번 전혀 상상할 수 없는 일이 벌어졌다. 상업용 부동산의 가격이 하락했고 저축대부조합이 만든 채권들 중 다수가 채무불이행 상태에 빠졌다. 사태의 규모가 방대하고 두 가지 양상을 띠었다. 첫째, 개별 예금자들의 돈이 엄청난 규모로 위기에 노출됐다. 둘째, 금융기관들이 자신의 상업용 모기지를 다른 금융시장에 재판매함으로써 모든 금융 업계가 재앙에 직면했다.

연방정부가 개입하여 실패한 저축대부조합들에 대한 통제권을 쥐고 그들의 채무를 떠안았다. 채무불이행 상태의 모기지들에 대해서는 담보권을 행사하였고, 그 기초자산은 정리신탁공사Resolution Trust Corporation라는 이름의 새로 창설된 기관이 인수하도록 했다. RTC는 단번에 모든 부동산을 팔아치움으로써 향후 10년간의 시장붕괴를 초래하기보다는, 잠재적으로 6,500억 달러까지 늘릴 수 있는 연방정부의 보증을 받아 저축대부조합들의 부동산들을 관리했다.

2008년의 위기도 낮은 위험성(low risk)에 대한 똑같은 욕망, 그리고 특정한 종류의 자산은 가격이 떨어질 수 없기 때문에 위험성이 낮다는 똑같은 가정에서 비롯되었다. 이 경우에도 금융 시스템을 구하기 위해 비슷한 방식으로 연방정부가 개입했다. 이전과 마찬가지로 모든 사람들이 이것을 '자본주의의 종말'이라고 생각했다. 여기서 주목해야 할 것은 결과에 대한 과대평가를 포함하여 일관된 패턴이 존재한다는 점이다. 어느 정도까지 이것은 심리적인 현상이다. 고통은 공포(panic)로 바뀌며, 그 공포를 관리하는 것은 리더십의 문제다. 과거에는 그것을 어떻게 관리했는지 살펴보자.

경제위기와 리더십: 루스벨트와 레이건

프랭클린 루스벨트와 로널드 레이건은 경제위기가 한참 진행되고 있을 때 대통령이 되었다. 당연히 루스벨트는 대공황에 직면했다. 레이건은 1970년대에 경제를 엄습한 스태그플레이션과 맞닥뜨렸다. 당시 높은 실업률이 고도의 인플레이션 및 고금리와 결합되었다. 두 대통령이 마주한 경제 문제는 전 세계적 경제혼란의 일부분이었고, 두 경우 모두 미국의 자신감에 근본적인 위기를 불러왔다. 1930년대의 위기는 루스벨트가 다음과 같은 유명한 말을 남기게 했다.

"우리는 두려움 외에는 두려울 것이 아무것도 없습니다."

루스벨트와 레이건 모두 금융위기의 심리적 요소를 이해하고 있었다. 경제적 어려움이 닥치면 사람들은 스스로를 보호하기 위해 구매를 억제하게 된다. 사람들이 소비를 줄일수록 경제문제는 더욱 악화된다. 경제위기가 심화되면 엘리트들의 진실성과 리더십에 대한 의문이 제기되는데, 이는 정치적 불안정을 초래하고 사회를 황폐화시킬 수 있다. 그리고 그런 사회적 불확실성은 국가로 하여금 세계에서 결정적인 행동을 취하지 못하게 만들 수 있다. 루스벨트는 파시즘의 부상에 직면했다. 레이건은 대통령이 되었을 때 대부분의 사람들이 점점 강해지고 있다고 믿었던 소련을 상대해야 했다. 둘 다 심각한 경제위기로 인해 불안정이 초래되는 결과를 감당할 수도 없었고, 어떤 경제정책을 써야 문제를 해결할 수 있을지 자신감을 가지고 말할 수도 없었다. 두 사람은 모두 문제의 심리적 측면을 공격하면서, 무엇보다 뭔가가 이루어지고 있다는 느낌을 불러일으키려고 노력했다.

　루스벨트는 거의 광적으로 100일간에 걸친 입법을 수행했지만, 이제 와서 되돌아보면 정작 대공황을 끝낸 것은 그의 경제정책이 아니라 2차 세계대전이었을 정도로 별다른 효과가 없었다. 레이건 역시 조치를 취하겠다고 약속했지만 결국 해결책은 대통령이 아니라 연방준비은행에 달려 있었다. 그럼에도 불구하고 레이건은 1984년 대통령선거 캠페인에 사용된 문구처럼, 그 시기를 "아메리카의 아침(Morning of America)"이라고 표현했다. 그리고 루스벨트가 그랬던 것처럼 대중의 기대를 변화시켜 정치적 상황을 안정시키고 국가를 약화시키는 일 없이 경제를 복원할 수 있는 시간을 벌려고 했다.

　루스벨트와 레이건 모두 경제위기의 진정한 위협은 전체 시스템의 붕괴로 인한 가중된 고통과 함께, 그것의 정치적 영향이라는 사실을 이해했다. 또한 그들은 지도자로서의 역할이 문제를 해결하는 데 있는 것이 아니라(실제로 대통령이 경제에 미칠 수 있는 영향력은 별로 크지 않다), 대통령에게 계획이 있을 뿐 아니라 그 계획이 성공할 것임을 확신한다는 믿음을 대중들에게 주는 것임을 이해했다. 또한 대중들로 하여금 냉소적이고 대중의 복지에 관심이 없는 부류들이나 그 세부적인 것에 대해 대통령에게 의문을 제기한다고 믿게 만드는 것이라는 사실도 알고 있었다.

하지만 이런 일을 해내기란 그리 쉬운 일이 아니다. 이 일을 위해선 정치의 거장이 되어야 하며, 그것은 바로 환상(illusion)의 전문가가 되는 것이다. 분명 루스벨트는 심각한 불안정 상태에서 나라를 구했으며, 경제가 완전히 회복되지 않은 상태에서도 2차 세계대전을 치를 수 있는 위치에 올려놓았다. 레이건은 카터 행정부 시절부터 만연해 있던 불안감으로부터 국가를 구하고 소련을 상대로 운의 반전(reversal of fortunes)을 이끌어낼 무대를 만들었다.

루스벨트와 레이건은 위기에 대처하기 위해 그들의 권력으로 한 가지 다른 일을 해냈다. 그들은 공공과 개인, 국가와 시장 사이의 경계선을 이동시켰다. 루스벨트는 연방정부의 힘을 극적으로 증가시켰고 레이건은 그것을 감소시켰다. 그들이 처리해야 했던 문제는 경제위기 자체가 아니라 근본적인 정치 위기였다. 1929년 대공황기에 금융계의 엘리트들은 대중의 신뢰를 잃었다. 그들은 무능하다기보다는 부패한 것처럼 보였다. 허버트 후버Herbert Hoover 행정부 당시, 정부는 금융 엘리트들이 스스로 대처하도록 내버려두었지만 상황은 점점 악화되기만 했다. 루스벨트는 개입을 택해서 금융 엘리트들이 갖고 있던 권력의 일부를 정치 엘리트들에게 넘겼다. 만약 그렇게 하지 않았다면 국가의 모든 엘리트들이 실패했다는 인식이 확산되어 결국 이탈리아와 독일처럼 파시즘이 대두되었을지도 모른다.

레이건 행정부에서는 반대되는 현상이 벌어졌다. 1980년대에는 경제 위기의 배후에 정치 엘리트들이 있다는 인식이 팽배했고, 대중들은 루스벨트가 남긴 '큰 정부(big government)'의 구조를 비난했다. 레이건은 정부와 시장 사이의 균형을 반대로 돌려서 시장을 강화하기 위해 정부의 권한을 축소시켰다.

신뢰를 재구축하는 과제는 정치와 기업, 금융, 언론 등 어느 분야의 엘리트들이 위기에 대한 책임을 져야 하는지를 이해하는 것과도 관련이 있다. 레이건과 루스벨트는 기본적으로 특정 엘리트 집단에 책임소재를 묻고, 그들이 가진 권한을 다양한 방법으로 다른 엘리트 집단에게 이전시키는 방법을 사용했다. 그럼으로써 이들은 대통령이 결정적인 행동을 취하고 있으며 실패한 엘리트 집단에게서 권력을 회수하고 있다는 인상을 대중에게 심어주었다. 이는 사태를 해결해줄 사람이 아무도 없다는 대중의 절망감을 완화시켰고, 실제로는 아무도 다치게 하지 않으면서 상징적으로 필요한 최소한의 부분적인 개혁을 위한 여건을 조성했다. 결국 위기는 미국의 딥 파워(deep power), 그리고 현대 국가와 기업의 회복력 덕분에 해결됐다. 사실 국가와 기업은 따로 떨어져 존재할 수 없지만 함께 가는 것도 어려운 일이다.

부시나 오바마 모두 루스벨트와 레이건이 했던 만큼 국민들의 심리 상태를 관리할 능력이 없었다. 부시는 전쟁에 대한 통제력을 상실했고 금융위기라는 기습을 당했다. 이라크 전쟁 이후 하락한 지지도는 다시 회복되지 않았다. 오바마는 충족시킬 수 없는 기대감을 만들어냈지만, 그것을 충족시키고 있다는 환상을 만들어내는 데는 실패했다. 물론 레이건도 초기에는 그런 어려움을 겪었다. 다음 10년에 깊은 영향을 미치게 될 문제는 대통령이 리더십을 회복하고 주도할 수 있는가이다. 루스벨트 대통령이 '두려움을 두려워하라'고 이야기했을 때, 그것은 대통령이 실제로는 어떻든 간에, 외견상으로 효과적인 것처럼 보여야 한다는 것을 의미했다.

기업 엘리트와 정치 엘리트, 그리고 국가와 시장 간 경계선을 재설정하는 문제에는 반드시 이데올로기적 이슈가 제기되기 마련이다. 좌파가 볼 때 기업 엘리트와 시장의 권한을 강화하는 것은 민주주의와 평등성에 대한 위협이다. 우파가 볼 때 정치 엘리트와 국가의 권한을 강화하는 것은 개인의 자유와 재산권에 대한 위협이다. 이 문제가 도덕적이거나 철학적인 것이 아니라 단지 실제적인(practical) 것이라는 점만 제외하면, 이는 구경하기에 흥미로운 논쟁이다. 여기에는 열띤 이데올로기적 논쟁을 불러일으키는 엄청난 차이가 존재하지 않는다.

현대의 자유시장은 국가의 발명품이며, 그 규칙은 자연적으로 부여받은 것이 아니라 정치적 협정의 결과물일 뿐이다. 이 이야기를 하는 이유는 현대 경제의 실질적 기반이 기업이며, 기업은 바로 현대 국가가 만든 발명품이기 때문이다. 기업은 매우 독특한 발명품이다. 기업은 자신의 채무에 대해 책임을 지는 법적인 실체를 창조한다. 기업을 소유한 개인들은 그것을 단독으로 소유하든 다수가 소유하든, 개인적으로는 기업의 부채에 대한 책임이 없다. 그들의 위험부담은 초기 투자보다 크지 않다. 이런 방식으로 국가와 법은 위험부담을 채무자에게서 채권자로 이전시켰다. 만약 기업이 파산할 경우 채권자가 책임을 지게 된다. 17세기 '특허 회사(chartered company)'가 탄생하기 이전에는 이런 것이 존재한 적이 없었다. 그 이전까지는 기업을 소유한 사람이 모든 책임을 져야만 했다. 이런 혁신이 없었다면 우리가 알고 있는 형태의 주식시장은 없었을 것이고, 창업 기업에 대한 투자도 불가능했을 것이고, 기업가 정신도 거의 존재하지 않았을 것이다.

하지만 이와 같은 위험의 배분은 정치적 결정에 의한 것이다. 개별적인 위험의 경계선들을 그 원인 지점이 아닌 발생 지점에 설정한다는 개념은 전혀 자연스럽지 않다. 실제로 시간이 흐르면서 이들 경계선들은 이동한다. 기업은 단지 법률이 그것을 창조했기 때문에 존재한다. 또한 정치적 결정에 의해 기업이 창조되었다는 것은, 자연 법칙이 아니라 기업 법(corporate law)이 위험부담과 책임의 정확한 경계선을 정의한다는 것을 의미한다. 이론적으로는 자연적인 시장이 존재할 수 있다. 하지만 〈포춘〉 선정 500대 기업에서 동네 배관업체에 이르기까지 유한책임회사가 지배하는 시장은 본질적으로 정치적이다.

1933년 뉴딜정책 이래로 기업의 위험부담에 관한 문제는 사회적 안정성의 문제와 밀접히 연관되었다. 위험의 구조는 사회적 요구에 맞춰 설정되어 왔다. 루스벨트 행정부에서는 국가가 통제하는 영역이 확장됐지만 레이건 행정부에서는 반대로 축소됐다.

2008년의 위기가 세계에 미친 영향은 기업과 국가의 경계선을 재정의한 것이다. 즉, 국가 권력과 정치가의 힘이 커진 반면, 시장의 자율성과 금융 엘리트들의 힘은 감소했다. 이런 영향이 중국과 러시아에 별다른 영향을 주지 못한 이유는 그들의 체제는 이미 국가 쪽으로 기울어져 있었기 때문이다. 미국에 비해 국가의 권력이 더 컸던 유럽에도 약간의 영향이 있었다. 레이건 대통령 이래로 시장과 금융 엘리트의 힘이 지배하고 있었던 미국에는 커다란 영향이 있었다. 이와 같은 경계선의 이동이 정당한지를 두고 좌파와 우파 간에 정치적 논쟁이 일어나기도 했다. 특히 미국의 경우 경계선은 항상 변해왔고, 그러한 주장은 항상 도덕적인 관점에서 표현되었다. 편차는 있겠지만, 국가의 권력이 강화되는 현상은 전 세계적으로 다음 10년간의 뚜렷한 특징 중 하나가 될 것이다.

대통령과 다른 정치인들은 국가의 통제권과 기업의 통제권 간의 경계를 정의하는 것을 도우면서, 대개 희망이나 공포를 조장하는 식으로 상황을 관리한다. 루스벨트와 레이건을 위대하게 만든 것은, 그들이 국가와 시장의 경계선을 시대의 요구에 맞춰 조정했을 뿐만 아니라 그것이 단지 기술적 조치가 아니라 도덕적으로 필요한 것으로 보이게 하는 분위기를 만들어냈다는 것이다. 그들이 다른 사람들에게 그것을 믿게 만들고 그런 믿음을 통해 기술적 재조정을 가능하게 했다는 사실에 비하면, 본인들 스스로가 그것을 믿었는지 여부는 별로 중요치 않다.

금융위기의 지정학적, 정치적 영향

2008년의 위기가 다음 10년에 미치게 될 가장 의미심장한 영향은 경제적인 것이 아니라 지정학적이고 정치적인 것이다. 2008년의 금융위기로 인해 사람들은 국가주권이 중요하다는 사실을 깨달았다. 자국의 금융체계와 통화에 대한 통제권이 없었던 나라들은 다른 나라의 행동에 대해 대단히 취약할 수밖에 없었다. 이런 인식으로 인해 유럽연합과 같은 정치 연합체들은 지금까지와는 달리 더 이상 유익해 보이지 않게 되었다. 다음 10년간의 추세는 경제 주권(economic sovereignty)을 제한하는 것에서 경제 국가주의(economic nationalism)를 강화하는 방향으로 돌아설 것이다.

정치적 수준에서도 그와 유사한 효과가 나타날 것이다. 중국, 러시아, 유럽, 미국 등에서 목격되는 엄청난 투쟁이 경제 엘리트와 정치 엘리트 사이에서 벌어지고 있다. 시장과 경제 엘리트의 실패로 인해 1회전은 국가와 정치 엘리트의 승리로 돌아갔다. 일부 국가에서는 이런 변화가 상당히 오랜 기간 지속되고 있다. 미국에서는 레이건 이후 유지되어 왔던 휴전이 붕괴되었고, 전투가 계속 격화될 것이다. 지금 전개되는 논쟁의 분위기는 '분노(rage)'가 딱 적절한 표현이다. 하지만 미국 정치는 언제나 변함없는 저음으로 '운명의 날'을 노래하는 오페라와 같다. 여전히 세계는 그러한 근본적인 문제에 대한 미국의 정치적 불확실성을 상당히 불안하게 지켜보고 있다.

이상하게 들리겠지만, 2008년의 고통이 가장 덜 지속적인 영향을 미치는 분야가 바로 경제다. 2008년의 금융위기를 대공황과 비교하는 것은 터무니없는 일이다. 대공황 시기에는 GDP가 거의 50퍼센트 가까이 줄어들었다. 반면 2007년과 2009년 사이에는 불과 4.1퍼센트 감소하는 데 그쳤을 뿐이다. 게다가 그것은 2차 세계대전 이래 최악의 불경기도 아니었다. 그 영광은 1970년대와 1980년대 초의 불경기에 돌아가야 한다. 당시 미국은 10퍼센트가 넘는 실업률 및 인플레이션, 20퍼센트가 넘는 담보대출금리라는 삼중고를 겪었다.

비록 현재의 경제위기가 그에 미치지는 못하지만 그래도 고통스럽기는 마찬가지다. 그리고 미국인들은 경제적 고통에 대한 인내심을 그다지 갖고 있지 않다. 게다가 다음 10년 이후에는 더 큰 문제가 수면 위로 부상하게 된다. 인구구성비가 변화하면서 노동력이 감소하기 때문에 이주·이민 문제는 미국이 당면하게 될 두드러진 문제가 될 것이다. 하지만 그것도 아직은 먼 훗날의 일이고, 앞으로 10년 동안은 아무런 영향도 미치지 않을 것이다. 다음 10년은 활기 넘치는 시기는 아닐 것이고, 개인의 삶과 정치체제 모두에 압박이 가해질 것이다. 하지만 근본적인 국제질서에 커다란 변화가 일어나지는 않을 것이며, 미국은 여전히 지배력을 유지하게 될 것이다. 역설적이게도, 미국의 금융 엘리트들에 의한 오판이 전 세계에 얼마나 큰 영향을 미칠 수 있는가, 그리고 미국의 실수가 다른 모든 사람들에게 얼마나 큰 고통을 가할 수 있는가가 미국이 가진 지배력의 한 가지 척도라 할 수 있다.

04

대테러 전쟁과
무너진
힘의 균형

Finding The Balance Of Power

20 01년 9월 11일 알카에다의 공격은 미국이 두 개의 전쟁(two-theater war), 즉 여러 다른 나라들과의 저강도 전투, 그리고 이란에 대한 전쟁 위협으로 대응수위를 높이게 만들었다. 이것이 지난 10년을 정의했다면, 앞으로 다가올 10년 중 적어도 전반기는 이것을 관리하는 데 초점을 두게 될 것이다.

미국이 본토를 공격으로부터 보호하기 위해 알카에다와 다른 지하 디스트 집단을 파괴하고 싶어 한다는 것은 분명한 사실이다. 동시에 이런 맥락 안에서 미국의 다른 주요 이익은 아라비아 반도와 그곳의 석유를 보호하는 것이다. 미국은 석유가 단일한 지역 세력의 손아귀에 들어가는 것을 보고 싶어 하지 않는다. 오래도록 그 지역에서 영향력을 행사해온 미국은 아라비아의 석유가 가급적 사우디 왕가와 미국에 상대적으로 의존하는 토후국들의 수중에 있는 것을 선호해 왔다. 이것은 앞으로도 미국의 전략적 목표가 될 것이다.

당연한 귀결이지만, 미국의 선택은 그 지역에서 오직 두 나라만이 아라비아 반도를 지배하기에 충분히 잠재적으로 크고 강력하다는 사실에 의해 영향을 받는다. 그 두 나라는 바로 이란과 이라크다. 미국은 원유의 안정적인 공급을 보호하기 위해 아라비아 반도를 점령하기보다는, 제국의 고전적인 전략에 따라 두 나라의 경쟁심을 부추기고 양측이 힘의 균형을 이루게 함으로써 각각의 힘을 효과적으로 상쇄시켰다. 이런 전략이 있고 나서 1979년 이란의 팔레비 국왕이 몰락하게 되는데, 당시 미국은 이란과 이라크 사이의 충돌을 부추긴 다음 두 나라가 긴장상태를 유지하는 선에서 분쟁을 매듭짓도록 주선했다.

이란의 팔레비 국왕이 몰락한 뒤 대체로 세속적이고 수니파에 속하는 사담 후세인의 이라크 정부는 대다수가 시아파로 구성된 이란을 공격했다. 1980년대에 미국은 양자 사이에서 어느 한쪽이 붕괴되지 않도록 균형을 잡아주면서 이란-이라크 전쟁을 장기화시켰다. 이 전쟁에서 근소한 차이로 승리를 거둔 이라크는 2년 뒤 아라비아 반도에 대한 권리를 주장하며 쿠웨이트를 침공했다. 이때 미국은 압도적인 전력을 동원하여 이라크를 쿠웨이트에서 몰아냈지만 이라크를 침공하지는 않았다. 미국은 다시 한 번 지역적 힘의 균형이 그 자체로 유지되게 만들었고, 그럼으로써 미군을 주둔시킬 필요 없이 미국의 핵심 이익인 아라비아 반도로부터의 원유 이동을 보호할 수 있었다.

이것이 오사마 빈 라덴이 9·11 테러를 통해 중동과 남아시아의 지정학적 현실을 재정의하려고 했을 당시의 현상(status quo)이었다. 빈 라덴은 뉴욕과 워싱턴을 공격함으로써 미국인에게 상처와 고통을 안겼지만, 그 행동의 가장 엄청난 영향은 미국 대통령으로 하여금 오랫동안 성공적이던 기존 전략을 포기하도록 유도했다는 데 있다. 결과적으로 빈 라덴은 미국 대통령이 미끼를 물게 만드는 데 성공한 것이다.

빈 라덴의 궁극적인 목표는 이슬람 칼리프, 즉 7세기 마호메트에 의해 처음 설립되어 오스만 제국이 멸망할 때까지 중동을 지배했던 중앙집권적 이슬람 종교국가를 재창설하는 것이었다. 빈 라덴은 종교적이고 지정학적인 통합체로 복귀하려면, 일련의 혁명을 통해 이슬람 세계의 국민국가들에서 기존 정권들이 퇴진하고 자신의 비전과 신앙을 공유하는 정교일치의 이슬람 정권이 들어서야 한다고 생각했다. 2001년 당시 그의 비전을 전적으로 공유하던 유일한 국민국가가 아프가니스탄이었다. 외진 곳에 위치한 아프가니스탄은 일종의 작전기지 역할을 수행할 수 있었지만 그 역할은 일시적인 것에 불과했다. 아프가니스탄은 파키스탄이나 사우디아라비아, 이집트처럼 좀더 중요한 국가로 세력을 확장하기 위한 발판이 될 수는 있었지만, 그 이상의 목표를 추구하기에는 너무 고립되고 낙후되어 있었다.

빈 라덴은 이슬람 세계의 많은 사람들이 자신의 믿음에 어느 정도 공감하고 있지만 그가 추구하는 목표들을 달성하기에는 그들의 지지가 너무 미온적이고 불충분하다고 보았다. 자신의 계획을 추진하기 위해 그는 적어도 한 곳, 그리고 가능하다면 다수의 주요 이슬람 국가에서 폭동을 유발시켜야만 했다. 하지만 이슬람 국가의 대중들이 그들의 정부를 압도적인 힘과 장악력을 가진 존재로 보는 한, 그것은 실현 불가능한 일이었다.

빈 라덴이 보기에 이 문제는 무엇보다 인식의 문제였다. 왜냐하면 그 지역의 정부들은 실제로는 겉으로 보이는 것보다 훨씬 더 약했기 때문이다. 그가 생각할 때, 파키스탄과 사우디아라비아, 이집트의 군사력과 경제력은 기독교 세계, 특히 가장 강력한 기독교 국가인 미국과 이들 국가들의 관계에서 오는 것이었다. 하지만 빈 라덴은 그 국가들이 기독교 세계에서 빌린 힘을 가졌음에도 여전히 취약하다고 여겼다. 그의 과제는 그들이 약하다는 사실을 이슬람 대중들에게 증명해 보임으로써 이슬람 세계의 정치에 일대 변혁을 가져올 일련의 봉기를 촉발시키는 것이었다. 그는 자신의 과제를 달성하지 못했지만 그의 추종자들은 계속 그 전략을 추구해왔다. 이슬람 세계의 정치구도를 재편하려는 그들의 시도는 이미 19세기 이후부터 지속되어 왔지만, 다음 10년에도 대단히 중요한 지정학적 주제가 될 것이다.

9·11 테러의 단기적인 목표는 제국적 권력구조의 심장부에 위치한 미국의 주요 목표물을 공격하여 그 과정을 가속화하는 것이었다. 빈 라덴의 바람은 미국조차도 취약하다는 사실을 폭로함으로써, 자신들

의 정부가 강력하다고 생각하는 이슬람인들의 인식을 바꿔놓는 것이었다.

이 공격은 따라서 제한적으로만 미국과 관련이 있었다. 빈 라덴의 책략에 대해 미국이 정확히 어떤 반응을 보이게 될지는 거의 중요하지 않았다. 왜냐하면 미국이 어떤 반응을 보이든 그에게는 유리하게 활용될 수 있기 때문이었다. 만약 미국이 아무런 대응도 하지 않는다면 그것은 미국의 약점에 대한 증거가 될 것이며, 공격적으로 대응한다면 그것은 미국이 정말로 이슬람의 적이라는 사실을 확인시켜주는 셈이었다.

하지만 이 공격은 이슬람인들의 심리를 최우선 표적으로 삼았음에도 실제로는 미국인들의 심리에 엄청난 영향을 미쳤다. 공격을 전혀 예상치 못했고, 그것이 일상 시설(민간항공기)을 사용해 이루어졌으며, 엄청난 인명피해가 났다는 사실로 인해 공황상태가 초래되었다. 얼마나 많은 공격조들이 더 존재할까? 알카에다의 다음 목표는 무엇일까? 알카에다가 대량살상무기를 보유하고 있지는 않을까? 9·11 테러의 충격에서 정신을 차린 미국인들은 진주만 공습의 여파 이상으로 엄청난 공포감을 느꼈다. 자기 자신이나 사랑하는 이가 다음 희생자가 될 수도 있었다. 이처럼 광범위하고 엄청난 불안감이 발생할 때, 정부는 이에 대처해야 하기 위해 결정적 행동을 취하는 흉내라도 내야 했다.

미국인들 사이에 울려 퍼진 심리적 경보음으로 인해 미국 정부가 당면한 전략적 문제는 더욱 복잡해졌다. 대량살상무기를 보유하고 있지 않는 한, 알카에다 단독으로는 전략적 위협이 되지 않았다. 그들이 미국을 붕괴시킬 수 있는 가능성은 희박했다. 하지만 9·11 테러로 촉발된 혼란이 이슬람 세계에서 빈 라덴이 원하던 결과를 가져온다면, 그리고 미국과 연계된 정권들이 붕괴하기 시작한다면, 결국 그것은 미국의 전략에 엄청난 충격을 주게 될 것이다. 예를 들어 이집트 정부가 전복될 경우, 이스라엘의 입지가 바뀌게 되며 그 지역에서 미국의 기반은 위협을 받게 된다. 사우디아라비아 정부가 위기에 빠질 경우, 그 지역으로부터의 원유 이동이 중단될 수도 있다. 전략적 위험은 미국의 인구밀집 지역이나 경제적 기반시설, 군사력의 파괴가 아니라, 오히려 그 지역에서 알카에다의 잠재적인 정치적 승리였다. 물론 이슬람 칼리프라는 빈 라덴의 먼 꿈이 전략적 위협인 것은 말할 필요도 없다.

미국과 알카에다 모두 전략적인 전장이 어디인지를 명확하게 파악했다. 그것은 바로 이슬람인들의 머리와 가슴이었다. 하지만 미국 대통령이 제일 먼저 해야 할 일은 본토를 보호하기 위한 즉각적인 조치를 취함으로써 미국인들의 머리와 가슴을 진정시키고 안심하도록 만드는 것이었다. 미연방수사국(FBI)은 공격적인 일제검거에 들어가 알카에다와 아주 조금이라도 연관이 있는 혐의자까지 모두 체포했으며, 공항 보안도 강화했다. 하지만 어떤 노력도 당시에는 별다른 효과를 거두지 못했다. 미국은 비록 효과가 제한적이더라도, 대중의 합당한 두려움을 진정시키기 위해 보안 조치들에 엄청난 자원을 투입한다는 원칙하에 다양한 활동을 지속적으로 전개했다. 자원을 대책의 현실성 및 대중의 인식과 조화시키는 것은 다음 10년에 대단히 중요한 과제가 될 것이다.

미국이 안전하고 행복하다는 인식에 대한 공격은 또한 알카에다 지도자들이 체포되거나 사살될 것을 요구했다. 전략적 측면에서 이것은 의문의 여지가 있는 우선순위였지만, 대통령은 국민들의 안심에 대한 열망은 물론 복수에 대한 열망도 충족시켜야만 했다. 하지만 알카에다가 중앙사령부 혹은 전통적인 지휘계통 없이 세계 곳곳에 흩어져 있는 연결망을 통해 활동한다는 사실로 인해 그 과제가 더욱 복잡해졌다. 알카에다는 동조자들이 독립적으로 활동하는 것을 장려한다. 따라서 이들 테러리스트에게 보복을 가하는 것은 가능할지라도 알카에다 자체를 파괴하는 것은 불가능하다. 왜냐하면 그것은 어떤 통상적인 의미에서 조직체가 아니기 때문이다. 어떤 체계나 지휘계통도 없기 때문에 제거해야 할 실제 우두머리 역시 존재하지 않는다.

전략적으로 현명한 방안은 알카에다의 계획과 훈련, 제한적인 지휘 능력을 붕괴시키는 데 최소한의 병력을 투입하는 것이었다. 알카에다는 사방이 육지로 둘러싸여 항구를 통한 진입이 불가능한 아프가니스탄이 작전을 수행하기에 안전하다고 여겼다. 빈 라덴과 그의 동료들은 1991년 걸프전쟁 당시 사막의 폭풍 작전을 지켜보았고, 1980년대 소련의 아프가니스탄 침공 당시 미군과 함께 훈련을 해본 경험 등을 통해 미국의 작전을 어느 정도 파악하고 있었다. 특히 사막의 폭풍 작전을 통해, 알카에다는 심지어 항구를 통한 진입이 가능하더라도 미국인들은 계획을 수립하는 데 많은 시간이 걸린다는 사실을 알고 있었다. 겨울이 가까워지자 알카에다는 미군이 자신들을 공격하기 위해 아프가니스탄으로 파견된다고 해도 여름이 될 때까지는 어떤 활동도 불가능할 것이라고 판단했다. 또한 파키스탄의 카라치Karachi 항은 침공을 위한 요충지인데, 그곳을 사용하기 위한 협상으로 공격은 더욱 지연될 게 분명하다고 보았다.

하지만 부시 행정부는 봄이 될 때까지 기다릴 수 없다는 결론에 도달했다. 대통령은 정말로 알카에다를 제거하거나 적어도 혼란에 빠뜨리길 원했다. 하지만 그는 정치적으로, 즉각적이면서도 가시적인 행동에 대한 국민적 요구에 반응해야 했다. 알카에다의 공격은 미국의 방어태세에 대한 확신을 흔들어놓았으며, 대통령은 안전에 대한 확신을 재구축하는 동시에 전쟁으로 확대될 조치에 대한 정치적 기반을 구축해야 했다. 이 시점에서 부시는 미국의 번영에 관한 확신의 위기에 대처할 여유가 없었다. 결국 이런 분위기 속에서 대테러 전쟁은 경제적 결정에도 영향을 미치기 시작했다. 만약 미국이 대응 행동을 시작하는 데 6개월이 걸린다면, 이미 극도로 허약해진 정치상황은 더 악화될 것이고 대통령은 시작도 하기 전에 자신의 노력에 대한 지지를 상실할 수도 있었다. 전쟁을 수행하겠다는 부시 대통령의 결정은 10여 년 동안 수백만 명의 삶에 영향을 미칠 수 있고 실제로 그렇게 된 개인적 판단 중 하나였다. 또한 분명 그 결정에 따른 결과는 앞으로 다가올 10년 동안 지속적으로 영향을 미치게 될 것이다.

전쟁을 서둘러야 하는 합당한 전략적 이유도 있었다. 미국은 중동에 있는 정권들이 붕괴되거나 심지어 자신들의 이익을 다시 계산하는 사태를 피하고 싶었다. 미국은 강대국으로 인식되었지만, 그 지역에서 커다란 위험을 감수할 준비가 되어 있지 않은 것으로 보였다. 해병대 주둔지에 가해진 폭탄 테러 이후 베이루트에서 철수하기로 한 로널드 레이건의 결정, 쿠웨이트를 해방시킨 뒤에도 바그다드까지 진격하지 않기로 한 조지 H. W. 부시의 결정, 그리고 소말리아에서 철수하기로 한 클린턴의 결정과 9·11 테러 이전 알 카에다 공격에 대한 그의 무기력한 대응 등, 이 모든 것들이 미국이 손실에 대한 위험을 감수하지 않으려 한다는 이미지를 만들어냈다. 한편 여러 이슬람 국가의 정부는 알카에다의 유능하고 무자비하며 은밀한 선동이 정치적 불안을 조성하고, 이로 인해 자신들이 전복될 가능성이 높아진 현실을 마주했다.

특히 미국과 협력관계에 있는 정부는 더욱 심각한 상황이었다.

이들 정부는 이슬람 지하디스트가 되려고 하지는 않았지만 그렇다고 미국을 위해서 나설 생각도 없었다. 그들은 미국이 제한된 위험만을 감수하려는 정책을 지속할 것이라고 예상했으며, 그래서 미국과의 협력은 별 이익도 얻지 못한 채 심각한 위험만을 초래하는 것처럼 보였다. 예를 들어 미국이 알카에다 관련 정보를 공유하자고 요구했을 때도, 이들 정부는 미국이 장기적으로 자신을 지원해주리라 기대하지 않았기 때문에 협력을 주저했다. 미국이 행동을 주저하면 할수록 이를 지원하려는 이슬람 국가의 의향도 점점 낮아졌다.

알카에다는 9·11 테러가 이슬람 세계에 미치게 될 영향에만 집중한 나머지 그것이 부시에게 가할 정치적, 전략적 압박을 제대로 고려하지 못했다. 미국이 공세적으로 반응할 것이라는 점에는 의문의 여지가 없었지만, 앞서 언급했던 이유들로 인해 미국은 가급적 빨리 공세를 취해야 했다. 그 표적은 알카에다였는데, 이는 작전 지역이 아프가니스탄이 될 것임을 의미했다.

2001년 9월 중순 미국은 중앙정보국(CIA) 요원들을 아프가니스탄에 보내서 현지 군벌들과 거래를 시도했다. 동시에 특수부대와 CIA 소속 준군사조직을 파견해 아프가니스탄의 반 탈레반 세력과 함께 전투를 수행하게 했다. 그들은 또한 탈레반 진지에 대한 미군의 공습을 지원했다. 특히 미국은 러시아의 지원을 받는 반 탈레반 세력인 북부동맹과 거래를 했다. 1990년대 내전에서 탈레반에게 패배했던 북부동맹은 반격 기회를 반겼고, 러시아 역시 별다른 이의를 제기하지 않았다. 다른 군벌들은 쉽게 돈으로 매수되었다. 미국은 또한 이란의 적극적인 협력을 얻어냈다.

아프가니스탄은 침공이라는 환상(illusion)을 제공했지만, 실제로 벌어진 일은 미 공군의 지원을 받아 내전이 재개된 것이었다. 9·11 테러 이후 한 달이 지나서 시작된 전투는 거의 전적으로 아프가니스탄에 의해 수행됐으며 항공모함과 페르시아 만, 인도양의 기지에서 출격한 미군 폭격기들의 지원이 뒤따랐다. 하지만 탈레반은 주요 도시들의 전면에 군집하여 B-52 폭격기의 표적이 되기보다는, 반군들의 고전적인 수법에 따라 분산했다가 재집결해 싸우는 식으로 전투를 수행했다.

결과적으로, 탈레반이 실질적으로 패배한 것은 아니지만 미국은 세 가지 목적을 달성했다. 첫째, 미국은 세계 어디에서든 군사활동을 전개할 수 있으며 이를 통해 자국민을 보호할 수 있는 능력을 갖고 있다는 사실을 미국인들에게 재확인시켰다. 이는 전적으로 진실은 아니지만 그래도 충분히 위안이 될 만했다. 둘째, 미국은 전력을 다해 테러와의 전쟁을 수행하고 있다는 사실을 이슬람 세계에 알렸다. 미국 대중보다 예리한 이슬람 지도자들은 미국이 테러와의 전쟁을 수행하면서 기여한 것은 거의 대부분 공군력에 한정되었으며, 힘든 일은 대부분 아프가니스탄이 수행했다는 사실을 간파했다. 이것은 미국이 중동문제에 헌신한다는 결정적 증거가 될 수는 없었지만 그래도 아무런 행동이 없는 것보다는 나았다. 셋째, 미국의 행동은 알카에다에게 상당한 피해를 입혔다. 빈 라덴을 비롯해 많은 조직원들이 탈출했지만 그들의 지휘체계는 붕괴됐으며, 그로 인해 지도자들 역시 떠도는 신세가 될 수밖에 없었다. 결국 그들은 점차 고립되어 거의 아무런 역할을 할 수 없게 되었다.

아프가니스탄 침공은 어떤 면에서 교묘한 계략이었지만, 성과가 없었던 것은 아니다. 미국은 고전적인 수법인 파괴적인 파쇄공격

(spoiling attack)을 개시했다. 부시는 아프가니스탄에 정부를 세우고 보호했지만, 대부분의 아프가니스탄 국민들에게 정부의 힘이 미치지 못할 것임을 알고 있었다. 아프가니스탄에 민주주의를 도입하는 것은 처음부터 계획에 들어 있지도 않았다. 9년이 지난 후에도 아프가니스탄 문제는 여전히 해결될 기미가 보이지 않지만 다음 10년으로 나아가기 위해서는 반드시 해결해야 할 문제임이 분명하다.

하지만 알카에다의 관점에서 볼 때, 아프가니스탄과 그 밖의 중동지역에서 벌인 미국의 활동은 미국이 이슬람의 적이라는 확실한 증거가 되었다. 지하디스트들은 폭동이 일어나 정권이 붕괴되기를 기다렸다. 하지만 격변은 결코 오지 않았다. 이슬람 세계의 정권들이 살아남을 수 있었던 이유는, 한편으로 이슬람 군중들이 그들 정권의 보안기구가 여전히 잔악하고 효과적이라는 사실에 두려움을 느끼고 있었기 때문이고, 다른 한편으로 이들 정권이 계속 양다리를 걸치고 있기 때문이다. 그들은 미국의 파쇄공격의 성격을 파악하고 있었고 적극적으로 나서길 주저했다. 사우디아라비아와 파키스탄은 모두 제한적으로 정보를 공유했으며 미국이 어느 정도로 행동할 각오가 되어 있는지를 확인하기 전에는 전적으로 협력하려 하지 않았다. 이슬람 세계에서 시민봉기가 일어나지 않을 것이라는 사실이 분명해질수록 알카에다는 점점 더 공격적이 되어 갔다.

이라크 침공의 전략적 오류

테러와의 전쟁에서 미국의 두 번째 모험은 2003년 이라크 침공이었다. 지금에 와서는 그것이 완전한 실수였다고 주장하기가 쉽다. 하지만 침공 결정이 내려졌던 당시의 맥락을 되돌아보는 것이 중요하다. 2002년 2월 사우디아라비아는 미군에게 자국 철수를 요구했다. 파키스탄은 인도와 미국 양측의 강한 압력에도 불구하고 미국을 지원하는 데 있어 미온적인 태도만을 취했다. 반면 미국은 아프가니스탄에서 자신이 하려고 했던 일을 했고, 이제는 다른 나라들이 정보와 작전수행에서 그 부담을 짊어지기를 바라고 있었다.

사우디아라비아와 파키스탄의 전면적 협조가 없는 상태에서 미국의 선택은 제한적이었다. 이스라엘이 1970년대 유럽에서 검은 9월단Black September을 상대했던 것처럼, 알카에다를 상대로 정보전쟁을 수행할 수도 있었다. 하지만 협력국의 참여가 없으면 알카에다를 상대하는 미국의 정보역량은 극히 제한될 수밖에 없었다.

두 번째 대안은 미국이 국토안보부를 중심으로 국내에서 전면적인 방어태세로 전환하는 것이다. 그리고 아프가니스탄에서의 작전이 새로운 공격을 충분히 저지할 만큼 알카에다의 지휘체계를 파괴했기를 바라는 것이다. 이론적으로 FBI는 슬리퍼셀(sleepercell)을 색출하는 동시에 테러리스트의 침입으로부터 국경을 봉쇄하고 공항을 지킬 수 있을 것이다. 서류상에서는 매력적이지만 이를 실행하는 것은 불가능하다. FBI는 미국 본토에 더 이상 슬리퍼셀이 존재하지 않는다는 점을 결코 확신하지 못하며, 미국으로 들어오는 모든 진입로를 완벽하게 지킬 수도 없다. 이런 노력이 미국 대중들에게 주는 안전에 대한 환상과, 업무를 잘 수행하고 있다는 측면에서 대통령에게 보태주는 지지는 다음번 테러 공격이 있을 때까지만 유지될 수 있다. 더욱이 그 공격의 성격이나 시점은 전혀 알려져 있지 않다. 그런 공격을 받는 순간, 미국이 위험을 무릅쓰고 단호히 대응할 것인지에 대한 의문이 이슬람 세계에서 다시 수면 위로 떠오를 것이다. 아프가니스탄 다음은 어디일까?

부시 행정부는 사우디아라비아와 파키스탄이 더 공격적으로 정보를 수집하고 공유하도록 압박하면서 미국이 중동에서 지배적인 위치를 차지하도록 하는 전략을 구사하려 했다. 그리고 그곳을 중심으로 힘을 투사하고자 했다.

이것이 이라크 침공의 바탕에 깔린 논리였다. 군사적 행동은 새로운 전략적 현실의 창조라는 즉각적인 결과를 가져왔다. 그것은 특히 사우디아라비아를 위협하였는데, 사우디의 유전지대로부터 며칠 거리에 미군 기갑부대가 배치되었다. 그것은 또한 중동지역에서 전략적으로 가장 중요한 국가인 이라크를 통제할 수 있게 했는데, 이라크는 쿠웨이트와 사우디아라비아, 요르단, 시리아, 터키, 이란과 국경을 접하고 있다. 이라크를 통제하게 된 미국은 테러와의 전쟁에서 단기 목표를 달성했다. 하지만 이것은 미국이 어떤 지역에서도 항구적인 개입자가 되지 않는다는 원칙을 위배하는 것이었다. 부시 행정부는 다른 이익에 대한 대가로, 대리인을 통해 지역적 힘의 균형을 유지하면서 미군은 예비로 남겨 둔다는 미국 전략의 일부를 희생시킬 수도 있다고 보았다. 이는 부적절한 대안들 중에서 그나마 덜 나쁜 것을 선택한 것이며, 우리가 제국적 국가의 본성을 고려할 때 반드시 기억해야 하는 부분이다. 즉, 제국은 모든 대안이 허점을 가질 때조차도 행동하지 않을 수 없다는 사실이다.

하지만 미국이 그런 이익을 얻기 위해서는 이라크 침공에 성공하고 나서 이라크의 평화를 회복하는 데도 성공해야 했다. 의심의 여지없이 침공은 성공했고, 사우디아라비아는 정보제공과 협조를 늘렸다. 하지만 그 지역에서 전략적으로 가장 중요한 국가를 지배하는 것은 불가능한 것으로 드러났다. 미군은 바그다드까지 쉽게 밀고 들어갔음에도 불구하고 곧바로 폭동사태에 발목을 잡혔다. 그 결과 애초 의도는 힘을 외부로 투사하는 기지로서 이라크를 이용하는 것이었음에도 불구하고, 보유하고 있는 모든 전력을 이라크 내부에 집중시켜야만 했다.

점령의 실패는 전쟁의 성격마저 변화시켰다. 전쟁의 목적이 이라크 자체로 바뀌었으며, 궁극적인 목표 역시 중동지역에 새로운 전략적 현실을 창조하는 것이 아니라 단지 적절한 시기에 미군 병력을 철수시키는 것이 되어 버렸다. 최선의 희망은 중립적 정권을 수립해놓고 떠나는 것이었으며, 최악의 경우에는 침공의 최종 결과로 이라크가 혼돈상태에 빠지는 것이었다.

이라크는 미국의 더 폭넓은 전략에서 분리되었고, 윤리성, 전략, 리더십 간의 관계에 대한 사례연구의 대상이 되었다. 전적으로 도덕적인 관점에서 봤을 때 사담 후세인 정권을 제거하는 것이 잘못이라고 할 수는 없다. 그는 괴물이었고 후세인 정권은 야만적이었다. 하지만 그것은 부시가 대통령으로서 전념해야 할 도덕적 책무가 아니었다. 그의 공식적인 도덕적 책무는 테러와의 전쟁을 수행하는 것이었고, 이라크 점령은 테러와의 전쟁이라는 목적을 달성하는 수준에서만 미국인들에게 납득이 되었다.

2003년 이라크 침공을 결정할 때, 조지 W. 부시는 미국의 전략적 기본 원칙보다 자신의 도덕적 집착을 더 우선시했다. 미국의 전략적 원칙은 상당한 규모의 병력을 투입하지 않고도 각 지역에서 힘의 균형을 유지하는 것이었다. 수많은 지역들이 있고, 미국이 그러한 지역들에 병력을 배치하기 시작한다면, 그 부담은 금방 미국의 역량을 넘어설 것이다. 게다가 미군은 오늘날 중동지역에서 가장 큰 토착 세력인 이란에 대해 평형추 역할을 하던 이라크의 군대를 대신하게 되었다. 만약 어느 시점이 됐을 때 미국이 이라크에서 철수한다면 이란은 자동적으로 페르시아 만 전체를 지배하게 될 것이다. 이라크 침공이 알카에다와의 전쟁에 어떤 기여를 했든 간에, 이라크의 전략적 비용이 너무 높아졌다.

이라크 침공이 미국의 장기적인 전략적 원칙들에 부합하도록 하기 위해서는 미군이 최대한 신속하고 효율적으로 큰 저항 없이 이라크를 점령했어야 했다. 그런 다음 바그다드에 상당한 규모의 군사력을 갖춘, 독립적으로 존속 가능한 정권을 최대한 빨리 수립하여 그들이 자신의 오랜 강적, 이란과 균형을 이루는 역할을 수행하도록 만들었어야 했다. 만약 이런 목표를 5년 내에 달성할 수 있었다면 부시는 자신의 도덕적, 전략적 목표를 모두 달성했을지도 모른다. 그는 이슬람 세계에 필요한 충격을 가하고, 사우디아라비아에 겁을 주고 이라크의 전략적 위치를 활용해 인근 국가들을 압박할 수 있었을 것이다. 그런 다음 미국은 철수했을 것이고, 그 지역의 국가들이 다시 한 번 서로에 대해 힘의 균형을 이루게 할 수 있었을 것이다.

부시의 전략은 전제가 잘못됐기 때문에 실패했다. 즉, 쉽게 제압할 수 없는 저항이 존재했던 것이다. 이라크 전쟁에서 가장 큰 정보의 오류는 대량살상무기에 관한 것이 아니라, 사담 후세인이 외부의 침략에 대처하는 기본 계획이 바로 저항과 폭동(insurgency)이라는 사실을 이해하지 못한 데 있다. 여기에는 미국이 수니파가 지배하는 사담 후세인의 바트당을 파괴함으로써, 수니파를 정부로부터 몰아내고 그들의 종교적, 문화적 경쟁자인 시아파에게 권력을 넘겨주었다는 사실을 제대로 이해하지 못했다는 사실도 포함된다. 이라크의 수니파는 이란을 지배하는 시아파와 친밀한 관계를 갖게 될 시아파 정부에 대해 공포감을 가졌고, 더 이상 잃을 것이 없는 위치에 놓이게 되자 무작위적인 총격과 폭탄테러로 나아갔다.

하지만 부시의 계산착오는 훨씬 더 큰 영향을 초래했다. 그는 수니파 세력을 억누르면서 시아파의 지지를 기대했지만 이라크에서 정권을 장악한 시아파가 이란의 시아파와 얼마나 깊은 관련이 있는지를 무시했다. 사실 이란의 시아파는 이라크에 친미 성향의 정부가 들어설 경우 다시 이란을 위협하게 될 것이라고 생각했다. 결국 미국은 두 방향의 공격에 갇혀버리는 신세가 됐다. 수니파는 점령자인 미군과의 전쟁에 돌입했고, 시아파는 이란의 의도에 따라 이라크를 미국의 속국으로 변질시킬 수 있는 종류의 모든 협력을 회피하기 위해 수단과 방법을 가리지 않았다.

부시는 나중에 다시 복귀하면 된다는 생각으로 전략적 원칙을 위배했지만 결국 지역적 현실에 발목을 잡혔다. 그것은 그가 관리할 수 있는 것이 아니었다. 상황이 계속 악화되자 그에 대한 국민들의 지지가 하락했다. 그는 전쟁을 위해 처음에 내세웠던 명분, 즉 대량 살상무기의 존재가 사실이 아닌 것으로 밝혀진 뒤에도 큰 타격을 입지 않았다. 하지만 금세 종결되기 어려운 다면적 전쟁의 수렁에 빠졌다는 사실로 인해 정치적으로 타격을 받지 않을 수 없었다.

부시 대통령의 지도력을 손상시킨 실수가 또 있었다. 그가 두 번째로 내세웠던 침공의 명분은 이라크에 민주적인 정권을 세워야 할 필요가 있다는 것이었다. 하지만 이것은 미국인들에게 별다른 공감을 얻지 못했다. 사실 미국인들은 이라크에 민주적인 정권을 수립하기 위해 미국이 그 같은 노력을 해야 할 절박한 이유를 찾을 수 없었다. 새로운 국가를 건설하겠다는 동기는 사실 거짓말이었다. 링컨과 루스벨트, 레이건의 경우에서 봤던 것처럼 위대한 대통령들은 자신의 더 위대한 도덕적 목적을 위해 종종 거짓말을 했다. 하지만 부시의 거짓말은 대중의 신뢰를 얻는 데 실패할 수밖에 없었다. 테러리즘이라는 악에 대항해 승리를 거두는 것이라고 공개적으로 표현된 그의 도덕적 책무는 전략적 현실과 동떨어진 것이었다. 이 때문에 외교정책 전체가 복잡하고 혼란스럽게 보였으며, 이는 그를 무능력한 대통령으로 보이게 만들었다. 별개의 해명과 특별한 호소의 경우가 너무도 많았다. 도덕적 목적과 전략적 목표를 일치시키고, 이 둘을 대중이 받아들일 수 있는 일관된 신화와 일치시키는 데 실패함으로써 부시는 추락하고 말았다.

대통령으로서의 리더십을 회복하기에는 너무 늦은 2007년, 부시는 추가파병을 실행에 옮겼다. 이것은 군사전략이라기보다는 군사력을 이용해 수니파와의 분쟁을 타결하기 위한 협상 무대를 만드는 것에 더 가까웠다. 일단 증원이 이루어지자, 수니파 세력이 미국의 지원을 받게 되는 것을 두려워한 시아파는 어쨌거나 약간은 미국에 협력적으로 돌아섰고 폭력도 잠잠해졌다.

이라크가 더 이상 평형추 역할을 할 수 없게 되자 이란과 유지하고 있던 힘의 균형도 완전히 무너지고 말았다. 미국이 이라크에서 군대를 철수시킨다면 이란을 견제할 세력이 지역 내에 더 이상 존재하지 않게 될 것이며, 결국 이란은 유일한 강대국으로 남게 된다. 이런 전망은 미국과 이스라엘뿐만 아니라 아랍 국가들도 불안하게 만들 것이다. 다음 10년 동안 미국 대통령은 이런 불균형으로 인한 지역 문제를 계속해서 마주하게 될 것이다.

이란 문제의 복잡성

21세기의 두 번째 10년이 시작되면서 미국은 중동지역에서 이중 문제에 직면하고 있다. 그것은 바로 이라크에서 병력을 철수함과 동시에 힘을 상쇄시킬 수 있는 견제세력이 없는 상태로 이란을 내버려두지 않는 것이었다. 이란의 욕망을 억제하는 역할을 수행할 다른 후보자가 존재하지 않기 때문에 미국은 바그다드에 힘의 균형을 회복하기에 충분히 강력한 정부를 세우기 전에는 이라크에서 철수할 수 없을 것으로 보인다.

이란은 분명 이라크 침공을 환영했다. 9·11 테러가 발생하기 훨씬 전부터 이란은 미국을 개입시켜 사담 후세인 정권을 제거하려고 가능한 모든 수단을 동원해왔다. 실제로 미군이 저항에 부딪히지 않을 것이라고 예측한 대부분의 정보는 이란 쪽에서 흘러나온 것이었다.

일단 미군이 이라크 땅을 밟자마자 이란은 시아파의 다양한 분파들을 배후에서 조종하고, 그런 다음 수니파에게 무기를 공급해 분쟁을 지속시킴으로써 미국의 이해관계에 직접적인 위협을 가하기 시작했다. 뿐만 아니라 이란은 레바논의 헤즈볼라뿐만 아니라 아프가니스탄 서부지역의 탈레반을 계속 지원해왔다.

이란은 미국이 새로운 이라크 정부를 구성하면 수니파는 밀려나고 시아파가 주도세력으로 부상할 것이라고 기대했다. 일단 미국이 철수한다면 그 정부는 이란의 꼭두각시가 될 것이라고 예상했다. 그들은 미국이 이라크를 지배하기 위해 시아파 세력에 의지할 것으로 예상했다. 하지만 미국이 다른 여러 기관과 인물들을 통해 직접적인 지배를 시도하자 당황했다. 그럼에도 불구하고 미국이 궁극적으로 철수할 것이란 점을 고려한다면 이란이 여전히 유리한 위치를 차지할 가능성이 높다.

하지만 이런 요인들은 엄밀히 따져보면 이란 정부에게 오히려 위험스러운 것이다. 미국은 거세게 반발하는 이라크를 직접 지배하는 것과 이란의 동조자들이 침투해 있는 정부에게 책임을 넘기고 철수하는 것 사이에 갇히게 된 상황에서 더욱 급진적인 해법을 고려해야 했다. 그것은 바로 이란을 공격함으로써 마흐무드 아흐마디네자드Mahmoud Ahmadinejad 대통령과 그 정권을 전복시키는 것이다.

산악으로 둘러싸인 국경 안쪽에 7,000만 인구가 살고 있는 이란은 지형적으로 천혜의 요새다. 지형적 조건이 직접적인 침공을 불가능하게 만들었기 때문에 미국은 구소련 정권을 붕괴시켰던 것과 유사한 방식으로 이란 내부에서 혁명을 일으키려고 여러 차례 시도했으나 오랜 세월에 걸친 이런 노력들은 모두 실패에 그쳤다. 하지만 이라크에서의 실패를 경험한 미국이 페르시아 만 지역의 힘의 균형을 회복할 수도 없고 이란의 지배력을 허용할 수도 없다면 이란 정부를 축출하기 위한 공격을 고려해 볼 수 있을 것이다. 이란 정권이 아야톨라 호메이니와 함께 권좌에 올랐던 구세대 이슬람 성직자들, 그리고 아흐마디네자드로 대표되는 신세대 세속적 지도자들 사이에서 분열되어 있다는 사실 또한 이란의 근심거리다. 하지만 이란 지도자들의 주된 관심사는 미국이 지원한 반란, 특히 구소련 지역에서의 반란이 성공을 거두는 것을 보아왔으며, 그리고 미국에게 다시 그런 행운이 오지 않기를 바라고 있을 수만은 없다는 것이다.

이란은 1990년대 소련 공산주의의 붕괴가 자신들의 붕괴로 이어질 것을 두려워했던 북한이 유사한 문제를 다루는 방식에 주목했다. 북한은 그들 자신을 실제보다 더 위험하고 심리적으로 더 불안정해 보이게 만들기 위해 핵무기를 개발하기 시작했다. 또한 북한은 세상 사람들에게 실제로 그 핵무기를 사용할 것이라는 확신을 심어주기 위해 거의 미치광이 수준에 가까운 성명을 발표했다. 그로써 모든 사람들은 전혀 예측할 수 없는 사태를 초래하게 될 북한 정권의 붕괴를 두려워하게 됐다. 결국 북한 정권은 미국과 중국, 러시아, 일본, 한국 같은 국가들이 지원을 약속하며 협상 테이블에 나서도록 달래게 만드는 힘을 과시했다. 그것은 유례없는 성과였다.

미국의 핵 공포증을 이용하기 위해 이란 역시 10년 동안 핵기술을 연구해왔다. 그들의 계획에는 북한이 그랬던 것처럼, 자신들이 예측 불가능할 뿐만 아니라 위험하다는 인상을 심어주는 것도 포함되어 있었다. 그들은 유엔 안전보장이사회 상임이사국 및 독일과 협상할지 말지를 놓고 줄다리기를 하는 위치에까지 올라갔다.

이라크가 붕괴됨에 따라 미국은 선택할 수 있는 대안이 제한적인, 극도로 어려운 처지에 놓였다. 이란의 핵시설을 공습하게 되면 그들의 애국심을 자극해 오히려 정권을 강화시키는 결과를 초래하게 될 것이다. 게다가 이란은 강력한 반격수단을 보유하고 있다. 그들은 이라크, 심지어는 아프가니스탄의 불안정까지도 더욱 심화시킬 수 있는 힘을 가지고 있다. 또한 이란은 알카에다보다도 훨씬 뛰어난 역량을 가진 테러 조직 헤즈볼라를 움직일 수도 있다. 혹은 호르무즈 해협에 기뢰를 부설하여 페르시아 만에서 생산되는 원유의 흐름을 봉쇄함으로써 경제적 혼란을 초래할 수도 있다.

이로써 지역 균형을 도모하고 개입을 자제한다는 미국의 오래된 전략의 위반은 최악의 지정학적 시나리오로 이어졌다. 이제 이란은 페르시아 만에서 지배적인 토착 세력으로 부상했다. 그들의 힘을 상쇄할 수 있는 수단은 오직 미국만이 보유하고 있다. 하지만 그것은 미국의 기본적인 전략 원칙을 더욱 심하게 위반하게 될 것이다. 게다가 특정 지역에 대한 과도한 집중은 세계 다른 지역들에서 미국의 영향력을 약화시키는 결과를 가져올 것이다. 명확한 대응책이 보이지 않는 가운데 깨져버린 힘의 균형의 덫에 갇힌 것이다.

이는 다음 10년 동안 모든 대통령들이 처리해야만 하는 결정적인 지정학적 문제이다. 앞으로 이란이 중동에서 중심축이 될 것이다. 이란은 여러 측면에서 항상 중심축이었다. 하지만 미국은 이란에 대응하기에 앞서 이슬람의 테러에 대해 뭔가 결정적인 조치를 취해야만 했다. 미국이 스스로 테러리즘을 향한 것이라고 여기는 전쟁에 자원을 쏟아붓고 있었기 때문에, 이란은 미국의 개입 위협으로부터 사실상 자유로운 상태가 되었을 뿐만 아니라 심지어 중동지역에서 자신의 입지를 더욱 강화할 수 있었다.

지난 10년 동안 경제적 사건들과 지정학적 사건들은 서로 긴밀한 연관성을 갖고 있다. 그러한 사건들로 인해 미국은 전략적 사고에서 이탈해 일련의 단기적인 전술적 해결책에 의존하게 되었을 뿐만 아니라 미국인들의 자신감에도 위기가 발생했다. 이란 문제는 지하디스트 전쟁에 대한 대응의 영향뿐만 아니라, 유가상승이 경제적 회복을 망가뜨릴 것이라는 두려움과 결부되어 있다. 9·11 테러와 2008년의 금융위기가 결합되면서 미국의 전략적 사고는 함정에 빠졌다. 미국이 다음 10년을 향해 전진하기 위해서는 반드시 그 함정에서 벗어나야만 한다. 경제적 문제는 시간이 지나면 해결될 것이다. 하지만 테러리즘이라는 지정학적 도전은 결단을 요구한다.

05

테러리즘의 함정

The Terror Trap

조지 W. 부시 대통령은 9월 11일 알카에다의 공격에 대한 자신의 대응을 '전 세계적 테러와의 전쟁(Global War on Terror)'이라고 불렀다. 만약 그가 자신의 대응을 '극단적 이슬람에 대한 전쟁'이라고 불렀다면 미국이 몹시 필요로 하는 이슬람 세계 동맹국들과의 관계가 소원해졌을 것이다. 또 만약 그가 그것을 '알카에다에 대한 전쟁'이라고 정의했다면, 알카에다에 속하지 않은 테러집단에 대한 공격을 배제하는 결과를 초래했을 것이다. 부시는 의미론적 기교를 통해 이 문제를 처리하고자 했지만, 그것은 오히려 정치적이고 전략적인 혼선을 불러왔을 뿐이다.

오바마 대통령은 '테러와의 전쟁'이라는 용어를 폐기하는 적절한 조치를 취했다. 테러리즘은 적이 아니라, 적이 채택할 수도, 하지 않을 수도 있는 전투의 한 가지 방식에 불과하다. 만약 진주만 공습이 항공모함을 동원한 공격이었다는 이유로 루스벨트 대통령이 해군 항공에 대한 전쟁을 선포했다고 상상해보라. 알카에다나 이슬람 근본주의가 아니라 테러리즘에 초점을 맞춤으로써, 부시는 특정한 공격 유형을 미국의 세계전략 결정에 영향을 미치는 지위로 격상시켰다. 그로 인해 미국은 전략적 균형을 상실하고 말았다.

오바마가 용어의 문제를 정리했을지는 몰라도 상당한 수준의 불균형은 그대로 남겨둘 수밖에 없었다. 그것은 테러리스트의 공격 위협에 대한 일종의 강박관념이었다. 다음 10년 동안 미국 대통령이 선택할 수 있는 대안들을 고려할 때, 우리는 테러리즘이 실제로 얼마나 많은 위협을 제기하는지, 그리고 그 위협이 미국의 정책에 대해 의미하는 바가 무엇인지를 분명히 할 필요가 있다.

프러시아의 군사이론가, 칼 폰 클라우제비츠Carl von Clausewitz에 따르면 전쟁이란 다른 수단들에 의한 정치의 연속이다. 제 2차 세계대전 승리의 의미는 일본이 항공모함을 더 이상 사용하지 못하게 한 데 있는 것이 아니라, 일본의 전쟁수행 능력을 파괴하여 미국의 의지, 즉 정치적 목적을 강제했다는 데 있다. 어떤 대통령이 국가를 전쟁으로 이끌어갈 때 그는 자신의 적뿐만 아니라, 추구하는 목표를 분명히 해야만 한다. 9·11 테러 이후 테러리즘이 적이 됐다면, 테러를 감행할 가능성이 있는 사람은 모두 적이 되어야 했다. 그것은 끔찍할 정도로 긴 명단을 이루게 될 것이다. 만약 대통령이 정치적 이유로, 싸워야 할 대상이 누구이고, 왜 싸워야 하는지를 명확하게 정의할 수 없다면, 그는 자신이 승리할 수 있는지, 그리고 교전을 해야 하는지 여부를 면밀히 재검토해야 한다. 만약 누가 적인지를 분명히 밝히는 비용이 외교적으로나 정치적으로 수용이 불가능하다면, 전쟁이 제대로 수행될 가능성은 없다.

테러와의 전쟁에 초점을 맞추기로 한 부시의 결정에도 불구하고, 이슬람 세계는 표적으로 삼은 진짜 적이 급진적 이슬람이라는 사실을 알고 있었다. 알카에다가 자라날 수 있는 토양을 제공한 것이 바로 급진적 이슬람이었으며, 부시는 사람들이 그게 아니라고 생각하도록 속임수를 쓸 의도조차 없었다. 정직하고 일관되게 이라크 침공의 이유를 설명할 수 없었을 때부터 부시의 전략은 흐트러지기 시작했다.

부시의 의미론적이고 전략적인 혼동은 테러와의 전쟁이 이라크 정부를 축출하기 위한 시도로까지 확대되었을 때 더욱 심해졌다. 그 시도가 표적으로 삼은 사담 후세인은 종교적인 이슬람주의자가 아니라 세속적인 군국주의자에 불과했으며, 알카에다와 가까운 관계도 아니었다. 후세인은 이라크 침공 이전까지는 알카에다의 테러리즘과 아무런 관련이 없었다. 하지만 후세인과 알카에다는 미국이라는 적을 공유하고 있었다. 바로 그 이유 때문에 부시는 이라크와 무국적 급진주의자인 알카에다 사이에 일시적 협정이 맺어질 위험성을 무시할 수 없었다. 그가 선택한 해결책은 예방공격을 감행하는 것이었다. 부시와 그의 참모들은 사담 후세인 정권을 붕괴시키고 이라크를 점령하는 것은 알카에다의 잠재적 기지를 제거하고 동시에 미국의 전략적 작전기지를 확보하게 될 것이라는 논리를 내세웠다.

그럼에도 불구하고 테러와의 전쟁이 더 폭넓은 전략과 동일시되었다는 점, 그리고 사담 후세인이 테러리즘에 관여하지 않았다는 점 등을 고려하면 이라크 침공은 정당성이 없는 것처럼 보인다. 만약 전쟁이 적으로서 알카에다에 좀더 명확히 초점을 맞추었더라면 침공이 좀더 타당해 보였을지도 모른다. 왜냐하면 특정 집단에 대한 전쟁은 그 집단의 동맹세력뿐 아니라 잠재적 동맹세력에 대한 전투까지 포함하게 되며, 그럴 경우 사담 후세인은 잠재적 동맹세력에 해당되기 때문이다.

민주주의 체제에서, 대중의 지지의 토대는 적의 위협과 그 위협에 맞서는 데 있어 우리의 목적에 대한 명확한 진술이다. 그와 같은 명확성은 대중의 지지를 끌어모을 뿐만 아니라 대중들과의 의사소통에 필요한 일관된 틀을 제공한다. 트루먼 대통령은 한국전쟁을 언급하면서 '경찰활동(police action)'이라는 용어를 사용한 이래로 다시는 인기를 회복하지 못했다. 그 경찰활동에서 3만 명 이상의 미군이 전사했으니 말이다. 반면 2차 세계대전 당시 루스벨트가 독일과 이탈리아, 일본을 상대로 벌였던 전쟁은 끊임없는 속임수, 무고한 사람들에 대한 공격, 진짜 악마와의 동맹에도 불구하고 살아남았다. 왜냐하면 루스벨트는 누가 적이고, 왜 그들과 싸워서 승리해야 하는지를 분명히 했기 때문이다.

테러리즘이 의미하는 것

테러리즘은 폭력적 행동이다. 그것의 주된 목적은 공포감을 조성하고 이를 통해 정치적 결과를 만들어내는 것이다. 2차 세계대전 당시 독일이 런던을 폭격한 것 또한 테러 공격이었는데, 그 목표는 영국의 전쟁수행 능력을 심각하게 손상시키는 것이 아니라, 대중을 정부와 분리시키고 영국 정부로 하여금 협상에 나서도록 압박하는 심리적, 정치적 분위기를 조성하는 것이었다. 1970대와 1980년대 암살에서 비행기 납치에 이르기까지, 팔레스타인 테러리즘의 목표는 그들의 명분에 세계의 이목을 집중시키고, 겉으로 보여지는 팔레스타인의 힘을 극대화하는 것이었다. 알카에다의 테러리즘 또한 정치적 목적을 위해 계획되었다. 문제는 다른 전략적 과제와 비교해서, 테러와 그 결과를 저지하는 데 얼마나 많은 노력이 투입되어야 하는가이다.

테러리즘은 일반적으로 더 효과적인 행동이 어려울 때 취해진다. 만약 독일이 영국 해군을 파괴할 수 있었거나 팔레스타인이 이스라엘 육군을 파괴할 수 있었다면, 그렇게 했을 것이다. 목표에 도달할 수 있는 좀 더 효율적이고 직접적인 방법이 그것이기 때문이다. 테러리즘은 실제론 약하기 때문에 발생하며, 실제보다 더 강한 것처럼 보이게 만들기 위해 심리에 초점을 맞춘다. 테러리스트는 사실 별다른 위협이 되지 못할 때 상대방이 자신을 심각한 위협으로 간주하도록 만드는 것을 목표로 한다. 그 단어가 암시하는 것처럼, 테러리스트는 특정한 심리 상태를 창조하려고 한다. 그의 궁극적 목표는 자신이 거대하고도 두드러진 위협으로 간주되는 것이다. 그리고 그런 위협은 테러리스트가 촉발시키고자 하는 정치적 과정의 기초를 제공한다. 일부는 그저 중요한 존재로 받아들여지기를 원한다. 알카에다는 이슬람 세계를 향해 그들이 너무도 강력해서 미국인들의 인식 속에서 가장 중요한 존재라는 점을 확신시키고 싶어 했다.

실제로 알카에다는 그 목표를 달성했다.

테러와의 전쟁을 선언함으로써 미국은 그것을 다른 모든 것들을 압도하는 단일 위협으로 간주한다는 신호를 보냈다. 테러 행위로부터 미국을 보호하는 것이 미국의 세계 전략의 핵심이 되었으며, 엄청난 에너지와 자원이 투입되었다. 하지만 알카에다가 실행한 테러리즘이 미국에 대한 전략적 위협이라고 말할 수는 없다. 물론 테러리즘은 수천 명의 미국인을 죽일 수도 있고, 고통을 초래하고 공포를 조장할 것이다. 하지만 테러리즘은 본질적으로, 그리고 그 자체로 아메리카 공화국의 물질적 기반을 파괴할 수 없다.

테러리즘은, 심지어 핵 테러까지 포함하더라도, 미국의 존재에 대한 위협을 의미하지 않는다. 따라서 테러리즘에만 초점을 맞춘 외교정책은 본질적으로 불균형을 초래할 수밖에 없다. 균형의 부재는 가용한 모든 자원을 다른 수많은 위협들 중에서 한 곳에만 집중하게 만들며, 동시에 중요성이나 위험성의 측면에서 그와 대등하거나 더 중요한 다른 위협들을 통제하는 데 실패하는 사태를 초래한다. 이는 테러리즘을 무시하자는 것이 아니라 국가전략이라는 맥락에서 테러리즘을 고려해야 할 필요가 있다는 것이다. 바로 이 부분에서 부시는 함정에 빠졌으며, 그의 뒤를 잇는 대통령들도 똑같은 함정에 빠지게 될 위험이 있다.

링컨과 루스벨트, 레이건처럼 부시는 자신의 전략적 목표를 추구하는 동시에 국가와 국민의 심리상태까지도 관리했어야만 했다. 하지만 두 가지 현상이 그가 몰락하게 된 원인이 됐다. 첫째, 그가 알카에다를 저지하는 데 성공할수록 심리적 충격은 점점 더 약해졌다. 일부 대중들은 극단적인 조치를 요구하다가 실제 취해진 조치를 알고 나서 오히려 충격을 받았다. 부시는 그런 사태를 예측했어야 했다. 하지만 그는 테러와의 전쟁 그 자체를 목적으로 간주함으로써 더 폭넓은 전략적, 정치적 맥락에서 그것이 어떤 위치를 차지해야 하는지를 망각했다. 둘째, 그는 테러와의 전쟁의 진정한 목적을 이해하지 못했기 때문에, 여론의 변화에 맞춰 자신의 초점을 전환할 능력이 없었다. 그 목적은 테러리즘을 제압하는 것이 아니라 대중의 심리적 욕구를 충족시키는 것이었다. 하지만 부시는 국가가 이미 오래 전부터 위험을 느끼지 않게 되었는데도 테러와의 전쟁에 전력을 다했다.

독립된 전략 목표로서 테러리즘에 집착하면서, 부시는 이길 수 없는 전투, 테러리즘과 명확히 연관되어 있지 않은 전역에 엄청난 자원을 투입했다. 테러와의 전쟁을 수행하면서 그는 전망을 상실했을 뿐만 아니라 미국과 전략적 이해관계가 얽힌 다른 부분들도 관리해야 한다는 사실을 망각했다. 예를 들어 그는 이슬람 세계에 너무나 깊이 집착하는 바람에 러시아의 재등장에 대처하는 데 필요한 관심이나 자원을 투입하지 못했다.

따라서 문제는 어떻게 하면 테러리즘과 이슬람 세계에 대한 과도한 집중에서 벗어나 좀더 균형 잡힌 전략으로 전환하느냐다. 여론도 문제이다. 이슬람 세계에 대한 대응은 미국에서 매우 격렬한 주제이며 국론의 분열까지도 초래한다. 많은 사람들이 이슬람 세계를 단지 중요한 문제가 아니라, 미국의 유일한 문제로 간주하고 있다. 대통령이 해야 할 일이란 바로 여론에 동조하고 유도하면서, 자신의 도덕적, 전략적 목표를 조용히 추구하는 것이다. 앞으로 10년 동안 미국의 대통령들이 당면하게 될 문제는 테러리즘과 알카에다를 전체적인 시각에서 보고, 이슬람 세계에 대한 미국의 이해관계를 재정의하는 것이다. 이 과제는 대중이 대통령에게 등을 돌리는 일이 벌어지지 않도록 신중하게 수행되어야 하며, 특히 필연적으로 발생할 수밖에 없는 추가 테러의 위기를 잘 넘겨야 한다. 대통령은 대중이 테러공격을 받아 공포에 질리고 분개했을 때는 물론, 테러리즘에 대한 분노가 식은 상태에서 그에 대한 대응 행동에 충격을 받았을 때도 여론을 만족시켜야만 한다. 무엇보다 대통령은 이슬람 세계를 있는 그대로 다루면서도, 그의 궁극적인 의도가 대중의 격렬한 감정에 영향을 받지 않도록 해야 한다.

이것은 유화책을 주장하는 것이 아니다. 예를 들어 비록 가능성이 낮다고 해도 대량살상무기를 동원한 테러 공격의 결과는 엄청날 것이다. 적절한 수준의 자원이 그 위협을 저지하기 위해 투입되어야 한다. 그것은 사실상 은밀하거나 공공연한 전쟁을 의미하며, 그러한 전쟁은 잠재적으로 그 위협을 능가할 수도 있는 비용과 노력을 수반하게 된다. 대통령의 과제는 위협과 결과, 노력이 다른 도전들과 상치되지 않게 하고, 그것들을 일관된 전략으로 만드는 것이다. 미국은 다양한 위협과 이해관계를 갖고 있기 때문에 단 한 가지에만 대응할 수 없다. 공포만으로 전략을 결정할 수는 없다.

이미 우리가 논의한 것처럼 대통령은 항상 대중의 불안을 진정시켜야 하며 자신이 테러를 방지하는 데 헌신하고 있음을 보여주어야 한다. 동시에 그는 불가능한 것을 시도하거나 효과에 비해 비용이 많이 드는 행동을 수행하고 싶은 유혹을 견뎌내야만 한다. 그는 대중에게 거짓말을 할 수도 있지만 결코 자신을 속여서는 안 된다. 무엇보다 국가를 실제로 위협하는 것이 무엇인지를 이해하고, 그에 대한 조치를 취해야 한다.

2009년 텍사스 주 포트 후드Fort Hood 미군기지에서 발생한 총격사건을 제외하면, 9·11 테러는 지난 10년간의 전쟁에서 미국에 가해진 가장 성공적인 공격이었다. 뉴욕과 워싱턴에 대한 이 일사불란한 공격은 다년간 여러 대륙에 걸친 작전의 결과였으며, 가장 헌신적이고 유능한 19명의 알카에다 요원들이 희생한 결과였다. 뉴욕에서는 세계무역센터가 파괴되었고 워싱턴에서는 펜타곤 건물이 크게 손상을 입었으며 미국인 3,000여 명이 사망했다. 하지만 3억 인구의 국가에게 있어, 그러한 공격의 물질적 결과는 사실상 경미한 수준이다.

이는 그 인명피해를 낮게 평가한다거나 그날 미국인들이 경험했던 공포를 무시하겠다는 의미가 아니다. 내 말의 요점은 단지 여러분들이나 나는 그 고통을 마음껏 아파할 수 있어도 대통령은 그럴 수 없다는 사실을 강조하려는 데 있다. 대통령은 국민들의 감정을 읽고 그들을 관리하며 이끌어야 하지만 자신의 개인적인 감정에 휩쓸려서는 안 된다. 그는 가차 없는 균형감각을 유지하는 동시에 계산적인 냉철함을 마음속에 감추고 있어야 한다. 만약 그가 감정에 휘둘리게 되면 국가의 장기적인 이해관계에 역행하는 결정을 내리게 된다. 대통령은 어쩔 수 없는 희생을 받아들이고 계속 전진해야 한다. 일본이 진주만을 공격했을 때 루스벨트는 복수를 부르짖었지만, 정작 마음속으로는 일본이 아니라 독일과의 전쟁에 주력하겠다는 결정을 내렸다. 대통령이라면 자신의 감정으로 전략을 결정해서는 안 된다는 사실을 그는 잘 알고 있었던 것이다.

클라우제비츠에 따르면 전쟁의 목적은 상대국이 저항할 수 없게 만듦으로써 자신의 의지를 그 나라에 강요하는 것이다. 이를 가능하게 만드는 가장 중요한 수단은 그들의 군대를 파괴하거나 국민들의 저항 의지를 약화시키는 것이다. 공포감이 조성되면 군대조차도 붕괴될 수 있다. 가령 몽골은 그들의 가차 없고 무자비한 잔학성을 널리 알려서 적을 무력화시켰다. 그리스의 도시국가들은 정복당할 경우 노예의 운명이 기다리고 있다는 두려움에 자극받아 죽을 때까지 싸웠다. 따라서 공포가 주는 순수효과는 예측하기 어렵다.

2차 세계대전 당시 독일이나 영국 양측 모두는 독일에 의한 '야간 지역 폭격(nighttime area bombing)'의 목적을 솔직히 인정했다. 민간인을 표적으로 삼는 것은 대중들 사이에 공포감을 조성하려는 전술이며, 이를 통해 전시경제를 운용하는 민간인들의 효율을 저하시키거나, 극단적으로는 그들이 자국의 정권을 향해 봉기를 일으키기를 바라는 것이다. 미군은 일본에 목조건물이 대부분이라는 점을 이용해 소이탄으로 같은 목표를 추구했다. 미 공군은 재래식 무기를 사용하여 사흘간 도쿄를 폭격했고 10만 명의 민간인이 사망했다. 이는 원자폭탄이 투하된 히로시마의 경우보다 더 많이 사망한 것이다. 하지만 독일이나 영국에서와 마찬가지로, 원자폭탄이 등장하기 전까지 공포 전략은 성공하지 못했다. 민간인 지역에 대한 폭격은 정부에 대한 믿음을 허물어뜨리기는커녕 전쟁에 대한 대중의 지지를 더욱 높여주는 결과를 낳았다. 공격은 분노를 자극할 뿐만 아니라 패배의 결과가 생각조차 못할 정도로 끔찍하다는 점을 부각시킬 가능성이 높아진다. 만약 적이

전쟁 중 그저 민간인을 죽이기 위해 그 정도로 자원을 쓸 정도라면, 전쟁이 끝났을 때는 무슨 짓을 하게 될지 상상해보라. 공포감은 적을 쉽게 악마로 만들며, 항복을 생각할 수도 없게 만든다.

재래식 전쟁에서는 대규모 병력이 공포를 만들어낸다. 하지만 소수에 의해 수행되는 비밀작전에 의해서도 공포가 조성될 수 있다. 그것이 바로 특수전이다. 한때 이런 작전은 요인암살에만 한정되어 있었다. 하지만 고성능 폭탄의 발명과, 여객기 등과 같이 고폭탄의 위력을 배가시키는 수단의 발명 이후, 특수부대의 테러리즘은 다수의 사상자를 발생시키는 것 자체를 목적으로 민간인에 초점을 맞추고 있다.

여기서 군사적 목표를 추구하는 특수부대와 테러를 목적으로 민간인을 표적으로 삼는 특수부대를 구분하는 것이 중요하다. 1944년 프랑스 레지스탕스는 침략자의 전쟁수행 능력에 타격을 가하기 위해 독일의 수송시설을 공격했다. 하지만 테러를 일으키는 특수부대의 목표는 적군에게 피해를 입히는 것이 아니라 일종의 무력감을 심어주고 적의 사기를 약화시키는 것을 목표로 한다. 때로는 그 관객이 표적 국가가 아니라, 그 외 세상의 여론인 경우도 있다. 9·11 테러가 바로 그 경우에 해당한다.

테러리즘은 공포감과 무력감, 분노를 발생시킴으로써 여론을 바꾸어 놓는다. 테러가 발생한 직후에는 정부의 보호와 테러리스트 응징을 요구하는 여론이 형성된다. 공격이 효과적일수록 대중은 더 큰 공포감에 사로잡히고, 정부는 공격적이고 가시적으로 대응하도록 더 큰 압박을 받는다. 한 번 더 강조하자면 테러와 직면한 상태에서 대통령은 대중에게 자신이 그들의 정서에 공감하고 있음을 확신시키면서 안전과 복수를 바라는 그들의 갈망을 충족시켜줄 것처럼 행동해야만 한다.

9·11 테러 이후 취해진 수많은 조치들 중 대체로 이런 상징적 의미만을 가지고 있었던 대책이 바로 공항의 보안체계를 강화하는 것이었다. 수십억 달러의 예산이 투입되고 막대한 승객들이 불편을 겪었음에도 불구하고 훈련받은 테러리스트들은 여전히 폭발물이나 기타 무기를 소지한 채로 보안체계를 통과할 수 있었다. 일부 테러리스트는 아예 단념했을 수도 있고, 보안체계에 적발당한 자들도 있을 것이다. 하지만 공항 보안이 강화되어 위협이 감소할 수는 있어도 그 가능성을 완벽히 통제할 수는 없다.

간단히 말해서, 확실하게 테러리스트를 적발할 수 있으면서, 항공운송이 효율적으로 기능할 수 있는 보안체계는 존재하지 않는다. 이스라엘의 국영항공사 엘알EL AL이 종종 모범사례로 제시되곤 하지만 그들은 단 35대의 항공기만을 보유하고 있을 뿐이다. 미 교통통계국에 따르면 미국의 전체 항공기는 8,000대이며 하루에 2만 6,000회 이상 이륙이 이루어지고 있다. 미 교통안전청은 2009년 일일 평균 180만 명의 승객을 검색했다고 밝혔다. 이는 엄청난 수치가 아닐 수 없다.

공항을 통과하는 모든 승객을 검색하는 데도 한계가 있다는 사실이 우리에게 말해주는 것은 분명하다. 만약 알카에다가 9·11 테러 이후 지난 10년 동안 미국을 공격하지 못했다면 그것은 보안 예방조치 덕분이 아니다. 심지어 공항 보안체계를 만든 사람들도 그것이 효과가 있을 것이라고 기대했을지 의문이다. 그들의 진짜 목적은 표면적으로 각종 조치들이 취해지고 있다는 사실을 눈앞에 보여줌으로써 대중을 진정시키는 데 있다. 겉치레와 불편이 크면 클수록 보안체계는 더욱 위안이 되는 것처럼 보인다.

하지만 폭약의 정교함이 나날이 향상되면서 한 개인이 소지한 폭발물 하나가 수십 명의 인명을 해칠 수 있다. 자동차나 트럭에 실은 폭발물로 수백 명의 인명을 살상할 수 있으며, 비행기를 폭탄처럼 사용해서 수천 명을 죽이는 것도 가능해졌다. 세상은 온갖 종류의 폭발물로 넘쳐나고 있으며 미국 본토의 육상 국경선은 1만 5,000킬로미터에 달한다. 게다가 미국은 무역국이기 때문에 하루가 멀다 하고 엄청난 숫자의 배와 비행기, 트럭들이 몰려들고 있다. 이러한 운송수단 중 어떤 것이라도 다른 사람을 죽일 각오가 된 사람이나 폭발물을 싣고 있을 수 있다. 또한 3억이나 되는 미국인들 중에도 언제든 공격에 나설 수 있는 자생적 테러리스트가 얼마든지 존재할 수 있다.

이와 같은 이유에서 미국과 같은 국가의 진정한 국토안보는 불가능하며, 앞으로 10년 동안에도 그것은 여전히 불가능한 과제로 남아 있을 것이다. 여기에는 딱히 묘책이라고 할 만한 것이 없다. 이슬람 테러리스트를 제거하는 것도 역시 불가능한 일이다. 위협을 감소시키는 것은 가능하지만 바라는 정도가 크면 클수록 비용도 증가한다. 무제한의 가능성과 유한한 자원 상황을 고려한다면 테러를 저지하려는 지속적인 노력에도 불구하고 미국에 대한 공격이 계속될 것이라는 말도 전혀 틀리지 않다.

미국 대통령은 이런 사실을 수정구슬 보듯 분명하게 알고 있어야 하며, 언제나 알고 있는 사실에 근거해서 행동해야 한다. 하지만 이와 같은 한계를 절대 대중들에게 시인해서는 안 된다. 그는 적을 분쇄하고 국토를 보호하기 위해 자신이 할 수 있는 모든 것을 다하고 있음을 지속적으로 보여주어야 하며, 실제로는 그렇지 않다는 사실을 잘 알고 있으면서도 언제나 이슬람 테러리즘을 근절시키는 것이 가능하다는 인상을 전달해야만 한다.

우리가 다가올 10년에 대한 정책 결정에 착수할 때 무엇보다 중요한 점은, 감당할 수 없는 위협에 대비해 미국의 모든 자원을 투여하는 것이 무의미할 뿐만 아니라 그로 인해 다른 적, 다른 공격의 기회를 허용한다는 것이다.

비록 테러리즘이 미국인을 죽이고 뿌리 깊은 불안감을 조성할 수도 있지만 테러리즘을 근절시키려는 열망에만 집착하는 것은 미국을 전략적으로 약화시킬 수 있다(게다가 이미 약화된 상태다). 이것은 다음 10년 동안 미국의 리더들이 고려해야 할 중요한 사항이다. 테러리스트에 의해 수천 명의 미국인들, 나 자신은 물론 내가 사랑하는 사람들까지 살해당하는 일이 벌어질 수도 있지만 테러리즘을 다른 모든 문제보다 우월한 지위로 격상시켜서는 안 된다. 언제나 전략은 위협과 균형을 이루어야 한다.

테러리즘과 대량파괴무기

다가올 10년 안에 드러나게 될 또 하나의 불쾌한 현실은 대량살상무기이며, 이는 테러리즘과 별개의 문제로 다루어져야 한다. 그와 같은 무기가 존재한다는 사실은 미국을 지도할 대통령들로 하여금 종종 격렬한 반응을 보이게 만든다. 핵무기가 초래할 수 있는 피해는 통상적 테러리즘의 피해와 비교가 되지 않는다. 통상적인 테러리즘은 웬만해선 전략적인 수준에 도달할 수 없는 반면, 대량살상무기는 한 국가의 물질적 상황에 깊은 영향을 미칠 수 있다.

다시 부시의 이야기로 돌아가 보자. 9·11 테러에 대한 그의 반응에는 단순히 일반적인 테러리즘을 저지하려는 것 이상의 뭔가가 존재했다. 그날 이후 부시 행정부는 핵무기 하나가(구체적으로는 구소련 시대의 서류가방 폭탄) 도난당했으며 그것이 알카에다의 수중에 들어갔을 수도 있다는 정보를 받았다. 따라서 2001년의 마지막 분기 동안 부시 행정부 주위를 맴돌던 망령은 언제든 미국의 도시가 핵무기에 의해 파괴될 수 있다는 것이었다.

부시 행정부의 초기 노력을 규정한 것이 바로 이 위협이었다. 대통령과 부통령은 같은 시기에 같은 도시에 머문 적이 한 번도 없었으며, 모든 정보조직과 안보기구들은 무기를 찾으라는 명령을 받았다. 그들이 전혀 폭탄을 찾지 못했거나 아니면 처음부터 무기가 아예 존재하지 않았던 것처럼 보였다. 여러 해에 걸쳐 제대로 관리되지 못했기 때문에 제대로 작동하지 않을 수도 있었고, 아니면 정부가 그것을 가로챈 뒤 그 사실을 공개하지 않기로 했는지도 모른다.

어쨌든 대량살상무기, 특히 핵무기는 결코 용납될 수 없는 등급의 위협을 의미했다. 실제로 미국의 사회기반시설과 인구를 파괴하려면 많은 핵무기가 필요하다. 하지만 단 하나의 핵무기에 의한 한 번의 공격만으로도 상당 기간 동안 국가를 마비시킬 정도로 미국 국민들의 사기를 불안정하게 만들 수 있다.

이스라엘에서 자주 발생하는 자살폭탄공격처럼 수십 명이 목숨을 잃게 되는 소규모 테러공격으로는 3억 인구 중 특정 개인이 희생자가 될 확률이 대단히 낮다. 평범한 사고나 질병으로 1년 만에 죽게 될 확률이 자살폭탄공격으로 죽음을 당하게 될 확률보다 훨씬 큰 셈이다. 9·11 테러 이후 위험에 대한 인식이 왜곡되어 한동안 사람들은 항공여행이나 사람들이 많이 모이는 장소, 주요 건물을 피하려고 했다. 하지만 시간이 흐르면서 사람들은 자신이 공격의 대상이 될지도 모른다는 위기의식을 서서히 망각해갔다. 공항이나 정부청사나 시어즈 타워, 엠파이어스테이트 빌딩에 들어갈 때 대부분의 사람들 머릿속에는 위험이란 인식이 있었다. 하지만 시간이 흐르면서 잘못된 순간, 잘못된 장소에 있다는 위험의 인식은 일반적인 배경 소음들에 묻혀버렸다. 9·11 테러 직후에는 많은 사람들이 테러로부터 안전할 수 있도록 모든 단계의 조치를 취해달라고 요구했지만, 그 요구는 결국 과도하고 불편하며 사생활마저 침해한다는 실망과 항의로 바뀌었다.

하지만 대량살상무기의 경우, 발생 가능성이나 공포의 지속성은 통상적 테러의 경우와 완전히 다르다. 한 발의 핵폭탄으로 미국의 도시 하나가 파괴됐다고 가정해보자. 일단 대량살상무기로 어떤 도시를 파괴한 후 테러리스트들이 다음으로 노리게 될 표적은 상대적으로 소규모가 될 가능성이 크다. 하지만 대도시에 살고 있는 사람들은 적이 대량살상무기를 여전히 보유하고 있으며 언제든 공격을 재개할 수 있다는 즉각적이고 당연한 공포감을 느끼게 될 것이다.

테러리스트의 관점에서 볼 때 핵무기를 인구밀도가 낮은 소도시인 워싱턴 주 스포케인Spokane이나 메인 주 뱅고어Bangor를 공격하는 데 사용하는 것은 멍청한 짓이다. 정치적, 경제적, 사교적 삶의 중심지는 바로 대도시이기 때문이다. 따라서 대도시가 공격을 받을 경우 공포에 질린 시민들이 그곳을 버리고 대피하게 되면, 대혼란이 초래될 뿐만 아니라 모든 경제와 통신체계가 버려진다. 완전히 무작위적인 위협이 제기하는 대량학살의 공포에 대해 사람들이 보여주는 이런 반응이 바로 대량살상무기를 사용하는 테러리즘의 목표라 할 수 있다.

1960년대 말부터 팔레스타인인, 유럽인, 일본인 조직 등 다양한 테러리스트들이 활동해왔다. 이들 대부분은 대량살상무기를 사용해 피해를 일으킬 수 있는 기회가 온다면 바로 그것을 포착하려 할 것이다. 이들 중 다수집단은 알카에다보다 기술적으로 훨씬 더 정교한 능력을 갖고 있다. 그렇다면 이제까지 대량살상무기를 사용해 효과적인 공격이 이루어지지 않았던 이유는 무엇일까?

간단하게 답하자면, 대량살상무기를 제작하고 배치하는 것이 생각하기에는 쉬울지 몰라도 실제로는 어렵기 때문이다. 기존의 대량 살상무기는 워낙 소수에 불과하고 집중적인 보호를 받고 있으며 이동이 어려울 뿐만 아니라, 누군가를 죽이기 전에 테러리스트 자신이 먼저 죽게 될 확률도 상당히 높다. 구소련 시절의 핵무기나 화학무기, 생물학 무기들이 암시장에 등장했다는 보고가 많이 있었다. 하지만 대부분의 매매 제안은 테러리스트들을 함정으로 유인하려는 정보기관의 작전이었다.

만약 내가 테러리스트이고, 전직 소련군 대령에게 서류가방 핵폭탄(suitcase nuke)을 사지 않겠냐는 제안을 받았다고 치자. 도대체 무슨 수로 지금 내가 보고 있는 것이 진짜 핵폭탄인지, 아니면 전선과 깜박이 전구만 채워 놓은 물건인지 구분할 수 있겠는가? 화생방 무기의 경우에도 똑같은 불확실성이 존재한다. 정보기관은 실제로 대량살상무기를 판매하고 있는 자가 누구인지 알지 못해도 그 고객들에게 겁을 주어 접근하지 못하게 만들 수 있다. 결국 정보기관의 함정수사를 목적으로 나온 대량살상무기가 진짜 무기상의 매물보다 100대 1의 비율로 더 많기 때문에 대량살상무기를 구입하려는 욕구도 크게 감소했다.

물론 그와 같은 무기를 직접 제작하는 대안도 있다. 매년 몇몇 대학생들은 핵무기 제작 설계도를 인터넷에 올리고 있다. 그 도안과 성공적인 제작 사이에는 다음과 같은 단계들이 존재한다. 모든 필요한 전기회로, 케이스 등과 함께 핵분열 물질을 확보해야 하고, 그런 다음 핵분열 물질을 폭발시키기 위해 허용 가능한 오차범위 내에서 그것을 정밀하게 가공할 수 있는 공작기계를 구해야 한다. 일단 재료와 장비가 모두 확보됐다면 이제는 실제로 그것을 제작할 수 있는 전문가를 고용해야 하며, 그가 작업하고 생활하는 데 필요한 안전한 시설물도 찾아야 한다. 이런 고난의 과정에서 매 단계를 거칠 때마다 발각될 확률은 점점 더 높아진다. 비록 고도의 감시망을 피해 핵물질을 구입할 수 있다 해도 핵무기를 만드는 데 필요한 고도로 특화된 공작기계를 생산하는 업체는 쉽게 찾을 수 없다. 만약 어떤 개인이 아메리칸 익스프레스 신용카드를 들고 나타나 이런 기계를 주문한다면 정보기관의 감시망에 포착될 확률이 대단히 높을 것이다.

생화학무기의 경우, 우리는 핵무기와 똑같은 위험에 더해, 유일한 희생자가 바로 자기 자신과 주변인물이 될 가능성도 추가해야 한다. 생화학 무기는 그것을 살포해야 한다는 측면에서 추가적인 복잡성을 안고 있다. 한 일본인 집단이 사린가스라는 극도의 치사율을 가진 신경작용제를 도쿄의 지하철역에 살포했을 때, 가스에 의한 오염은 국부적인 수준에 그쳤고 소수의 사망자만 발생했다. 사람들은 항상 이런저런 무기가 극소량만으로도 도시 전체를 전멸시킬 수 있다는 식으로 떠들어댄다. 분명 맞는 말이다. 하지만 일단 그것을 주위에 널리 퍼뜨릴 수 있는 방법부터 생각해내야 한다.

무에서 핵무기를 개발해낸 국가는 미국이 유일하다. 영국은 미국의 연구에 기여한 대가로 핵무기를 얻었다. 프랑스 또한 미국으로부터 기술을 확보했으며 그것을 이스라엘에도 나누어주었다. 러시아는 미국으로부터 핵무기 지식을 훔쳤고, 그런 다음 중국과 인도에 전수했다. 중국은 그 기술을 파키스탄에 넘겼다. 여기서 내가 말하고자 하는 요점은 독립적인 연구 프로그램을 통해 이들 무기를 개발하는 일은 엄청나게 어렵다는 것이다. 바로 그런 이유로 이란은 아직도 분투 중이고 북한 역시 제대로 된 핵무기를 보유하지 못하고 있는 것이다.

금융위기가 미국의 국내적 불균형을 초래한 것처럼, 9·11 테러는 전략적 불균형을 만들어냈다. 다음 10년 동안 미국은 이러한 문제들에 대처해야 하고 어려운 결정들을 내려야 할 것이다. 지역적 패권국가가 미국의 국가 이익에 위협을 가하는 사태를 방지하기 위해 고안된 전략이 힘의 균형 전략이다. 이는 여러 지역에 미국의 주둔이나 개입을 요구한다. 따라서 다음 10년은 이러한 국가 이익을 추구할 수 있도록 미국의 전략을 재정의하는 시기가 될 것이다. 이것은 테러와의 전쟁을 넘어서는 것이고, 전 세계는 물론 각각의 지역에 대해서도 미국의 국가 이익을 재정의하는 것을 의미한다. 이런 논의를 시작하기에 가장 적당한 지역이 바로 이스라엘이다.

정책을 재정의하라:
미국-이스라엘
관계

Redefining Policy: The Case Of
Israel

미 국이 유지하고 있는 수많은 국제관계 중에서 이스라엘만큼 복잡한 관계도 없다. 게다가 미국과 이스라엘의 국민들조차도 이 두 국가 간의 관계를 제대로 이해하지 못할 정도다. 미국-이스라엘 관계는 미국과 이슬람 국가들의 관계에 독이 될 뿐만 아니라 중동에서의 분쟁 종식을 복잡하게 만드는 것처럼 보인다. 게다가 어떤 사람들은 이스라엘이 미국의 외교정책에 영향력을 행사한다고 믿기까지 하는데, 문제는 이것이 이슬람 근본주의자들에게만 국한된 관점이 아니라는 데 있다. 이처럼 복잡한 현실, 그리고 미국-이스라엘의 관계에 대한 훨씬 더 복잡한 대중의 인식은 다음 10년 동안에도 계속해서 미국의 세계전략과 관련된 근본적인 문제가 될 것이다.

미국-이스라엘의 관계는 이상주의자들과 현실주의자들이 벌이는 외교정책 관련 논쟁에서 하나의 사례 연구가 되고 있다. 미국-이스라엘의 밀접한 관계는 국가 이익뿐만 아니라 미국이 자신과 유사한 정권을 지원해야 한다는 도덕적 믿음에 바탕을 두고 있다. 물론 후자의 개념은 격렬한 철학적 논쟁거리를 제공한다. 이상주의자는 이스라엘 정치체제의 성격에 초점을 맞춘다. 이스라엘이 바로 독재자들의 바다에 떠 있는 민주주의 섬이라는 것이다. 하지만 동시에 팔레스타인을 대하는 방식 때문에 이스라엘이 모든 도덕적 권리를 상실했다고 주장하는 사람들도 있다. 현실주의 진영에는 이스라엘이 미국과 아랍의 관계개선에 방해가 된다고 주장하는 사람들과, 테러와의 전쟁에서 미국의 동맹이라고 주장하는 두 부류의 사람들이 있다.

전략적 이해관계와 도덕적 이해관계를 하나로 통합하는 일관적인 노선을 찾기가 이보다 더 어려운 지역은 아마 세계 어디에서도 없을 것이다. 이처럼 복잡한 상태를 있는 그대로 이해하기 위해 우리는 먼저 과거로 돌아가야만 한다.

중동의 역사가 아주 오래되었다는 점을 고려할 때, 오늘날의 지정학적 상황을 이해하기 위해서 불과 13세기까지만 거슬러 올라가도 된다는 사실은 다행이 아닐 수 없다. 13세기는 비잔틴 제국이 쇠퇴하고 흑해와 지중해 동부에 인접한 영역의 지배권이 오스만 제국(터키)의 손에 넘어간 시기였다. 1453년까지 오스만 제국은 콘스탄티노플을 점령했고 16세기 무렵 한때 알렉산더 대왕의 수중에 있었던 대부분의 지역을 정복했다. 지중해 동부 해안지역을 비롯해 북아프리카와 그리스, 발칸지역 대부분이 콜럼버스 시대부터 20세기까지 오스만 제국의 지배하에 있었다.

하지만 독일과 동맹을 맺었던 오스만 제국은 1차 세계대전에서 패하면서 이 모든 것을 잃었다. 전리품으로 승자의 손에 넘어간 지역들 중에는 오늘날 시리아로 알려진 오스만 제국의 커다란 속주도 포함되어 있었다. 전쟁 중 영국과 프랑스는 비밀조약인 사이크스-피코 협정Sykes-Picot agreement을 맺어 헤르몬Hermon 산에서 서쪽 해안까지 이어지는 경계선을 중심으로 아랍지역을 분할하기로 했다. 이로써 북쪽 지역은 프랑스가 지배하고 남쪽 지역은 영국이 지배하기 시작했다. 이후 계속된 분할을 통해 시리아뿐 아니라 레바논과 요르단, 그리고 이스라엘 같은 현대 국가들이 탄생했다.

프랑스는 나폴레옹 시대부터 이 지역에 대한 영향력을 추구해왔으며, 다수를 차지하는 이슬람 주민들 사이에서 아랍계 기독교인들을 보호하기 위해 노력했다. 1860년대 이 지역에서 벌어진 내전 기간 동안 프랑스는 이미 굳건한 관계를 유지하고 있던 파벌들과 동맹을 맺었다. 프랑스는 그 동맹을 유지하길 원했고, 1920년대에 마침내 그 지역에 대한 지배권을 장악한 프랑스는 시리아에서 마론교도Maronite(로마 가톨릭교회의 한 분파)가 압도적인 다수를 차지하는 지역을 떼어내 별개의 국가로 만들었다. 그 국가의 명칭은 그곳의 지형적 특징을 대표하는 레바논 산의 이름을 따서 레바논으로 지어졌다. 그 이전까지는 레바논은 국가로서 실체가 없었다. 그 국가의 주된 통합 요인은 주민들이 프랑스에 대해 친밀감을 느낀다는 것이었다.

남쪽에 위치한 영국의 지배 영역도 그와 유사하게 자의적으로 분할되었다. 1차 세계대전 당시 아라비아 반도의 히자즈Hijaz 서부를 지배하던 이슬람인들은 하심Hashimite 가문이었으며, 그들은 영국을 지원했다. 이에 대한 보답으로 영국은 전후에 그들을 아라비아의 지배자로 임명하겠다고 약속했다. 하지만 문제는 영국이 다른 부족들과도 똑같은 약속을 했다는 데 있었다. 쿠웨이트에 기반을 둔 경쟁 가문인 사우드Saud 가는 1900년에 터키와 전쟁을 개시했고, 아라비아 반도의 동부와 중앙을 장악하고자 했다. 결국 1차 세계대전 직후 발발한 투쟁에서 사우드 가문이 하심 가문을 물리치자 영국은 아라비아를 그들에게 주었다. 그것이 바로 지금의 사우디아라비아다. 하심 가문은 일종의 위로품으로 이라크를 받아 1958년 군사쿠데타로 권좌에서 축출당할 때까지 그곳을 지배했다.

아라비아에 남은 하심 부족 일원은 요르단 강의 동안의 북쪽 지역으로 이주했다. 요르단의 암만Amman에 자리한 이 새로운 보호령은 '요르단 강의 맞은편'이라는 의미인 트랜스요르단Trans-Jordan으로 알려졌다. 1948년 영국이 철수한 뒤 트랜스요르단은 현재의 요르단, 즉 레바논이나 사우디아라비아와 같이 과거에는 전혀 존재한 적이 없던 하나의 국가가 되었다.

요르단 강 서안(웨스트뱅크)과 헤르몬 산 남쪽에는 그 전까지 오스만 제국의 행정구역이었던 또 다른 영역이 존재했다. 그 지역의 대부분에 해당하는 영역은 '필리스틴Filistin'이라고 불렸다. 이것은 분명 1,000년 전 그들의 영웅인 골리앗이 다윗과 싸웠던 필리스틴인Philistines으로부터 유래된 이름이었다. 영국은 필리스틴이란 지명을 몇몇 고대 그리스어로 바꿔본 뒤, 이 영역의 새로운 이름으로 팔레스타인Palestine을 제시했다. 이 나라의 수도는 예루살렘이었으며, 자연히 이곳의 거주자들은 팔레스타인인으로 불렸다.

성서시대까지 거슬러 올라가는 계보를 주장할 자격이 있는 시리아를 제외하면 이들 지역들 중 어디도 공통의 역사나 정체성을 갖고 있지 않다는 점에서 국가라고 할 수 없었다. 영국과 프랑스의 발명품인 레바논과 요르단, 팔레스타인은 정치적 편의를 위해 창조되었다. 국가로서 그들의 역사는 단지 사이크스와 피코, 그리고 몇몇 영국인들이 아라비아에서 이중거래를 했던 시점까지만 거슬러 올라갈 뿐이다.

그러나 이것은 그 땅의 거주자들이 자기 삶의 터전과 아무런 역사적 연관성을 갖지 않는다는 의미가 아니다. 비록 그들의 고국은 아닐지라도 그 땅이 고향인 것은 분명하다. 그런데 거기에도 복잡한 현실이 존재했다. 오스만 제국 치하, 특히 팔레스타인에서는 토지의 소유방식이 절반 정도는 봉건적이어서 부재지주가 땅을 실제로 경작하는 '펠라Felaheen' 즉, 농부들로부터 소작료를 거두고 있었다.

이제 유대인을 살펴보자. 1880년대 이래로 유럽 유대인들은 중동으로 이주하여, 상대적으로 소규모였지만 수세기 동안 이곳에(그리고 대부분의 다른 아랍지역에) 존재했던 기존의 유대인 공동체에 합류했다. 유대인들의 이주는 시온주의운동의 일환으로, 그리고 국민국가라는 유럽적 개념에 자극 받아 성서시대에 유대인이 마지막으로 지배했던 지역에서 유대인의 고국을 창설하는 것을 목표로 했다.

이 지역에 들어온 소수의 유대인들은 유럽의 유대인들이 조성한 기금으로 구입한 땅에 정착했다. 대부분의 경우, 유대인들은 부재지주로부터 땅을 사들였으며, 아랍인들은 소작할 토지를 잃게 되었다. 유대인의 관점에서 그것은 합법적인 토지 취득이었지만, 아랍계 소작인들의 관점에선 자신들이 수 세대에 걸쳐 경작했던 토지에서 쫓겨난 것일 뿐만 아니라 생계수단을 박탈당하는 것이었다. 점점 더 많은 유대인들이 유입되었고, 토지의 소유권이 누구에게 있는지 모호한 경우가 많았기 때문에 토지 취득은 점점 더 교묘하고 심지어는 더욱 강압적으로 변해갔다.

아랍인들 대부분은 유대인을 외부의 침입자로 간주했다. 하지만 이들은 어쩌면 더 중요할 수도 있는 사안에 대해서는 의견을 달리했다. 팔레스타인의 거주자들은 어느 나라에 충성해야 하는가?

시리아는 레바논이나 요르단을 대하는 것과 같은 식으로 팔레스타인도 자신의 일부로 간주했다. 그들은 레바논과 요르단의 독립에 반대하는 것과 같은 이유로, 독립적인 유대인 국가를 반대했을 뿐만 아니라 팔레스타인의 독립도 반대했다. 시리아가 볼 때 사이크스-피코 협정은 오랫동안 지속된 시리아의 영토적 일체성을 파괴하는 행위였다.

원래 아라비아 반도 출신이었던 하심 부족은 팔레스타인과 더 큰 문제를 갖고 있었다. 요르단 강 동안으로 이주하긴 했지만 하심 가문은 아랍 부족이었다. 1948년 영국이 철수한 이후 그들은 자연스럽게 오늘날 요르단 강 서안 지역의 지배자가 되었다. 이 이주민들은 아랍의 민족성과 이슬람 신앙을 그 지역 토착민이었던 팔레스타인인들과 공유하고는 있었지만 문화적, 역사적 측면에서는 근본적인 차이를 지니고 있었다. 사실 두 집단은 서로에게 상당한 적대적 태도를 가졌다. 하심 부족(오늘날의 요르단)이 볼 때 팔레스타인은 법적으로 자신들의 것이었다. 적어도 이스라엘이 독립한 뒤 남겨진 지역에 대해서는 말이다. 실제로 팔레스타인에 유대인의 숫자가 점점 늘어나고 세력이 확장되자, 요르단의 하심 지배자들은 동유럽 및 다른 지역에서 새로 유입된 유대계 이주자들을 팔레스타인 토착민들을 견제하기 위한 동맹으로 여겼다.

이스라엘의 남서쪽에 위치한 이집트는 오스만 제국은 물론 영국과 프랑스의 지배를 받아왔다. 1956년 이집트에서는 군사쿠데타가 일어나 가말 압델 나세르Gamal Abdel Nasser가 권력을 잡았다. 나세르는 이스라엘의 존재 자체를 부정했지만 팔레스타인에 대한 매우 다른 비전을 갖고 있었다. 그의 꿈은 단일 아랍 국가, 즉 통일 아랍 공화국United Arab Republic을 창설하는 것이었으며, 실제로 시리아와 함께 잠시나마 그 꿈을 실현하는 데 성공하기도 했다. 나세르가 볼 때 아랍 세계의 모든 국가들은 제국주의의 부조리한 산물이며, 이들 모두는 가장 크고 강력한 아랍 국가, 즉 이집트의 지도하에 하나로 뭉쳐야 했다. 이런 관점에서 보면 팔레스타인이라는 국가는 존재하지 않으며, 팔레스타인인들은 그저 모호하게 정의된 특정 지역을 차지하고 있는 아랍 부족에 불과했다.

요르단을 제외한 모든 아랍 국가들은 이스라엘의 멸망을 원했지만, 어느 국가도 팔레스타인의 독립을 지지하지 않았고, 심지어 논의조차 하지 않았다. 1948년 이스라엘 독립전쟁 당시 이집트가 점령했던 가자지구Gaza Strip는 그로부터 20년간 이집트의 통치를 받았다. 요르단 강 서안지구(The West Bank)는 요르단의 일부로 남았으며, 시리아는 레바논뿐만 아니라 요르단과 팔레스타인을 모두 되돌려 받고 싶어 했다. 이 상태만으로도 상황은 대단히 복잡했다. 하지만 1967년의 6일 전쟁으로 상황은 더욱 복잡해졌다.

당시 이집트는 시나이 반도에서 유엔평화유지군을 추방하고 자국 군대를 배치했으며, 티란Tiran 해협과 바브엘만데브Bab el Mandeb 해협을 봉쇄하여 이스라엘의 에일라트Eilat 항구를 홍해와 단절시켰다. 이에 대해 이스라엘은 이집트뿐만 아니라, 예루살렘을 폭격한 요르단의 서안지구, 이스라엘 정착촌을 폭격한 시리아의 골란Golan 고원에 대해서까지 공격을 감행했다.

요르단 강 서안에 대한 점령을 포함한 이스라엘의 승리는 지역 정세를 완전히 바꿔놓았다. 예상치 않게 많은 수의 팔레스타인계 아랍인들이 갑자기 이스라엘의 지배하에 있게 되었다. 원래 이스라엘의 의도는 점령지와 항구적인 평화협정을 맞교환하는 것이었다. 하지만 6일전쟁 이후 수단의 하르툼Khartoum에서 개최된 회담에서, 아랍 국가들은 그 유명한 '삼불원칙(three no's)', 즉 협상 불가, 승인 불가, 평화 불가로 대응했다. 이런 상황들이 맞물리면서 결국 이스라엘은 이전 팔레스타인의 영역이던 점령지를 영구적으로 소유하게 됐다.

또한 팔레스타인 사람들이 개별적인 민족으로 간주되기 시작한 것도 바로 이 시점부터였다. 이집트는 그 전부터 팔레스타인해방기구(PLO)라는 조직을 지원하면서, 야세르 아라파트Yasir Arafat라는 젊은이를 그 조직을 이끌 책임자로 임명했다. 이집트의 나세르 대통령은 여전히 아랍연방이라는 이상에 집착하고 있었지만, 그의 지도를 받아들이려는 국가는 하나도 없었다. 나세르는 어느 누구에게도 머리를 숙일

마음이 없었고, 결국 PLO와 그것을 구성하는 알파타Al-Fatah 같은 조직들만이 자동적으로 팔레스타인 국가의 유일한 옹호자가 되었다.

요르단은 팔레스타인인들이 이스라엘 영토에 살게 됨으로써 이스라엘의 문젯거리가 됐다는 사실을 기쁘게 생각했다. 동시에 그들은 PLO를 기꺼운 마음으로 승인했으며, 이스라엘이 팔레스타인의 독립을 허용하지 않을 것이라는 사실에도 그에 버금가는 만족을 느꼈다. 시리아도 독자적으로 팔레스타인 해방 인민전선(PFLP) 같은 단체를 지원했는데, 그들은 이스라엘이 망해야 하고 팔레스타인은 시리아와 합병되어야 한다고 주장했다. 따라서 팔레스타인 민족자결주의에 대한 아랍세계의 인식은 통일되지도, 우호적이지도 않았다. 사실 팔레스타인에 대한 아랍의 지원은 그들 사이의 거리에 비례하여 증가하는 것처럼 보일 정도였다.

지금까지 개략적으로 살펴본 바에 따르면, 이스라엘의 권리에 대해 분개하는 도덕적 논쟁은 아주 복잡하다는 것을 알 수 있다. 이는 모든 미국 대통령이 다루어야 하는 과제다. 현대 이스라엘의 창설 과정에서 나타났던 대규모 인구이동 말고는, 유럽 유대인의 이주가 팔레스타인 민족의 붕괴에 기여한 것은 없다. 왜냐하면 그런 민족은 존재한 적이 없기 때문이다. 실제로도 팔레스타인의 민족적 정체성은 1967년 이후 이스라엘의 점령에 대한 저항을 통해 비로소 등장했을 뿐이다. 팔레스타인에 대한 아랍의 적대감은 유대인들의 그것 못지않다. 이런 현실에 영향을 받아 형성된 이스라엘의 외교정책은 현재의 정치질서를 이 지역에 강요하기 위해 이 현실을 적극적으로 활용하고 있다. 하지만 과거야 어찌됐든, 현재는 팔레스타인 민족이라는 자기 인식이 분명히 있으며, 이는 앞으로 미국의 정책이 반드시 고려해야 할 사항이다.

이렇게 복잡하게 뒤엉킨 역사가 모든 도덕적 판단에서 큰 비중을 차지하고는 있지만, 이와는 별개로 이 지역에 대한 미국의 정책은 두 가지 다른 기본적인 사실을 인정해야만 한다. 먼저 이스라엘의 역사적 주장이 무엇이든, 21세기의 관점에서 볼 때 유대인은 다른 대륙에서 이주해 온 정착민들로서 토착민들을 몰아냈다. 한편 미국인들로서는 아메리카 인디언들, 즉 토착민들을 훨씬 더 철저하게 몰아냈던 전력이 있기 때문에 팔레스타인인들의 땅을 강탈하고 토착민을 학대했다는 이유로 이스라엘인들에게 도덕적 비난을 가하기는 어렵다.

그보다는 루스벨트가 나치 독일에 대항하는 프랑스와 영국을 지지할 때 사용했던 논거가 도덕적으로 훨씬 더 설득력이 크다. 이스라엘 (요르단 강 서안과 가자지구를 제외한)은 민주주의 국가이며, 미국은 '민주주의의 무기고'다. 이는 미국이 민주주의 국가들에 대해 지정학을 초월하는 의무뿐만 아니라 특별한 관계를 갖고 있다는 것을 의미한다. 그러므로 미국은 다른 도덕적 혹은 심지어 지정학적 고려사항들을 배제하고 민주 국가인 이스라엘을 지원해야만 한다.

현실주의자들은 여기에 동의하지 않을 것이다. 그들은 어느 쪽의 도덕적인 주장도 미국의 정책에 영향을 미칠 수 없으며, 미국은 국가 이익에 따라 정책을 결정해야 한다고 주장한다. 하지만 내가 이미 주장했듯이, 도덕적 목적을 고려하지 않고 국가 이익을 추구할 경우, 국가이익은 천박하고 불완전해진다. 더 중요한 사실은 그 지역에서의 국가이익을 자신의 생각대로 정의하기가 대단히 어렵다는 것이다. 여기에도 도덕이 나침반이 있겠지만, 그것이 가리키는 방향은 하나가 아니다. 사실상 국가 이익을 추구하는 것은 겉보기보다 분명치 않다.

역사적 권리(historical claim)에 근거한 도덕성은 모든 당사자가 자신의 입장에서 주장할 수 있다. 단순한 도덕적 판단은 현장의 현실들을 다루지 않으며, 일관된 도덕적 입장에 도달하는 것조차도 대단히 힘든 일이다. 현실주의자의 입장에서는 그것을 찾아내기가 특별히 더 어려울 것이다. 따라서 문제는 향후 10년 동안 현실적 외교 정책이 도덕적 목적과 국가 이익에 기여하도록 하기 위해 어떻게 그 틀을 잡을 것인가이다. 그 답을 찾기 위해 우리는 이스라엘과 미국 간 관계의 역사를 고려할 필요가 있다.

미국과 이스라엘

1948년 미국은 이스라엘의 독립을 승인했다. 하지만 두 나라는 어떤 측면에서도 결코 동맹이라고 할 수 없었다. 비록 미국은 언제나 이스라엘의 존재 권리를 인정했지만, 결코 그 사실로 인해 실제 미국 정책이 영향을 받지는 않았다. 1948년 미국의 주된 관심사는 소련의 팽창을 억제하는 것이었으며, 주로 터키와 그리스에 초점이 맞춰졌다. 그리스에서는 공산주의 반란이 일어났다. 또한 그리스와 터키 모두 외부적인 소련의 위협을 받고 있었다. 미국이 볼 때 이 지역의 요충지는 터키였다. 소련의 흑해 함대가 지중해로 진입하지 못하도록 봉쇄하는 방법은 이스탄불의 좁은 해협, 즉 보스포루스 해협뿐이었다. 만약 보스포루스 해협이 소련의 수중에 떨어진다면, 소련은 미국의 힘에 도전하면서 남유럽까지 위협할 수 있게 된다.

중동에서의 미국의 봉쇄 전략에 대한 주요 장애물은 영국과 프랑스가 2차 세계대전 이전에 이 지역에서 누렸던 영향력을 재구축하려고

하는 것이었다. 소련은 아랍 세계와 좀더 긴밀한 관계를 맺기 위해 유럽의 책략에 대한 그들의 적대감을 이용하고자 했고, 실제로도 그렇게 했다. 그리고 나세르가 정권을 잡고 수에즈 운하를 국유화하자, 1956년에 사태가 악화되었다.

영국과 프랑스는 이집트가 수에즈 운하를 통제하는 것을 원하지 않았다. 당시 프랑스는 알제리에서 반식민주의 저항을 진압하기 위해 전투 중이었고, 레바논과 시리아에서는 자신의 영향력을 되찾기 위해 노력하고 있었다. 이스라엘도 이집트가 수에즈 운하를 통제하는 것을 원치 않았다. 1956년 이들 세 나라는 이스라엘의 이집트 침공을 위한 음모를 꾸몄다. 일단 이스라엘 군대가 운하에 도달하면, 영국과 프랑스 군대가 개입하여 이스라엘의 침입 및 이집트와의 잠재적인 충돌로부터 운하를 안전하게 지키기 위해 그곳을 장악한다는 계획이었다. 그러나 이것은 술 몇 잔을 마신 뒤 냅킨에 그렸을 때나 그럴듯해 보이는 발상이었다.

미국이 볼 때 그 모험은 실패할 수밖에 없었을 뿐만 아니라, 이집트를 소련 진영으로 떠밀어 그들이 강력한 전략동맹을 맺게 만들 수 있었다. 소련의 영향력을 증대시킬 수 있는 것이라면 그 무엇도 허용할 수 없었던 아이젠하워 행정부는 결국 수에즈 음모를 중단시키기 위해 영국과 프랑스를 철수시키고 이스라엘을 1948년 당시의 전선으로 후퇴시켰다. 1950년대 말까지만 해도 미국과 이스라엘은 그다지 특별한 관계가 아니었다.

이스라엘의 전략적 문제는 자국의 산업적, 군사적 기반으로는 국가 안보를 해결할 수 없다는 것이었다. 소련은 말할 것도 없고 이집트와 시리아, 그리고 잠재적으로는 요르단 같은 국가들의 위협에 직면해 있음에도 불구하고 이스라엘은 자국을 방어하는 데 필요한 무기를 생산할 수 없었다. 지속적으로 무기공급을 받기 위해 이스라엘은 강력한 후견국을 필요로 했다.

이스라엘의 첫 번째 후견국은 소련이었다. 소련은 이스라엘이 영국에 반대하며, 나아가 자신들과 동맹을 맺을 수도 있는 국가라고 보았다. 소련은 체코슬로바키아를 통해 이스라엘에 무기를 공급했지만 이 관계는 곧 붕괴됐다. 이어서 알제리에서 여전히 전투를 수행하고 있던 프랑스가 소련을 대신해 이스라엘의 원조국으로 나섰다. 아랍 국가들이 알제리 반군을 지원하고 있었기 때문에 프랑스의 관심사는 반대편에 서 있는 이스라엘을 강력한 우방으로 확보하는 것이었다. 그래서 프랑스는 이스라엘에 항공기와 전차, 그리고 핵무기 개발에 필요한 기초기술을 제공했다.

이때까지도 미국은 중동지역에 대한 폭넓은 전략 목표에서 이스라엘을 그다지 중요하지 않은 존재로 간주하고 있었다. 하지만 수에즈 문제가 발생한 뒤 자신의 전략적 관계들을 재고하기 시작했다. 미국은 이집트를 대신해 수에즈 문제에 개입했지만, 그럼에도 불구하고 이집트는 소련 진영으로 넘어가버렸다. 프랑스와 영국이 남겨둔 시리아와 이라크의 정권들은 태생적으로 불안정했으며, 군사력에 의한 아랍민족주의를 추구하는 나세르 독트린에 대단히 영향 받기 쉬운 상태에 있었다. 시리아는 이미 1956년부터 소련 진영으로 넘어가기 시작했지만, 1963년 좌익 군사쿠데타가 일어난 뒤로는 그와 같은 노선이 더욱 강화됐다. 그리고 같은 해 이라크에서도 비슷한 성향의 쿠데타가 발생했다.

1960년대에 들어서자 아랍에 대한 미국의 지원은 점점 더 회의적으로 보이기 시작했다. 이스라엘에 대한 미국의 지원은 식량이 전부였음에도 불구하고 아랍 세계는 단호하게 반미로 돌아섰다. 게다가 소련은 미국과는 달리 여러 프로젝트에 자금을 지원할 준비가 되어 있었다. 그리고 소련이라는 모델은 아랍 사회주의자들의 눈에 매력적으로 비쳐졌다. 미국은 한동안 거리를 유지하면서 프랑스가 이스라엘과 관계를 유지하도록 하는 수준에서 만족하고 있었다. 하지만 미국이 중동의 반소련 정권들에 방공 무기체계를 공급하기 시작했을 때, 이스라엘도 그 명단에 포함되었다.

1967년 샤를 드골은 알제리 전쟁을 끝내고 프랑스와 아랍 세계의 관계를 회복하는 방안을 추구했다. 그는 이스라엘이 이웃 나라들을 공격하는 것을 원하지 않았다. 하지만 이스라엘이 그의 요구를 무시하고 6일전쟁을 개시하자 프랑스도 이스라엘에 대한 무기공급을 중단했다. 1967년 6일전쟁에서 이스라엘이 이웃 아랍 국가들을 상대로 승리를 거두자 미국에서는 친이스라엘 지지자들이 생겨났다. 당시 미국은 베트남이라는 수렁에 빠진 채 허우적거리고 있을 때여서 이스라엘이 미국인들에게 다시 활력을 불어넣어주는, 신속하고 결정적인 승리의 모델을 제공하는 것처럼 보였다. 이스라엘은 그런 정서를 활용하여 미국에게 적극적으로 다가갔다.

베트남 전쟁과 날로 악화되는 여론에 시달리던 린든 존슨Lyndon Johnson 대통령은 이스라엘의 군사적 승리에 대한 미국 대중들의 열광이 두 가지 측면에서 유익하다고 판단했다. 첫째, 어떤 전쟁에 대한 지지를 보내는 세대는 베트남 전쟁에 대한 지지를 강화시켜줄 것이다. 둘째, 이스라엘의 승리는 이집트와 시리아에서 소련의 영향력을 더욱 강화시켰고, 이는 이스라엘을 미국의 유용한 동맹국으로 만들고 있다.

미국-이스라엘의 관계를 위한 전략적 기초가 출현한 것이다. 소련은 1960년대 중반 시리아와 이라크에 진출했으며, 이미 양국의 군대를 양성하고 있었다. 미국의 동맹국들이 소련을 포위하자 이에 대처하는 소련의 전략은 그들의 배후에 있는 나라들을 동맹으로 끌어들인 뒤 그들에 대한 정치적, 군사적 압력을 강화하는 것이었다.

미국의 전략적 사고에서 언제나 중심에 있었던 터키는 소련에게도 전략적인 요충지였다. 1967년 이전에 일어난 시리아와 이라크의 쿠데타는 미국의 전략적 문제를 더욱 심화시켰다. 터키는 북쪽으론 강력한 소련과 남쪽으론 소련에 의지하는 두 국가들(soviet clients) 사이에 끼어 있는 상태가 되었다. 소련이 이라크와 시리아에 군대를 배치했다면 터키는 곤경에 처했을 것이며, 동시에 소련을 봉쇄하기 위한 미국의 전반적인 전략도 그러했을 것이다.

이제 이스라엘은 미국이 발판으로 삼을 수 있는 전략적 자산이 되었다. 미국은 이라크의 군사력을 억제하기 위해 이란을 무장시켰다. 이는 이란이 소련과 국경을 마주하고 있었기 때문에 그 자체로도 중요했다. 이스라엘은 소련과 국경을 맞대고 있지는 않지만 시리아와 접해 있다. 친미 성향의 이스라엘은 시리아를 억제하는 한편, 시리아에 대한 소련의 군사적 전개를 더욱 복잡하고 위험하게 만들었다. 또한 이스라엘은 이집트와도 대립하고 있었다. 소련은 이집트군을 무장시켰을 뿐만 아니라 이집트의 알렉산드리아 항구를 해군기지로 사용하고 있었으며, 이는 지중해에 있는 미국 6함대에 대한 위협으로 발전할 수 있었다.

일반적인 인식과는 반대로, 이집트와 시리아가 친소 성향으로 기울어진 이유는 미국이 이스라엘을 지원했기 때문이 아니다. 실제로는 그 반대였다. 이집트의 입장 변화와 시리아의 쿠데타가 먼저 일어난 다음 미국이 프랑스를 대신해 이스라엘에 무기를 공급하기 시작했으며, 이 것은 사실 이집트와 시리아의 정책에 대응하면서 전개된 상황이었다. 일단 이집트와 시리아가 소련 쪽으로 돌아서자 이스라엘을 무장시키 는 것이 이집트와 시리아를 억제함과 동시에 이들 국가에서 소련이 방 어적인 자세를 취하게 만드는 저비용 해법으로 등장했다. 이것은 미국 이 지중해를 장악하고 터키가 받는 압박을 완화하는 데 큰 도움이 되 었다. 바로 이 시점부터 (도덕적인 이유가 아니라) 전략적인 이유로 미 국은 이스라엘에 많은 지원을 제공하기 시작했다.

미국의 전략은 효과를 발휘했다. 1973년 이집트는 소련을 축출했 다. 그리고 1978년 이스라엘과 평화조약에 서명했다. 비록 시리아가 친소 진영으로 남아 있기는 했지만, 소련이 이집트에서 축출된 것만으 로도 지중해에서의 소련의 위협은 둔화됐다. 하지만 그러는 사이에 또 다른 위협이 부상하기 시작했다. 그것은 팔레스타인 테러리즘이었다.

PLO는 나세르에 의해 아라비아 반도의 군주국들과의 투쟁을 확장 하기 위한 일환으로 만들어졌다. 그는 각국의 왕족들을 쓰러뜨리고 그 국가들을 자신의 통일아랍공화국으로 통합시키고자 했다. 아라비아 반도의 불안정을 가중시켜 미국을 약화시키길 원했던 소련 정보당국 자들이 PLO 요원들을 훈련시키고 실전에 투입시켰다. 1970년 9월 PLO의 야세르 아라파트가 미국의 핵심 동맹국이자 이스라엘의 비밀 동맹국인 요르단의 지배세력인 하심 가문에 대한 봉기를 기도하자 상 황은 위기로 치달았다. 이때를 놓치지 않고 시리아는 기갑부대를 남쪽 으로 이동시켜 요르단에 진입했다. 이것은 분명 요르단의 혼란을 이용 해 요르단에 대한 시리아의 권리를 주장하려는 의도에서 나온 행동이었다. 그러자 이스라엘 공군이 개입하여 시리아를 저지했고 미국은 파키스탄 병력을 공수해 요르단을 지원했다. 이 전투에서 약 1,000명의 팔레스타인 민간인이 사망했고 아라파트는 결국 레바논으로 도주하고 말았다.

이 분쟁은 검은 9월단Black September으로 알려진 테러집단의 기원이 되었다. 그들은 무엇보다도 1972년 뮌헨올림픽에서 이스라엘 선수단에 대한 학살을 감행했다. 검은 9월단은 아라파트의 파타당에 속한 비밀무장단체였지만, 유럽에서 소련의 이익을 위해 활동함으로써 특별히 더 중요해졌다. 1970년대 동안 소련은 프랑스와 이탈리아, 독일 등 여러 국가에서 테러리스트 집단을 동원하고, 아일랜드공화국군(IRA) 같은 조직들을 지원하면서 불안정화 전략을 추진해왔다.

팔레스타인은 이 '테러리스트 인터내셔널(terrorist international)'에서 주요세력으로 부상했다. 상황이 이렇게 전개되자 미국과 이스라엘의 관계는 더욱 긴밀해졌다. 나토의 불안정화를 막기 위해 미국은 소련의 지원을 받는 테러 조직들을 분쇄하려고 했다. 이스라엘도 나름대로 팔레스타인의 비밀작전 능력을 파괴하고 싶어 했다. CIA와 이스라엘의 정보기관 모사드Mossad는 이후 20년 동안 테러리스트 활동을 억압하기 위해 긴밀히 협력했다. 이러한 노력은 소련이 서구에 대해 유화정책(conciliatory policy)을 펼치게 되는 1980년대 중반까지도 약화되지 않았다. 이 기간 동안 CIA와 모사드는 또한 소련과 PLO의 비밀공작으로부터 아라비아 반도를 지키기 위해 협력했다.

1990년대 소련의 붕괴는(실제로는 레오니트 브레즈네프Leonid Brezhnev가 사망한 이후부터 시작된 정책 변화는) 이런 역학관계에 급격한 변화를 가져왔다. 터키는 더 이상 위험에 처해 있지 않았다. 이집트는 힘없이 쇠퇴하는 국가로 전락해 더 이상 이스라엘에 위협이 되지 않았다. 이 상황은 하마스Hamas에게도 꽤나 불리했다. 1987년에 창설된 하마스는 이집트 대통령 호스니 무바라크Hosni Mubarak의 정권을 위협하던 무슬림형제단Muslim Brotherhood에서 파생된 단체였다. 시리아는 고립된 채 레바논에만 집중했다. 여러 측면에서 요르단은 이제 이스라엘의 보호국이라 할 수 있다. PLO를 구성하고, 유럽에서의 테러리스트 활동을 지원해왔던 세속적인 사회주의 팔레스타인 운동의 위협은 크게 감소했다. 이스라엘에 대한 미국의 원조가 꾸준히 지속되는 동안 이스라엘의 경제는 팽창했다. 이스라엘로 유입되기 시작했던 막대한 미국의 원조는 1974년 당시 이스라엘 국내총생산의 21퍼센트에 이르렀다. 미 의회조사국에 따르면 오늘날은 약 14퍼센트를 차지하고 있다.

다시 말하지만, 미국-이스라엘의 협력이 아랍 세계에서 반미주의를 발생시킨 것이 아니라, 반미주의로 인해 미국-이스라엘의 공조가 이루어졌다는 사실을 이해하는 것이 중요하다. 1967년부터 1991년까지 미국과 이스라엘을 묶어주었던 이해관계는 분명하고도 실질적이었다. 따라서 1991년 이래로 양국 관계의 기초가 상당히 불확실해졌다는 사실을 이해하는 것도 그만큼 중요하다. 현재의 상황에서 미국이 이스라엘에게 바라는 것이 정확히 무엇이고, 이스라엘은 미국으로부터 무엇을 원하는지 질문해볼 필요가 있다. 다음 10년을 위한 미국의 외교정책을 고려할 때, 이스라엘과 정확히 얼마나 가까운 관계를 유지하는 것이 미국의 이익에 도움이 될지 반드시 생각해볼 필요가 있다.

이스라엘과 팔레스타인 사이의 권리에 대한 도덕적 문제의 경우, 역사적 증거는 오히려 혼란스럽다. 팔레스타인에서 유대인이 아무런 권리를 갖지 못한다고 주장하는 것은, 유럽인들이 아메리카나 오스트레

일리아에 대해 아무 권리를 갖지 못한다는 주장도 받아들일 각오가 되어 있을 때만 옹호할 수 있다. 동시에 이스라엘이 존재할 권리와 점령당하기를 원치 않는 팔레스타인 사람들의 생활터전을 이스라엘이 점령할 권리 사이에도 커다란 간격이 존재한다. 반면에 팔레스타인이 이스라엘의 존재 권리조차 인정하지 않으려는 상태에서 어떻게 이스라엘에게 통제권을 포기하라고 요구할 수 있을까? 도덕적 주장은 현기증이 날 만큼 어지러워졌으며, 어느 편이든 외교정책을 위한 토대가 될 수 없다. 민주주의를 지지하기 때문에 이스라엘을 지원한다는 것은 훨씬 더 설득력 있는 주장이지만, 그것조차도 국가 이익의 차원에서 접근해야 한다. 그리고 우리는 적어도, 미국이 이러한 원칙을 적용하는 데 있어서 일관되지 못했다는 점을 기억해야 한다.

현재의 이스라엘

오늘날 이스라엘은 전략적으로 안전하다. 이스라엘은 이웃 국가들 상호간의 적대감뿐만 아니라 그 중 일부 국가들의 이스라엘에 대한 의존을 활용해 그들 간의 지역적 힘의 균형을 창조함으로써 국경을 맞대고 있는 국가들 사이에서 지배적인 국가가 되었다.

지금까지 이런 지역 체제에서 가장 중요한 국가는 한때 이스라엘에게 가장 큰 전략적 위협을 가했던 이집트이다. 1970년대 이집트는 소련 편에 서서 이스라엘과 적대관계를 지속하는 것이 자국의 이익에 도움이 되지 않는다는 결정을 내렸다. 그리고 이런 결정은 평화조약으로 이어졌고 시나이 반도는 비무장지대가 됐다. 그럼으로써 이집트와 이스라엘 양측 군대는 서로 충돌하는 상황을 피할 수 있게 되었다. 이집트의 군사적 위협이 없다면 이스라엘은 안전했다. 왜냐하면 시리아는 단독으로는 이스라엘에 결정적인 위협을 가할 수 없기 때문이다.

이집트-이스라엘 사이의 평화는 언제든 붕괴될 수 있는 것처럼 보였다. 하지만 사실 그것은 대단히 강력한 지정학적 힘들을 바탕으로 이루어진 것이다. 지정학적이고 기술적인 이유들 때문에 이집트는 이스라엘을 패배시킬 수 없다. 이스라엘을 패배시키기 위해, 이집트는 시나이 반도를 관통하는 군수체계를 구축하여 수십만의 병력을 지원할 수 있어야 하지만, 그와 같은 군수체계는 구축하기도 어려울뿐더러 방어하기도 힘들다.

이스라엘 역시 이집트를 패배시킬 수도, 장기적인 소모전을 치를 수도 없다. 이스라엘의 상비군은 규모가 작아서 민간예비군으로부터 인력을 충원해야 하는데, 예비군을 장기적으로 동원하기는 불가능하기 때문에 승리를 하려면 신속하게 적을 제압해야 한다. 심지어 불과 6일 만에 승리를 거두었던 1967년에도 전투에 동원된 인력 때문에 이스라엘 경제가 마비될 지경이었다. 설사 이스라엘이 이집트 군대를 패배시킨다고 해도 이집트의 핵심부인 나일 강 유역을 점령할 수는 없다. 이 지역에는 7,000만 이상의 인구가 거주하고 있으며 이스라엘 육군은 그들을 지배하기에 턱없이 부족하기 때문이다.

이런 교착상태 때문에 이집트와 이스라엘은 서로 싸워봤자 잃을 것만 많고 얻을 것은 거의 없다. 또한 양국 정부는 동일한 이슬람 세력과 싸움을 벌이고 있다. 오늘날의 이집트 정권은 여전히 나세르의 세속적이고 사회주의적이며 군국주의적인 혁명에 그 기원을 두고 있다. 이집트 정권은 이슬람교와 무관했기 때문에 언제나 독실한 이슬람들, 특히 아랍 세계의 기존 정권들에 반대하는 가장 강력한 세력인 수니파 무슬림형제단이 중심이 된 이슬람들의 도전을 받아왔다. 이집트는 이들을 억압했다. 그들은 정권의 안정을 위협할지도 모르는 하마스의 승리를 두려워했다. 그래서 이스라엘의 팔레스타인 정책에 대한 불평과는 별개로 이집트는 하마스에 대한 이스라엘의 적대감을 공유했고, 가자지구의 하마스를 봉쇄하는 데 적극적으로 동참했다.

이스라엘이 이집트와 맺은 협정은 사실상 이스라엘이 가진 가장 중요한 관계다. 이집트가 이스라엘과 같은 편으로 남게 된다면 다른 이웃 국가들의 어떤 조합도 이스라엘에 위협이 되지 않을 것이며 양국의 국가안보도 보장된다. 심지어 세속적 나세르주의 정권이 붕괴하더라도 이집트가 다시 위협이 될 때까지는 한 세대가 걸릴 것이고, 그것도 강대국의 후원이 있어야만 가능하다.

요르단 강 경계가 이스라엘에 가장 취약한 지역이긴 하지만, 이스라엘은 요르단으로부터의 어떤 위협에도 직면해 있지 않다. 요르단 강은 360여 킬로미터에 걸쳐 있고, 텔아비브의 인구밀집지역까지는 80킬로미터가 채 되지 않는다. 하지만 요르단 군과 정보부대는 이스라엘을 위해 이 전선을 방어하고 있다. 이런 독특한 상황이 존재하게 된 데에는 두 가지 이유가 있다.

첫째, 요르단-팔레스타인 간의 적대관계는 요르단의 하심 정권에 위협이 되고 있고, 이스라엘은 팔레스타인을 억압함으로써 요르단의 국가안보적 이익에 기여하고 있다. 둘째, 요르단이 이스라엘에 위협을 가하기에는 인구가 너무 적어서 쉽게 패배를 당할 수밖에 없다. 요르단 강 경계가 이스라엘에 위협이 될 수 있는 유일한 경우는 제3국(이란이나 이라크가 될 가능성이 높다)이 요르단 강 경계를 따라 군대를 배치하는 것이다. 하지만 이들 국가와 요르단 강 사이에는 사막이 가로 놓여 있기 때문에 군대를 배치하고 보급품을 수송하기가 매우 어렵다. 하지만 그보다도 그런 사태가 벌어진다는 것은 곧 요르단 하심 왕국의 종말을 의미한다. 때문에 하심 왕국은 가능한 모든 수단을 동원해 외국 군대의 배치를 저지할 것이고, 이스라엘 역시 하심 왕국을 지원하게 될 것이다. 그런 면에서 이스라엘과 요르단은 불가분의 관계다.

이제 단독으로는 이스라엘에 전혀 위협이 되지 않는 시리아만 남았다. 그들의 군대는 총동원된 이스라엘 군대보다도 규모가 작으며 공격할 수 있는 영역도 너무 협소해서 효과적인 피해를 입히지도 못한다. 하지만 그보다 더 중요한 것은 시리아가 서쪽을 지향하는 국가라는 사실이다. 그들이 지향하는 국가는 레바논이며, 레바논을 자기 것으로 간주하고 있을 뿐만 아니라 그들의 엘리트 지배계층인 알라위Alawites 파도 레바논과 역사적으로 밀접한 인연을 맺고 있다.

레바논은 북부 아랍 세계와 지중해 사이에 위치해 있다. 시리아에게 는 과거 오스만 시리아Ottoman Syria에 속했던 모든 것이 자신들의 소유라는 어떤 믿음보다는, 베이루트의 은행과 부동산, 그리고 베카Bekaa 계곡에서 일어나는 밀수와 마약거래가 훨씬 더 실질적인 관심사이다. 그들의 실질적인 이익은 레바논을 비공식적으로 지배하고 자국 경제로 통합시키는 데 있다.

1978년 이집트-이스라엘이 캠프 데이비드 협정을 체결하자, 이라크와 적대적 관계에 있던 시리아는 그 지역에서 자신이 고립되어 있음을 깨달았다. 또한 그들은 아라파트의 파타당도 적대시했으며 1975년에는 팔레스타인과 싸우기 위해 레바논을 침공하기까지 했다. 시리아는 자신이 위기에 처해 있음을 알았다. 하지만 1979년 이란 혁명은 새로운 관계를 만들어냈고, 시리아는 이란의 이념적, 재정적 자원을 이용해 레바논에서 자국의 영향력을 증가시킬 수 있었다. 1980년대 이스라엘이 레바논을 침공한 이후 헤즈볼라Hezbollah라 불리는 반이스라엘 시아파 교전단체가 조직됐다. 헤즈볼라는 단순한 레바논의 정치 집단들 중 하나이면서 이스라엘과 싸우기 위해 만들어진 전투 집단이었다. 하지만 이스라엘로부터 레바논에서의 행동의 자유를 보장받은 시리아는 이에 대한 보상으로 이스라엘을 노리는 헤즈볼라의 활동을 억압했다. 하지만 이 협정은 2006년, 시리아가 이라크에서 지하디스트들을 지원하고 미국이 그 보복으로 레바논에 주둔해 있는 시리아 군대의 철수를 강요하자 파기되었다. 결과적으로, 시리아는 이스라엘에게 했던 모든 약속을 철회했다.

더 상세히 들어갈수록 이 지역 상황은 점점 더 어지럽고 복잡하며 모호해진다. 때문에 전략적 관계를 요약해서 파악해볼 필요가 있다. 이스라엘은 이집트, 요르단과 평화를 유지하고 있다. 이는 실질적인 상호 이익을 기반으로 하고 있어 취약한 평화와는 거리가 멀다. 이집트와 요르단이 이스라엘 진영에 서게 되면서, 시리아는 어떤 위협도 가하지 못할 정도로 약화되고 고립되었다. 헤즈볼라 역시 위협적이긴 하지만 이스라엘을 근본적인 위기에 빠뜨릴 정도로 큰 비중을 갖고 있지 않다.

이스라엘에게 가장 큰 위험은 되레 국경의 안쪽, 즉 정복되지 않은 적대적 팔레스타인 지역으로부터 발생한다. 하지만 팔레스타인의 최고 무기인 테러리즘은 비록 고통을 줄지언정 이스라엘을 궁극적으로 파괴하지는 못한다. 심지어 헤즈볼라를 비롯한 또 다른 외부세력이 추가된다고 해도 국가로서의 이스라엘은 그다지 위험한 상태에 있지 않다. 그 이유는 한편으로 테러집단이 동원할 수 있는 자원이 일정 수준에 도달하지 못했고, 다른 한편으로 이스라엘의 보복을 두려워하는 시리아가 테러 집단의 활동에 제약을 가하고 있기 때문이다.

사실 이스라엘이 안고 있던 위험은 팔레스타인 내부에서 일어난 분열로 인해 상당부분 경감됐다. 아라파트의 조직인 파타당은 1990년대까지만 해도 팔레스타인 공동체 내부에서 주요 세력이었다. 그들은 자신들의 기원인 나세르주의처럼 세속적이고 사회주의적이었으며, 이슬람교와는 무관했다. 그런데 1990년대를 거치면서 팔레스타인 이슬람 저항운동 단체인 하마스가 성장하기 시작했고, 그로 인해 팔레스타인은 분열되어 본질적으로 내전과 다름없는 상황이 벌어지고 있다. 파타당은 요르단 강 서안을, 하마스는 가자지구를 장악했다. 이스라엘은 이제 중동지역에서는 물론 팔레스타인 내부에서도 힘의 균형 전략을 구사하여, 파타당에게 호의와 지원을 제공하는 반면, 하마스와는 적대관계를 유지하고 있다. 이들 두 집단은 이스라엘을 상대로 싸우는 것만큼이나 서로 충돌을 일으킬 가능성이 높다.

이스라엘에게 있어 테러리즘의 위험은, 그것이 초래하는 개인적 비극들을 넘어서, 이스라엘의 정책을 전략적 문제들로부터 위협에 대한 단순한 관리로 옮겨가게 할 수 있다는 데 있다. 이스라엘 국민이 자살 테러공격으로 죽은 일은 결코 용납될 수 없으며, 그런 우려를 간과한다면 어떤 이스라엘 정부도 살아남을 수 없다. 하지만 이스라엘을 다른 국민국가들의 위협으로부터 지켜주는 것은 힘의 균형이며, 점령지 내에서 테러리즘의 위협은 부차적인 것이다.

이스라엘이 마주하고 있는 문제는 성서시대와 달라진 것이 없다. 이스라엘은 언제나 이집트를 비롯해 인접 국가들을 통제하는 능력을 유지해왔다. 고대 유대왕국을 제압할 수 있었던 것은 바빌론, 페르시아, 알렉산더의 그리스, 로마제국과 같은 멀리 떨어진 강대국들이었다. 이런 제국들은 이스라엘이 상대하기 버거운 경쟁자들이었다. 이스라엘은 가끔씩 자신의 전력을 과대평가하거나 외교적 교묘함(diplomatic subtlety)의 필요성을 과소평가함으로써 재앙에 가까운 이들과의 전쟁에 휘말리기도 했다.

오늘날 테러리즘이 이스라엘을 그와 동일한 상황에 처하게 만들고 있다. 이런 폭력이 제기하는 위협은 이스라엘의 정권을 약화시키는 데 있는 것이 아니라, 이스라엘로 하여금 주요 강대국이 이스라엘을 주시하게 만드는 행동을 하게 하는 데 있다. 이스라엘이 전 세계적 레이더 스크린에서 너무 밝게 두드러져서 유익할 것은 하나도 없다.

이스라엘의 관점에서 보면 팔레스타인의 불행이나 소요, 심지어 테러리즘과도 공존이 가능하다. 이스라엘이 수용할 수 없는 것은 팔레스타인에 대응하는 자신의 행동이 강대국의 개입을 불러오는 것이다. 강대국이나 제국적 국가는 광대한 자원 중 극히 일부를 최소한의 이해관계를 충족시키거나 단순히 여론을 달래기 위한 문제에 투입할 여력이 있다. 그처럼 극히 적은 자원조차도 이스라엘 같은 국가들이 보유한 자원을 크게 압도한다. 그렇기 때문에 이스라엘은 자신의 지역적 협정을 계속 유지하고 팔레스타인과 그들의 테러리즘을 신중하게 관리해야 하는 것이다.

오늘날 그와 같은 제국적 국가는 미국이 유일하다. 미국은 전 세계적으로 다양한 이해관계를 갖고 있으며, 그 중 일부는 미국이 테러리즘과 급진적 이슬람에 몰두하는 동안 방치되어왔다. 미국은 자신의 외교정책을 이러한 테러리즘에 대한 치중으로부터 떼어놓아야 한다. 그리고 테러리즘을 가장 중요한 세계 문제로 보지 않는 나라들, 팔레스타인 거주지역에 대한 이스라엘의 점령에 대해 자신은 이해관계가 없다고 여기는 나라들과 공조 관계를 재구축해야 한다.

동시에 러시아와 유럽처럼 이스라엘에 큰 영향을 미칠 수 있으며, 그들의 이해관계를 이스라엘이 쉽게 무시할 수 없는 국가들도 다수 존재한다. 이스라엘이 테러리즘과 팔레스타인 문제에 대한 자신의 관점을 재평가하지 않으면 미국을 포함한 여러 전통적 동맹국들과 관계가 단절될 수도 있다. 그것이 이스라엘을 붕괴시키지는 않겠지만 붕괴의 전제조건이 될지도 모른다.

지금까지 살펴본 것처럼, 미국의 이스라엘 지원이 이슬람 세계의 반미 감정을 불러일으킨 주된 원인은 아니다. 이스라엘에서 벌어지는 사건들이 미국의 핵심적 이익에 직접적인 영향을 미치지도 않았다. 따라서 이스라엘과 관계를 단절함으로써, 혹은 이스라엘에게 팔레스타인 정책을 바꾸도록 강요함으로써 미국이 얻을 것은 거의 없다. 사실 미국−이스라엘의 관계가 소원해졌을 때 발생할 순수 효과는 이스라엘의 이웃나라들에게 갑작스런 공황이 될 것이다. 앞서도 언급했듯이 팔레스타인을 지원하는 것은 미국과 아랍 세계를 더 멀어지게 하며, 아랍 세계의 팔레스타인 지원 역시 대체로 수사에 불과하다.

레바논에서 발생한 소규모 교전을 제외하면 이스라엘은 미국의 지원 없이도 안정적인 힘의 균형을 유지하고 있다. 요르단과 이집트는 사실상 많은 측면에서 이스라엘에 의지하고 있으며, 이는 다른 아랍 국가들도 마찬가지다. 이스라엘이 팔레스타인에게 압도당할 일은 없을 것이며, 따라서 미국이 무엇을 하든, 하지 않든 관계없이 중동에서의 복잡한 지역적 힘의 균형은 유지될 것이다. 이 모든 것들로부터 나오는 결론은, 이스라엘-팔레스타인 분쟁에 관한 한, 미국이 긁어 부스럼을 만들지는 말아야 한다는 것이다.

미국 대통령이 할 수 있는 최선의 선택은 실질적으로 변화를 암시하는 어떤 행동도 하지 않은 채 그 분쟁을 우려 사항 정도로 격하시키는 것이다. 미국은 조용히 이스라엘과 거리를 두는 정책을 채택해야 한다. 그것은 그저 현재의 힘의 불균형을 수용함을 의미하는 것처럼 보일 것이다. 하지만 장기적으로, 그 목적은 힘의 균형을 재구축하고, 이스라엘의 존립을 위험에 빠뜨리지 않으면서 그 균형의 틀 속에 가둬두는 것이다. 그러나 결국 그것은 이스라엘로 하여금 자신의 국가 이익이 무엇인지를 재고하게 만들 것이다.

공개적으로 미국이 이스라엘과 거리를 두는 것은 시리아와 이집트에게 기회를 제공하는 것처럼 보일 뿐만 아니라 미국 내에서도 정치적인 문제를 유발할 것이다. 비록 유대인 유권자의 수는 적지만 조직적이고 자금이 뒷받침된 로비활동으로 인해 그들의 정치적 영향력은 단순한 표의 숫자를 초월한다. 여기에 이스라엘의 이익을 신학적으로 매우 중요하게 여기는 보수주의 기독교인까지 더해지면 미국 대통령은 강력한 세력과 마주하게 된다. 대통령은 결코 그들의 반감을 사고 싶지 않을 것이다. 이런 까닭에 대통령은 평화를 위한 로드맵을 제시하기 위해 지속적으로 특사를 파견해야 하며, 어떤 식으로든 불법행위가 발생할 때마다 그 당사자들을 비난하는 일도 멈추지 않아야 한다. 이스라엘을 지지하는 연설도 계속해야 하지만 '항구적 평화'에 대해서는 어떤 욕심도 내지 말아야 한다. 왜냐하면 그 목표를 이루기 위한 어떤 시도도 실제로는 중동지역의 불안정을 초래할 것이기 때문이다.

과거 미국이 이스라엘에게 필요로 했던 것은 이제 더 이상 존재하지 않는다. 이제 미국은 자신이 다른 곳에 신경을 쓰고 있는 동안, 이집트와 시리아의 친소 정권을 견제해주던 이스라엘의 존재를 필요로 하지 않는다. 하지만 이스라엘은 정보를 공유하고, 중동에서 전투를 수행하는 미군을 지원하는 보급기지 역할을 하는 데 있어 가치를 지니고 있다. 이스라엘이 가까운 미래에 대규모 재래식 전쟁에 휘말릴 가능성은 적다. 따라서 1973년에 그랬던 것처럼, 이스라엘은 대규모의 급작스러운 전차나 비행기의 지원을 필요로 하지 않는다. 또한 미국이 1974년 이래로 제공해온 재정적 지원도 필요로 하지 않는다. 이스라엘 경제는 견실하며 계속 성장하고 있다.

이스라엘의 입장에서, 외국의 원조보다는 미국의 헤지펀드들과의 밀접한 관계가 훨씬 더 도움이 된다. 이스라엘은 금융적으로 잘 대처할 수 있는 능력을 갖고 있다. 미국과의 공식적인 조약이 없는 이스라엘에 대한 원조가 의미하는 것은 미국의 이스라엘에 대한 공개적인 헌신이다. 이스라엘은 그것을 지역 문제에 대처하거나 국내 여론을 안정시키는 카드로 사용해왔다. 한때 미국이 그런 원조의 대가로 얻은 것은 그 지역의 안정적인 파트너였다. 지금 미국은 원조 여부에 관계없이 파트너를 보유하고 있다. 한편으로, 그러한 원조는 이스라엘의 무자비한 행동을 포함해 중동에서 벌어지는 모든 문제의 근원이 바로 미국이라는 이슬람주의자들의 주장에 대한 근거를 제공해왔다. 원조의 중요성이 적다는 점을 고려할 때 이것은 대단히 값비싼 대가가 아닐 수 없다. 결국 이러한 원조 약속을 포기한다면 미국에서 벌어지는 반이스라엘 로비활동의 주요 논거가 사라지기 때문에 실제적으로 이스라엘에게도 도움이 된다.

물론 이 모든 것은 힘의 균형을 재구축하고자 하는 핵심 정책의 일부이다. 이스라엘은 냉전시대 후반부 동안 미국에게 높은 가치를 지니고 있었다. 냉전이 끝난 뒤의 양국 관계를 살펴보면 이스라엘이 미국에게 제공하는 이익은 계속 감소했던 반면, 미국이 지불하는 비용은 상승했다. 이 방정식은 미국에게 이스라엘과의 관계를 단절하라고 말하지 않는다. 다만 현실에 근거를 두고 약간의 조정을 가할 필요가 있다고 말할 뿐이다. 이스라엘은 외국의 지원을 필요로 하지 않으며 재래식 병력이 가하는 전략적 위험에 처해 있지도 않다. 정보공유와 무기개발에 대한 상호간의 필요성이 존재하지만, 당연히 그것은 대단히 조용하게 진행될 것이다.

여기에는 어떤 도덕적 문제도 존재하지 않는다. 민주적 동맹도 포기되지 않으며 이스라엘의 생존에도 전혀 문제가 없다. 동시에 요르단 강 서안지구의 안정을 유지하는 것이 이스라엘에게는 근본적인 국가 이익일지 몰라도 미국의 국가 이익은 아니다. 두 나라는 주권국가이며, 이는 각자가 그 관계를 정의하게 된다는 것을 의미한다. 그리고 모든 관계는 좀더 광범위한 국가 이익의 차원에서 검토되어야 한다. 30년 전 미국이 이스라엘에게 원했던 것이 오늘날에도 똑같이 요구되는 것은 아니다.

이스라엘의 입장에서, 팔레스타인과의 합의에 도달하게 만드는 가장 큰 압박은 팔레스타인에 대한 그들의 대처로 인해 미국, 그리고 특히 유럽이 자신에게 등을 돌리게 될지도 모른다는 우려에서 오는 것이다. 경제적 관계도 이스라엘에게는 중요하지만, 문화적 유대 관계 또한 중요하다. 하지만 이스라엘은 내부적으로도 압박을 받고 있다. 팔레스타인의 혼란스런 상황을 고려하면, 자기 영역에서 벌어지는 테러를 통제할 능력도, 의지도 없는 팔레스타인과 분쟁을 타결한다는 생각은 제한적인 지지를 받을 수밖에 없다. 어떤 식으로든 분쟁을 타결하려면 이스라엘의 양보가 필요한데, 팔레스타인이 허약한 상태에 있다는 점을 감안하면, 이스라엘이 양보할 가능성은 많지 않다.

아랍-이스라엘 간의 힘의 균형은 작동되지 않고 있다. 이집트와 요르단은 균형에서 벗어나는 쪽을 선택했고, 이스라엘은 그 지역에서 새로운 현실을 창조해낼 수 있는 자유를 갖게 됐다. 중동에서 이스라엘이나 다른 어떤 국가가 행동의 자유를 갖게 되는 것은 미국의 이익과 일치하지 않는다. 앞에서 언급했던 것처럼, 힘의 균형은 미국의 기본 원칙이 돼야 한다. 미국은 아랍 세계에 좀더 다가가는 한편, 이스라엘과 좀더 거리를 둠으로써 그 지역에서 힘의 균형을 재설정해야 한다. 이것은 이스라엘의 존립에 위협이 되지는 않겠지만, 이스라엘에 대한 도덕적 도전이 될 수 있다. 이스라엘은 더 이상 붕괴될 위험이 없기 때문에 생존하기 위해 미국에 의지할 필요가 없다. 그것은 지나간 과거일 뿐이다. 다음 10년도 그렇다. 이제 미국은 거리를 둘 필요가 있으며, 그렇게 할 것이다. 국내적으로 정치적 저항이 있을 것이고, 정치적 지지도 있을 것이다. 이것은 이스라엘을 버리는 것이 아니다. 하지만 두 나라의 관계는 과거의 방식에 매여 있을 수 없다.

이러한 분석에서 복잡한 요인은 이슬람 세계의 나머지 부분, 특히 이란과 터키다. 이란은 핵보유국이 되겠다고 위협하고 있으며, 터기는 강력한 지역 세력으로 부상하면서 이스라엘과의 밀접한 관계에서 벗어나게 될 것이다. 이 장에서는 주로 이스라엘 문제에 초점을 맞추었다. 이제는 더 폭넓은 시각으로 전환하여 몇몇 사례를 통해 제국의 힘의 균형 전략이 어떻게 작동하는지를 살펴볼 차례다.

07

전략적 반전: 미국과 이란, 그리고 중동

Strategic reversal: The United
States, Iran, And Middle East

이스라엘이라는 특별한 경우를 제외하면, 지중해 동쪽과 힌두쿠시 산맥 사이의 지역이 현재 미국의 정책이 초점을 맞추고 있는 곳이다. 앞에서도 언급했던 것처럼, 미국은 이곳에서 세 가지 주요한 이익을 갖고 있다. 그것은 바로 지역적 힘의 균형을 유지하는 것, 원유의 이동이 방해받지 않도록 하는 것, 그리고 그곳을 근거지로 삼아 미국을 위협하는 이슬람주의자 집단을 분쇄하는 것이다. 미국이 이러한 목표들 중 한 가지를 추구하는 경우에도 나머지 둘이 반드시 고려되어야만 한다. 결국 한 가지 목표만을 달성하려 해도 어려움이 크게 증가하게 된다.

세 개의 지역적 균형

이런 과제와 더불어 이 권역 중 세 개의 지역에서 힘의 균형을 유지해야 하는 과제가 있다. 아랍-이스라엘, 인도-파키스탄, 이란-이라크 사이의 힘의 균형이 그것이다(171쪽 지도). 이들 각각의 균형은 현재 혼란에 빠져 있지만, 가장 중요한 이란-이라크 사이의 균형은 2003년 미국의 침공 이후 이라크 정부와 군대가 해체되면서 완전히 무너졌다. 또한 아프가니스탄 전쟁으로 인해 파키스탄의 불안정이 계속되면서 인도-파키스탄 간의 균형도 뒤틀리기 일보직전이다.

6장에서 살펴본 것처럼 아랍 세계의 약화로 인해 이스라엘이 더 이상 상대의 반응을 걱정할 필요가 없는 상황이 되었다. 그러므로 다음 10년 동안 이스라엘은 새로운 현실을 만들어내기 위해 이런 상황을 이용하려고 할 것이고, 미국은 전략적 균형을 추구하면서 이스라엘의

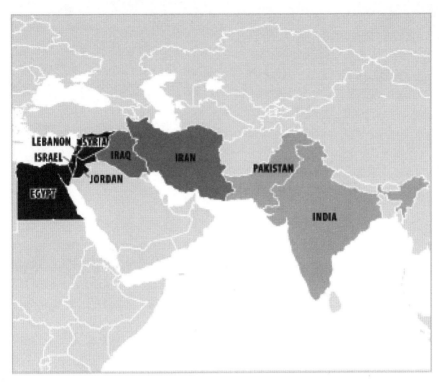

세 개의 지역적 균형: 아랍-이스라엘, 이란-이라크, 인도-파키스탄

움직임을 제한하려고 할 것이다.

　인도-파키스탄의 균형은 아프가니스탄에서 흔들리기 시작하고 있다. 아프가니스탄에서는 미군이 두 개의 목표를 추구하면서 복잡한 양상이 전개되고 있다. 첫 번째 목표는 알카에다가 아프가니스탄을 작전기지로 활용하지 못하도록 막는 것이다. 두 번째는 그곳에 안정적인 민주주의 정부를 수립하는 것이다. 하지만 아프가니스탄이 테러리스트의 천국이 되는 것을 허락하지 않겠다는 목표는 별다른 성과를 얻지

못했다. 알카에다의 원칙을 따르는 집단들은(오사마 빈 라덴을 중심으로 만들어진 알카에다는 더 이상 제 기능을 발휘하지 못한다) 예멘에서부터 클리블랜드에 이르기까지 어디에서든 등장할 수 있기 때문이다. 알카에다를 무너뜨리기 위한 노력이 아프가니스탄을 불안정하게 만들 뿐만 아니라, 아프가니스탄 군대를 훈련시키고, 경찰력을 관리하고, 국내 정치에 간섭할 것을 요구하는 상황에서, 이는 특별히 중요한 요인이다. 이와 같은 간섭적인 역할을 하면서 국가를 효과적으로 안정시킬 수 있는 방법은 없다.

이처럼 복잡해진 사태를 해결하는 실마리는 아프가니스탄에 어떤 정부가 들어서든 그것은 미국의 핵심적 이익이 아니며, 다시 한번 대통령이 대테러 활동을 미국의 전략을 구성하는 주요 요소로 만드는 일을 해서는 안 된다는 점을 인식하는 것에 있다.

하지만 다음 10년 동안 힘의 균형을 만들어내기 위해서는 아프가니스탄과 파키스탄이 사실상 하나의 실체(entity)라는 좀더 근본적인 인식이 필요하다. 양측은 다양한 인종과 부족을 공유하고 있으며, 그들 간의 정치적 국경선은 별 의미가 없다. 두 나라의 인구는 모두 합쳐 2억이 넘는다. 미국은 그 지역에서 10만여 명의 병력만을 보유하고 있을 뿐이며, 결코 자신의 의지를 직접적으로 강요하고 자신의 기호에 맞는 질서를 구축할 수 없을 것이다.

더욱이 전략적으로 중요한 문제는 아프가니스탄이 아니라 파키스탄이며, 이 지역에서 진정으로 의미 있는 힘의 균형은 인도-파키스탄의 균형이다. 독립 이래, 대영 제국의 같은 부분에서 갈라져 나온 이들 두 국가는 지속적으로 불편하고 때때로 폭력적인 관계를 유지해왔다. 양측 모두 핵무기를 보유하고 있었으며 서로에게 집착하는 모습을 보였다. 비록 인도의 전력이 더 강하지만 파키스탄은 국가의 심장부가 인도에 많이 노출되어 있음에도 불구하고 방어에 유리한 지형을 차지하고 있다. 이 때문에 양국은 정적인 대치상태를 지속해왔다. 그리고 이 상태가 바로 미국이 원하는 것이다.

다음 10년 동안 이런 복잡한 균형을 유지하는 것에는 분명히 엄청난 도전들이 내재되어 있다. 알카에다와의 전투를 돕고 아프가니스탄에서 미군에 협조하라는 미국의 압박을 받는 상황에서 파키스탄이 어느 정도까지 분열되느냐에 따라 인도와의 대치상태가 붕괴되고, 그 지역에서 인도가 핵심 세력으로 부상하게 될 것이다. 아프가니스탄 전쟁은 필연적으로 파키스탄으로 확대될 것이고, 이는 파키스탄을 약화시킬 수 있는 잠재력을 가진 내부의 투쟁을 촉발하게 될 것이다. 그와 같은 사태가 확실하게 벌어진다고 단정할 수는 없지만 그렇다고 아예 무시해버리기에는 가능성이 너무 높다. 히말라야 산맥 반대편의 중국을 제외하면 이렇다 할 위협 세력이 없는 인도는 인도양 유역을 지배하는 데 자신의 자원을 자유롭게 활용하게 될 것이고, 이를 위해 자국의 해군을 증강시킬 가능성이 대단히 높다. 의기양양해진 인도는 미국이 대단히 중요하게 생각하는 균형 상태를 무력화시킬 것이고, 그럼으로써 인도 문제는 테러리즘 혹은 아프가니스탄에 국가를 재건하는 문제보다 훨씬 더 중요해질 것이다.

그러므로 다음 10년 동안 이 지역에 대한 미국의 최우선 전략은 강력하고 자립 가능한 파키스탄을 만드는 것이어야 한다. 이런 전략을 수행하는 데 있어 가장 중요한 단계는 아프가니스탄 전쟁을 끝냄으로써 파키스탄에 대한 압박을 줄이는 것이다. 파키스탄 정부가 어떤 이데올로기를 갖고 있는지는 중요하지 않으며, 미국은 자신의 관점을 파키스탄에 강요할 수 없다.

파키스탄을 지원하는 것은 인도와의 균형을 회복시키는 데 도움이 될 뿐만 아니라, 아프가니스탄을 감싸주는 역할로서 파키스탄의 지위를 회복시키게 될 것이다. 이들 두 이슬람 국가 사이에는 수없이 다양한 집단과 이해관계가 존재하기 때문에 미국이 그들의 내부적 문제를 관리할 수는 없다. 하지만 미국은 소련이 붕괴된 직후에 했던 것과 똑같은 전략을 따를 수 있다. 말하자면 미국의 아프가니스탄 침공 이전에 존재하던 자연적 균형상태로 가능한 수준까지 돌아오게 하는 것이다. 그런 다음 미국은 파키스탄이 상황을 유지할 수 있을 만큼 강력한 군대를 양성하도록 자원을 투입하는 것이다.

아마도 파키스탄과 아프가니스탄에서 지하디스트 세력이 다시 등장하게 될지도 모른다. 하지만 그들은 미국이 아프가니스탄에서 철수했을 때만큼이나 아프가니스탄에서 난관에 봉착한 경우에도 다시 등장할 것이다. 그들과의 전쟁만으로는 이러한 역학에 아무런 영향도 미치지 못한다. 미국의 지원을 등에 업고 파키스탄 군대가 테러리스트들을 어느 정도 억제하는 데 성공할 가능성이 전혀 없는 것은 아니다. 과연 그것이 성공할지는 불확실하며, 궁극적으로는 중요하지도 않다. 다시 강조하지만, 앞으로 추구해야 할 핵심 목표는 인도-파키스탄 간 힘의 균형을 유지하는 것이다.

이스라엘과 거리를 두는 전략의 경우와 마찬가지로 미국의 대통령은 아프가니스탄과 파키스탄, 인도를 다루는 그의 전략을 공개적으로 밝힐 수 없다. 여기서 미국이 승리한 것처럼 보일 수 있는 방법은 존재하지 않으며, 베트남 전쟁이 그랬던 것처럼 아프가니스탄 전쟁은 평화협정으로 결말을 맺을 것이 분명하다. 그리고 이 협정을 통해 반군세력인 탈레반이 정권을 잡는 것을 허용하게 될 것이다. 강력한 파키스탄 군대는 탈레반을 붕괴시키는 데에는 아무런 관심이 없겠지만 그들을 통제하는 데는 동의할 것이다. 파키스탄은 살아남을 것이고, 인도와 균형을 유지하게 될 것이다. 그럼으로써 미국으로 하여금 지역 내의 다른 균형점에 초점을 돌릴 수 있게 할 것이다.

지역의 심장부: 이란과 이라크

이란-이라크 간 힘의 균형은 2003년 미국의 침공으로 이라크 정부와 군대가 파괴될 때까지 변함없이 유지됐다. 그 이후부터 이란을 견제하는 주된 군사력은 미국이었다. 하지만 미국은 이라크에서 병력을 철수시키겠다는 계획을 밝혔고, 이는 이라크 정부와 군대 상황을 고려할 때 페르시아 만에서 이란이 지배적인 세력이 된다는 것을 의미했다. 이것은 미국의 전략과 극도로 복잡한 지역 정세에 근본적인 도전을 제기하게 된다. 이제 미국이 없는 상태에서 발생할 가능성이 있는 동맹관계들을 생각해보자.

이라크의 인구는 대략 3,000만이고, 사우디아라비아는 대략 2,700만이다. 아라비아 반도 전체의 인구는 대략 7,000만에 이르지만, 여러 국가들에 나누어져 있다. 특히 사우디아라비아와 예멘이 그 대부분을 차지한다. 예멘은 아라비아 반도 전체 인구 중 3분의 1을 차지하지만 사우디아라비아의 유전 지대로부터 멀리 떨어져 있다. 터키의 인구는 약 7,000만이다. 넓은 의미에서, 이러한 수치와, 이러한 인구들이 잠재적인 동맹으로 결합되는 방식이 앞으로 페르시아 만의 지정학적 현실을 결정할 것이다. 사우디아라비아의 인구 및 부를 이라크의 인구와 결합시키면 이란 혹은 터키와 균형을 이룰 수 있지만, 양쪽 모두에 대해서는 아니다. 1980년대 이란-이라크 전쟁에서 이라크가 조금이라도 승리를 거둘 수 있었던 것은 사우디아라비아의 지원 덕분이었다.

비록 터키가 많은 인구와 함께 급부상하는 세력이긴 하지만, 아직은 전력에 한계가 있기 때문에 페르시아 만까지 영향력을 투사하기는 어렵다. 터키는 북쪽에서 이란과 이라크에 압력을 가해 그들의 관심을 페르시아 만에서 멀어지게 할 수는 있어도 아라비아 반도의 유전지대를 보호하기 위해 직접 개입할 수는 없다. 더욱이 이라크의 안정은 대체로 이란의 손에 달려 있다. 이란은 바그다드에 친이란 정권을 세우지는 못하더라도 마음만 먹으면 바그다드를 불안정 상태에 빠뜨릴 힘은 갖고 있다.

이라크가 본질적으로 중립화되고, 3,000만 국민들이 다른 국가에 맞서 균형을 이루기 보다는 서로 싸우는 데 여념이 없는 상황에서, 이란은 수백 년 만에 처음으로 주변의 외적인 위협에서 자유로워졌다. 이란-터키의 국경은 험난한 산악지대가 가로막고 있어 공세작전을 펼치기가 어렵다. 북쪽으로는 아르메니아, 아제르바이잔, 조지아가, 북동쪽으로는 투르크메니스탄이 러시아와의 완충지대를 형성하고 있다. 동쪽으로는 혼란에 빠진 아프가니스탄과 파키스탄이 있다. 만약 미국이 이라크에서 철수한다면, 이란은 그 엄청난 힘의 즉각적인 위협으로부터도 해방되게 된다. 따라서 이란은 적어도 한동안은 육로를 통해 침입 당할 걱정 없이, 남서쪽으로 자신의 힘을 뻗칠 수 있는 자유를 갖게 될 것이다.

이라크가 비틀거리는 상황에서는, 아라비아 반도의 국가들이 아무

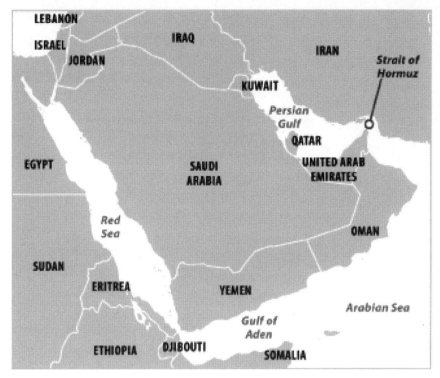

아라비아 반도와 페르시아 만

리 서로 공조하더라도 이란에게 저항할 수 없다. 핵무기가 이런 현실
과는 아무런 관련이 없다는 사실을 기억할 필요가 있다. 이란은 자국
의 핵무기가 파괴되더라도 여전히 페르시아 만의 지배적인 세력이 된
다. 사실 이란의 핵시설만을 목표로 하는 타격은 이란이 불쾌한 방식
으로 대응하도록 자극함으로써 오히려 상당한 역효과를 초래할 수 있
다. 이란은 자신들이 원하는 정부를 이라크에 강요하지는 못하겠지만,
심지어 미군이 여전히 주둔해 있는 상황에서도 바그다드에서 혼란을

일으켜 그들이 원하지 않는 정부가 정권을 잡는 것을 저지할 수 있다. 미군은 더 적은 수의 가용 병력을 가진 상태에서 새로운 내전의 덫에 갇히는 신세가 될 것이다.

자국의 핵시설이 공습당할 경우, 이란의 궁극적인 대응은 호르무즈 해협을 봉쇄하는 것이다. 이 해협은 해상으로 운반되는 전 세계 원유 수출량의 45퍼센트가 통과하는 곳이다. 이란은 대함용 미사일을 보유하고 있지만 그보다 더 위협적인 무기는 기뢰다. 만약 이란이 호르무즈 해협에 기뢰를 부설하고 미국이 이를 확실하게 제거하지 못한다면 원유 이동이 중단된다. 결국 그로 인해 유가가 급격하게 치솟고 세계 경제는 확실히 회복세를 멈출 것이다.

이란의 핵시설에 대해 공격, 이를테면 이스라엘에 의한 단독 공격은 더 골치 아픈 결과를 가져올 것이다. 이는 오히려 이란을 그 어느 때보다도 더 위험하게 만들 수 있다. 공격에 따른 피해를 입지 않고 핵시설을 무력화시킬 수 있는 유일한 방법은 이란의 해군력을 동시에 공격하면서 공군력을 활용해 이란의 재래전 능력을 약화시키는 것이다. 그와 같은 공격은 수개월이 소요될 것이고(만약 이란 육군을 표적으로 한다면), 그 효과는 다른 모든 공중전과 마찬가지로 불확실하다.

이 지역에서 미국이 전략적 목표를 달성하려면 이라크에 현재 배치한 미군 병력(이미 5만 명으로 감축됐다)을 유지하지 않고도, 그리고 그 지역에 투입되는 군사력의 실질적 증강 없이도 이란의 힘을 상쇄시킬 수 있는 방법을 찾아야 한다. 이란에 대한 대규모 공습은 그다지 좋은 생각이 아니다. 그렇다고 이라크가 이전처럼 평형추 역할을 해주기를 기대할 수도 없다. 이란이 결코 그것을 좌시하지 않을 것이기 때문이다. 미국은 다른 전략적 이익을 관리하기 위해 이라크에서 철수해야 한다. 하지만 이러한 철수와 함께, 미국은 근본적인 사고의 전환을 해야 한다.

미국-이란 협약

다음 10년간 이란을 상대하는 가장 바람직한 대안은, 지금은 생각조차 할 수 없는 전략을 통해 실현될 것이다. 그것은 루스벨트와 닉슨이 절대로 성공할 수 없을 것처럼 보이는 전략적 상황에 처했을 때 선택했던 바로 그 대안, 즉 이전에는 전략적, 도덕적 위협으로 간주됐던 국가와 동맹을 맺는 것이다. 루스벨트는 스탈린의 소련과 동맹을 맺었고, 닉슨은 마오쩌둥의 중국과 제휴를 했다. 이는 모두 훨씬 더 위험한 존재로 간주되는 제3의 세력을 억제하기 위한 것이었다. 당시만 해도 새로운 두 동맹과 미국 사이에는 격렬한 이념적 경쟁이 벌어지고 있었으며, 많은 사람들은 이 동맹이 극단적이고 아주 경직된 것이라고 생각했다. 그럼에도 불구하고 수용할 수 없는 대안에 직면했을 때, 미국은 결국 전략적 이익으로 도덕적 반감을 극복했다. 루스벨트가 절대 수용할 수 없었던 대안은 2차 세계대전에서 독일이 승리하는 것이었다. 닉슨 역시 베트남 전쟁으로 약화된 미국을 제치고 소련이 전 세계적 힘의 균형을 재편하게 되는 상황을 용납할 수 없었다.

현지의 조건들은 오늘날 이란과 관련하여 미국을 그와 비슷한 위치에 놓이게 했다. 두 나라는 서로를 경멸한다. 어느 쪽도 상대편을 쉽게 무너뜨릴 수 없지만, 솔직히 말해서 몇 가지 공통된 이익을 갖고 있다. 간단히 말해, 미국 대통령은 전략적 목표를 달성하기 위해 이란과 화해를 추구해야 한다.

미국이 이런 태도를 취하게 만드는 전략적 상황은, 앞서 언급했듯이 호르무즈 해협을 통과하는 원유의 이동을 유지해야 한다는 것과 이 지역에 투입된 병력을 축소해야 하는 상황에서 그러한 목표를 성취해야 한다는 것이다.

이란이 미국과의 거래에 동의한다면, 그 주된 이유는 그들이 미국을 위험하고 예측 불가능한 상대로 간주하기 때문이다. 실제로 이란은 10년도 되지 않는 기간 동안 동쪽과 서쪽 국경, 즉 아프가니스탄과 이라크에서 대규모 미군 병력을 목격했다. 이란에게 가장 중요한 전략적 이익은 바로 정권의 생존이다. 그들은 이라크가 다시는 결코 위협이 되지 않도록 확실히 하면서, 미국의 치명적인 개입을 피해야만 한다. 한편으로 이란은 경쟁 종파이자, 때때로 위협이 되는 수니파에 맞서 이슬람 세계에서 자신의 권위를 높여야만 한다.

그렇다면 미국-이란 사이의 관계개선(detente)을 상상해보기 위해, 두 나라의 목표가 서로 일치하는 부분을 짚어보자. 미국은 일부 수니파와 전쟁을 치르고 있으며, 이들 수니파는 시아파 이란인들의 적이기도 하다. 이란은 자국의 동서 국경에 미군이 배치되는 상황을 원치 않는다. 사실은 미국도 그곳에 머물고 싶은 마음이 없다. 미국이 호르무즈 해협을 통해 원유가 자유롭게 이동하는 것을 원하는 만큼, 이란도 그에 따른 이익을 기대한다. 또한 이란은 미국이 자신들의 안보에 가장 큰 위협을 가할 수 있는 존재라는 사실을 잘 알고 있다. 즉, 미국 문제를 해결하면 정권의 생존이 보장된다. 한편 미국은 이란에 대해 평형추 역할을 해왔던 이라크를 부활시키는 것이 단기간 내에 가능한 대안이 아니라는 사실을 이해하고 있거나, 이해해야만 한다. 미국이 이라크에 대규모 지상군을 장기적으로 주둔시키길 원하지 않는 한(그리고 분명 원하지 않는다), 그 문제에 대한 분명한 해결책은 이란과 화해하는 것뿐이다.

이런 화해 전략이 초래할 수 있는 주요 위협은 이란이 자기 한도를 넘어서 페르시아 만의 산유국을 직접 점령하려고 시도하는 것이다. 하지만 이란 육군이 가진 군수지원의 한계를 감안하면, 그것은 어려운 일이다. 또한 그런 행위가 미국의 신속한 개입을 불러온다는 점을 고려하면 이란의 공격적인 행동은 무의미하며 자멸을 초래할 뿐이다.

이란은 이미 지역 내에서 지배적 세력이다. 그리고 미국은 이란이 이웃에게 간접적으로 영향력을 행사하는 것까지 막을 필요가 없다. 이란의 영향력은 지역 프로젝트에 대한 재정적 참여, 석유수출국기구(OPEC)의 원유 생산량 쿼터 설정, 아라비아 반도 국가들의 내정에 대한 개입 등의 형태로 나타날 것이다. 약간의 절제만 보여준다면 이란은 자신들의 원유가 시장에 도달하는 것을 보면서 누구도 이의를 제기할 수 없는 우월한 위치와 경제적 이익을 누릴 수 있다. 그뿐만 아니라 다시 한번 실질적인 수준의 투자가 자국 경제로 유입되는 장면을 보게 될 것이다.

비록 미국과 양해가 있다 하더라도, 그 지역에 대한 이란의 지배력은 한계를 갖게 될 것이다. 이란은 다른 문제들에 대해서는 미국과 같은 입장에 있을 때만 영향력을 발휘할 수 있을 것이다. 이는 어떤 선을 벗어나게 되면 미국의 직접적인 개입을 촉발할 수 있음을 의미한다. 하지만 장기적으로 봤을 때, 그와 같은 명확한 양해의 범위 내에서 이란이 세력을 확대한다면 미국과 이란 모두에게 이익이 될 것이다. 스탈린이나 마오쩌둥과의 협정처럼, 미국 – 이란 협약(entente)은 불쾌하지만 반드시 필요하며, 또한 일시적이다.

물론 이 협약의 가장 큰 피해자는 사우드 왕가를 포함한 아라비아 반도의 수니파일 것이다. 이라크가 없다면 그들은 자신을 방어할 수 없다. 또한 원유 이동이 지속되고 단일 세력이 지역 전체를 직접 지배하지 않는 한, 미국은 그들의 정치적, 경제적 안녕에 대해 장기적 이해관계를 갖고 있지 않다. 따라서 미국-이란 협약은 오랜 세월에 걸친 미국과 사우디아라비아 사이의 관계도 재정의하게 될 것이다. 사우디아라비아는 미국을 자신의 이익에 대한 보증인으로 간주하면서 이란과도 어느 정도 정치적인 화해에 도달하려고 노력해야 할 것이다. 결국 페르시아 만의 지정학적 역학관계가 완전히 바뀌는 것이다.

비록 사우디아라비아를 비롯한 페르시아 만의 다른 군주국가들만큼은 아니더라도 이스라엘 역시 위협을 받게 될 것이다. 오랜 세월 동안 이란의 반 이스라엘 수사법은 극단적이었지만 실제 행동은 매우 조심스러웠다. 이란은 대기 전술(waiting game)을 구사해왔으며, 행동하지 않는 것을 감추기 위해 온갖 수사적 기교를 동원했다. 결국 이스라엘은 미국의 결정에 의해 덫에 걸린 신세가 될 것이다. 이란의 핵개발 프로그램을 파괴하기 위해서는 광범위한 항공작전이 필요하지만 이스라엘에게는 그럴 수 있는 재래전 역량이 부족하다. 그들이 페르시아 만 지역의 지정학적 동맹 지도를 바꿀 수 있을 정도로 강한 전력을 보유하지 못한 것은 분명한 사실이다. 더욱이 서쪽 국경지역의 안전과 페르시아 만 지배라는 꿈을 선물받은 이란은 매우 타협적이 될 수 있다. 미국과의 협약이 제공하는 여러 기회들과 비교해볼 때, 이란에게 이스라엘은 멀리 떨어진 작고 상징적인 문제에 불과하다.

여전히 이스라엘은 이란에 대한 일방적 공습이라는 잠재적인 대안을 갖고 있다. 그들은 호르무즈 해협에서의 이란의 반응을 유발시키고, 그럼으로써 미국을 그 충돌에 끌어들이려 하고 있다. 하지만 미국과 이란이 화해 단계로 나아간다면 이스라엘은 미국의 정책을 생각처럼 흔들 수 없게 된다. 반대로 이스라엘이 공습을 감행한다면 원하던 바와 같은 연쇄반응이 아니라 전적으로 불쾌한 미국의 대응을 촉발시킬 것이다.

미국-이란 협약(entente)은 양쪽 모두에게 거대한 정치적 파문을 일으키게 될 것이다. 2차 세계대전 중에 맺어진 미국-소련 협정은 미국인들에게 큰 충격을 안겨주었다(소련은 이미 전쟁 전에 히틀러와 맺은 독소불가침 조약의 충격을 받았던 적이 있었기 때문에 미국보다는 정도가 심하지 않았다). 또한 당시에는 상상조차 할 수 없는 일로 간주됐던 닉슨-마오쩌둥 협상은 양측을 모두 충격에 빠뜨렸다. 하지만 일단 현실이 되자 그것은 전적으로 실현가능한 일일뿐만 아니라 심지어 관리도 가능하다는 사실이 드러났다.

루스벨트가 스탈린을 상대로 협정을 맺을 당시, 그는 정치적으로 우파들에게 공격당하고 있는 상태였다. 우파 극단주의자들은 이미 그를 소련에 우호적인 성향을 지닌 사회주의자로 간주하고 있었다. 반면 처음부터 공산주의에 반대하는 우파였던 닉슨은 루스벨트보다는 쉽게 자신의 협정을 추진할 수 있었다. 오바마 대통령의 경우는 루스벨트와 비슷한 입장일 것이며, 다만 나치 독일 같은 거대한 악의 압도적인 위협이 있는 것은 아니다.

오바마 대통령의 정치적 입지는 냉정한 거래보다는 한 차례의 공습으로 더 강화될 수 있을 것이다. 그에게 있어서는 이란과의 화해는 냉혹함이나 교활함보다는 연약함의 본보기로 보일 것이기 때문에 특히 더 어려운 일일 것이다. 이란의 아호마디네자드 대통령의 경우에는 미국과의 합의를 국민들에게 설득하기가 훨씬 더 쉬울 것이다. 하지만 반대의 경우, 즉 이란의 핵무장, 대규모 공습과 그에 수반되는 결과들, 그리고 장기적이고 전혀 바람직하지 않은 미군의 이라크 주둔과 같은 사태를 생각해 보면, 미국-이란 협약은 완벽하게 합리적인 것으로 보인다.

닉슨과 중국은 거대한 외교적 전환이 순식간에 일어날 수 있음을 보여 주었다. 보통 장기간에 걸쳐 이면 협상이 진행되다가, 상황 변화나 절묘한 협상에 의해 돌파구가 만들어진다.

현재의 대통령은 미국-이란 협약이 알카에다를 상대하는 전쟁에 도움이 된다는 주장을 펼치기 위해 상당한 정치적 기술을 발휘해야 한다. 이 과정에서 시아파 이란이 미국에게 적대적인 것만큼 수니파 이슬람에도 적대적임을 분명히 해야 한다. 여기서 미국은 두 개의 강력한 세력, 즉 사우디아라비아와 이스라엘의 저항을 받게 될 것이다. 미국의 행동에 대해 이스라엘은 단순히 분개하겠지만, 사우디아라비아는 공포에 질리게 될 것이다. 그리고 이러한 반응은 미국의 정책적 협상력을 강화하는 큰 이점으로 작용할 것이다.

이스라엘의 경우는 여러 측면에서 대처하기가 더 수월할 수도 있다. 왜냐하면 비록 이란이 이스라엘을 상대하기 위해 헤즈볼라를 지원하기는 했지만, 이스라엘의 군부와 정보기관은 오래전부터 이란을 아랍의 위협에 대항하는 일시적인 동맹으로 간주하고 있었기 때문이다. 지난 30년 동안 그들은 대단히 복잡한 관계를 맺어왔다. 사우디아라비아는 미국의 행동을 맹렬하게 비난하겠지만, 이 결정이 아랍 세계에 가하는 압박은 이스라엘에게 매력적일 수도 있다. 그렇다 하더라도 미국의 유대 공동체는 이 문제에 대해 이스라엘만큼 신중하거나 냉소적이지 않으며, 그 구성원들은 항의의 목소리를 낼 것이다. 훨씬 더 대처하기 어려운 것은 현지에서 사업을 하는 미국 기업들의 지원을 받는 사우디아라비아의 로비일 것이다.

이 정책을 통해 미국은 몇 가지 이익을 얻을 수 있다.

1. 이스라엘의 이익에 근본적인 위협을 가하지 않으면서도 미국이 이스라엘에 조정당하지 않는다는 사실을 증명할 수 있다.
2. 대체로 인기가 없는 국가, 지금껏 미국에 대해 제멋대로 행동하는 데 익숙해 있던 국가, 즉 사우디아라비아에게 미국이 다른 대안을 갖고 있음을 알게 할 수 있다.

사우디아라비아는 동맹으로 삼을 만한 다른 대안이 없기 때문에 미국-이란 협약을 눈앞에 두고 미국이 어떤 보상을 제공하든 거기에 매달릴 수밖에 없을 것이다.

30년에 걸친 이란과의 적대 관계를 떠올리며 미국 여론은 분개할 것이다. 대통령은 더 큰 위협에 맞서 본토를 보호해야 한다는 식의 수사를 구사하여 자신의 전략을 변호해야 한다. 물론 그는 절대로 함께할 수 없는 국가와의 성공적인 화해의 예로 닉슨-마오쩌둥 협상을 활용할 수도 있을 것이다.

미국 대통령은 다른 나라들이 벌이는 공개적인 로비 전쟁의 소용돌이에 대처하면서 미국-이란 협약을 옹호해야 할 것이다. 하지만 결국 스탈린과 마오쩌둥이 미국의 친구가 아니었던 것처럼 이란 역시 그렇지 않다는 사실을 명심하면서, 대통령은 궁극적으로 자신의 도덕적 태도를 유지해야만 한다.

비밀 양해는 정말 은밀하게 이루어질 필요가 있으며, 합의사항의 많은 부분이 비공개될 것이다. 양국 모두 과도한 공개적 만남을 가짐으로써 내부적인 정치적 피해가 발생하는 상황을 원치 않을 것이다. 하지만 결국 미국은 자신이 발을 들여놓은 덫에서 빠져나가야 할 필요가 있다. 이란 역시 미국과 실제로 대립하게 되는 사태를 피해야 한다.

이란은 본질적으로 방어적인 국가다. 그들은 중동에 대한 미국 정책의 토대가 되거나, 장기적인 문제가 될 만큼 강력하지 않다. 이란의 인구는 국경을 에워싸고 있는 산악 지역에 집중되어 있다. 국토의 중심부는 대부분 극소수만 거주하고 있거나 아예 거주가 불가능하다. 물론 이란은 특정 상황에서 자신의 전력을 보여줄 수도 있다. 하지만 장기적으로는 외부 힘의 희생물이 되거나 고립될 것이다.

미국과의 동맹은 이란이 다른 아랍 국가들과의 관계에서 일시적으로 우위에 설 수 있게 해줄 것이다. 하지만 수년 내에 미국은 힘의 균형을 다시 천명해야 할 것이다. 파키스탄은 이란 쪽으로 자신의 영향력을 팽창시킬 수 있는 능력이 없다. 이스라엘은 이란의 힘을 상쇄하기에 너무 작고 게다가 멀리 떨어져 있다. 아라비아 반도는 너무 심하게 분열되어 있다. 그 지역 국가들을 부추겨 군비를 확충하게 하는 것은 미국의 이중성을 너무도 분명하게 드러내기 때문에 이란에 대한 평형추가 되기 어렵다. 좀더 현실적인 대안은 러시아가 자신의 영향력을 이란 국경까지 확장하도록 부추기는 것이다. 이는 어쩌면 가능한 일이지만, 다른 중대한 문제를 초래하게 될 것이다.

이란에 대한 평형추가 될 수 있는 유일한 국가이면서, 지역에서 장기적인 강대국이 될 가능성이 있는 국가는 터키다. 그리고 터키는 미국이 어떤 행동을 취하든 앞으로 10년 내에 그 지위에 도달하게 될 것이다. 터키는 세계에서 17번째이고, 중동에서는 가장 큰 경제 규모를 갖고 있다. 러시아와 아마도 영국을 제외하면 유럽에서 가장 강력한 육군을 보유하고 있을 것이다. 이슬람 세계에 속한 대부분의 국가들처럼 터키 역시 세속주의자와 이슬람 근본주의자로 분열되어 있다. 하지만 그들의 투쟁은 다른 이슬람 세계에서 전개되는 것보다 훨씬 더 제한적인 수준에 머물러 있다.

터키는 러시아 원유에 대한 의존도를 줄이기 위해 아라비아의 원유에 눈독을 들이고 있기 때문에 이란의 아라비아 반도 지배는 터키의 이익에 반하는 것이다. 또한 터키는 이란이 자신보다 더 강해지는 것을 원하지 않는다. 이란에는 소규모의 쿠르드인들이 살고 있는데 반해 터키 남동부는 많은 수의 쿠르드인들이 정착해 있으며, 이란은 그 점을 파고들 수도 있다. 지역 세력이나 세계적인 강대국들은 이라크와 터키, 이란에 압박을 가하거나 내부 불안을 초래하기 위해 쿠르드족을 지원하는 방법을 사용해왔다. 이는 오래된 게임이며 지속적인 취약점이다.

다음 10년 동안 이란은 터키에 대응하는 데 많은 자원을 투여할 것이다. 한편 아랍 세계는 시아파 이란과 맞서 싸울 세력을 찾게 될 것이며, 오스만 제국 시절 터키에 의해 지배당했던 쓰라린 역사에도 불구하고 수니파 터키가 최선의 선택일 것이다.

앞으로 10년 동안 미국은 터키가 미국의 이익에 적대적이 되지 않게 하면서, 이란과 터키가 동맹을 맺어 아랍 세계를 분할 지배하는 것을 막아야 한다. 이란과 터키가 미국을 두려워할수록 두 국가의 동맹이 이루어질 가능성은 더욱 커진다. 이란은 미국과의 협상을 통해 단기적으로나마 두려움을 떨칠지는 몰라도, 이것이 장기적인 우호 관계가 아니라 편의적 동맹에 불과하다는 사실을 잘 알고 있다. 미국과 장기적인 동맹이 될 가능성이 있는 국가는 바로 터키다. 게다가 그들은 다른 지역에서도 미국에게 매우 가치 있는 존재가 될 수 있다. 특히 발칸반도와 카프카스Caucasus 지역에서 그러하다. 그곳에서 터키는 러시아의 열망을 차단하는 역할을 담당하고 있다.

미국이 이란과의 합의에 따른 기본적인 조건을 준수하는 한, 이란은 터키에게 위협이 될 것이다. 터키는 자신이 어떤 성향을 갖고 있든, 스스로를 보호해야만 한다. 그러기 위해서 터키는 아라비아 반도와 그 북쪽에 있는 아랍 국가들, 즉 이라크, 시리아, 레바논 등에서 이란의 영향력을 약화시키기 위한 활동을 벌여야 한다. 그들은 이란을 억제하기 위해서뿐만 아니라 남쪽에 있는 원유를 확보하기 위해서라도 이런 활동을 전개할 것이다. 그들은 원유를 필요로 하고, 원유로부터 이익을 얻고 싶어 하기 때문이다.

다음 10년 동안 이란-터키가 경쟁을 벌이는 동안, 이스라엘과 파키스탄은 지역적 힘의 균형에 신경을 쓸 것이다. 하지만 장기적으로 볼 때 이란은 터키를 억제하지 못한다. 터키는 경제적으로 훨씬 더 역동적이기 때문에 더 우수한 군사력을 육성할 수 있다. 그보다 더 중요한 것은 이란이 지리적으로 제한된 지역적 대안을 갖고 있는 데 반해, 터키는 카프카스와 발칸반도, 중앙아시아, 그리고 궁극적으로는 지중해와 북아프리카까지도 접근이 가능하다는 사실이다. 여기서 그들은 이란이 얻을 수 없는 기회와 동맹들을 얻게 될 것이다. 고대부터 이란은 강력한 해군력을 보유했던 적이 없으며, 항구의 지리적 입지 때문에 미래에도 결코 그러지 못할 것이다. 이와는 대조적으로 터키는 과거 지중해에서 지배적인 해상세력이었고, 다시 그럴 것이다. 다음 10년 동안 우리는 터키가 이 지역의 지배세력으로 부상하는 과정을 지켜보게 될 것이다. 흥미롭게도, 우리는 극도로 중요한 역할을 수행할 터키를 빼놓고는 21세기를 떠올릴 수 없을 것이다. 다음 10년은 이를 준비하는 시기가 될 것이다. 터키는 국내 분쟁에서 타협에 도달하고 경제를 성장시켜야만 한다. 현재 터키가 취하고 있는 신중한 대외정책은 앞으로도 지속될 것이다. 그들은 분쟁에 뛰어들지 않을 것이며, 따라서 일정한 영향력을 행사하지만 그 지역을 정의하려 들지 않을 것이다. 미국은 터키를 장기적인 관점에서 바라보아야 한다. 그리고 그들의 발전을 저해할 수 있는 압박을 피해야만 한다.

중동의 복잡한 문제들에 대한 해결책으로서, 미국은 이란이 원하는 것을 줌으로써 이란과의 일시적인 화해를 선택해야 한다. 이는 미국이 이라크에서 철수할 수 있는 여지를 만들어줄 것이다. 또한 그러한 화해는 수니파 근본주의자들에 대한 적대감을 공유하는 관계의 토대가 될 것이다. 달리 말해, 미국은 이란이 아라비아 반도를 직접 통제하는 것을 제한하면서도, 이 지역을 이란의 영향권 내에 두어야 한다. 그리고 그렇게 함으로써, 특히 사우디아라비아에게 큰 불이익을 주게 될 것이다.

이 전략은 이란이 가진 힘의 현실을 직시하면서 이란에 영향을 미치려는 것이다. 이란이 그 영향을 받든 받지 않든, 이 지역에서 힘의 균형을 유지하기 위한 장기적인 해결책은 터키의 부상일 것이다. 강력한 터키는 이란과 이스라엘에 대한 평형추가 되면서 동시에 아라비아 반도를 안정화시킬 것이다. 터키는 적절한 시기에 이란에 도전함으로써 대응하기 시작할 것이다. 그렇게 해서 중심적인 힘의 균형이 부활되고, 그 지역을 안정화시킬 것이다. 그리고 이를 통해 새로운 지역적 힘의 균형이 형성될 것이다. 물론 이 모든 것이 다음 10년 동안 실현되지는 않을 것이다.

이 전략은 주어진 환경을 고려할 때 그나마 나은 정책적인 선택이다. 동시에 가장 논리적인 결론이기도 하다. 다른 대안들은 미국과 이란 모두에게 수용될 수 없다. 너무나 많은 위험이 도사리고 있기 때문이다. 그리고 대안들이 바람직하지 않을 때는, 제아무리 터무니없어 보이더라도 끝에 남아 있는 것이 가장 가능성 있는 결론이다.

이 전략이 더 넓은 범위의 세력 관계와 균형에 어떤 영향을 미치는지 알아보기 위해, 이제 다음 관심사인 유럽 – 러시아 간의 균형으로 넘어가보자.

08

러시아의 귀환

The Return Of Russia

소련의 붕괴는 국제적 행위자로서 러시아가 소멸한다는 신호처럼 보였다. 그러나 그 부고는 때 이른 것이었다. 그처럼 규모가 크고, 엄청난 자원을 보유했으며 전략적으로 유리한 위치를 차지하고 있는 국가는 쉽사리 해체되어 흩어지지 않는다. 그럼에도 1990년대 소련의 붕괴는 차르가 구축하고 공산주의자들이 유지했던 거대 제국을 산산이 조각냈다. 그 결과 모스크바는 1989년에 장악하고 있던 영토 중 일부만을 지배하게 되었다. 러시아의 수중에 남은 것은 제국의 중핵이었던 모스크바 공국Muscovy과 시베리아뿐이었다. 하지만 핵심이 그대로 유지되는 한 게임은 아직 끝난 것이 아니다. 애처로울 정도로 약화되긴 했지만 러시아 연방은 여전히 살아남아 있으며, 다음 10년 동안 점점 더 중요한 역할을 수행할 것이다.

러시아가 영토가 떨어져나가고 경제가 비틀거리는 고통을 당하는 동안 미국은 세계 유일의 강대국으로 부상하였고, 느긋하고 안일하게 세계를 지배할 수 있었다. 하지만 소련의 붕괴는 미국에게 옛 경쟁자가 다시 일어서지 못하도록 그 심장에 말뚝을 박아 넣을 제한된 시간만을 주었다. 미국은 분리주의 운동을 지원하거나 경제적 압력을 증가시킴으로써 러시아 체제에 압박을 가할 수 있었다. 그런 조치는 전체 러시아 연방을 붕괴시켰을 것이고, 이전의 하위 파트너 국가들이 그 잔해들을 흡수하고 유라시아에 새로운 힘의 균형을 형성할 수 있었을 것이다.

하지만 당시에 그런 시도는 위험을 감수할 만한 가치가 있어 보이지 않았다. 왜냐하면 외견상 러시아가 적어도 몇 세대 동안은 혼돈에서 벗어날 수 없을 것 같았기 때문이다. 미국은 남아 있는 러시아의 힘을 파괴하는 것이 반드시 필요한 일은 아니라고 생각했다. 나토와 그 동맹체제를 간단히 동쪽으로 확장하기만 해도 미국은 자신이 원하는 지역적 힘의 균형을 창출할 수 있었기 때문이다.

하지만 미국은 또한 자신들이 보유한 것보다 훨씬 더 많은 소련 핵무기의 앞날에 대해 깊이 고민하고 있었다. 그 지역에 큰 혼돈이 초래될 경우 무엇보다 그 무기들이 테러리스트나 암시장 중개인의 손에 들어갈 수 있었다. 미국은 구소련의 핵무기들이 자신이 감시하고 영향을 미칠 수 있는 단일 국가에게 통제되기를 바랐다. 그 국가는 우크라이나나 벨라루스 같은 나라들이 아니라 바로 러시아였다. 핵무기가 소련을 지켜주지는 못했지만 적어도 미국의 개입으로부터 러시아 연방을 지켜준 셈이었다.

1990년대 카자흐스탄이나 우크라이나 같은 구소련의 비러시아계 국가들은 나토에 편입되기 위해 필사적이었다. 미국은 이들을 신속하고 공격적으로 나토에 통합시킴으로써 러시아를 둘러싸고 있는 국가들의 힘과 응집력을 강화시키고 러시아와 이전 소비에트 공화국들을 봉쇄할 수 있었을 것이다. 그리고 러시아는 그 과정을 무기력하게 지켜볼 수밖에 없었을 것이다.

하지만 미국은 그와 같은 계획을 가지고 있었음에도 충분히 신속하게 움직이지 못했고, 오직 동유럽과 발트해 주변 국가들만이 나토에 흡수되었다. 이는 중대한 전략적 변화였으며, 다음 사실을 고려하면 그 의미가 더욱 분명해진다. 소련이 아직 동독을 점령하고 있을 때, 나토 군대와 상트페테르부르크 사이의 거리는 약 1,600킬로미터였지만, 발트해 주변 국가들이 나토에 가입한 후 거의 10분의 1로 줄어든 것이다. 이렇게 포위당하고, 축소되고, 잠식당했다는 인식은 향후 러시아의 행동을 결정하게 된다.

러시아의 두려움

　나토가 이렇게 문 앞까지 밀어닥치자 러시아는 당연히 경각심을 갖게 됐다. 러시아는 이 동맹이 무엇보다 군사동맹이며, 현재는 아무리 유화적인 성격을 갖고 있다고 해도 앞으로의 의도는 예측할 수 없다고 판단했다. 러시아는 분위기가 얼마나 쉽게 반전될 수 있는지 잘 알고 있었고, 1932년까지만 해도 혼란스럽고, 빈곤하고, 군사력도 빈약했던 독일이 불과 6년 뒤에는 유럽의 지배적인 세력이 됐다는 사실을 고통스럽게 떠올렸다. 러시아는 조만간 나토가 자신을 공격하려는 목적이 아니라면 서구가 그렇게 나토를 팽창시켜야 할 이유가 없다고 보았다. 결국, 러시아는 자신들은 분명히 유럽을 침공하려는 것이 아니었다고 주장했다.

　나토 내부의 일부 국가들, 특히 미국과 이전의 소련 위성국가들은 전략적인 이유로 팽창의 기회를 이용하고 싶어 했다. 하지만 다른 국가들, 특히 유럽의 국가들은 나토에 대해 다른 방식으로 생각하기 시작했다. 그들은 나토를 전쟁에 초점을 맞춘 군사동맹이 아니라 일종의 지역적 유엔, 즉 우호적이고 자유로운 민주주의 국가들이 지역의 안정을 유지하기 위해 만든 조직체로 보았다.

　발트해 연안국들을 흡수하면서 나토의 팽창은 절정에 도달했으며, 그 이후부터 이를 방해하는 사건들이 발생하기 시작했다. 블라디미르 푸틴이 최고 권력자로 부상하면서 1990년대 보리스 옐친 정권 시절과는 전혀 다른 러시아가 만들어졌다. 그 와중에도 러시아의 정보기관은 결코 기능을 멈춘 적이 없었다. 수 세대에 걸쳐 러시아를 장악하고 제국을 통합시켰던 그들은 1990년대에 들어서는 거의 자율적인 국가 또

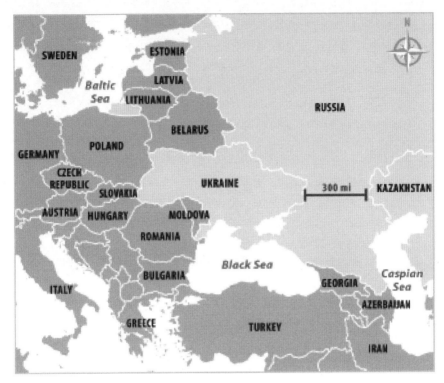

우크라이나-카자흐스탄 사이: 480km

는 범죄조직으로 활동했다. 푸틴은 KGB에서 훈련받았으며, 그 결과 세계를 이념이 아니라 지정학적 관점으로 보았다. 그의 머릿속에는 러시아가 안정되려면 강력한 국가가 필수적이라는 생각이 따라다녔으며, 2000년 권력을 쥔 순간부터 러시아의 힘을 재건하는 과정에 착수했다.

100년이 넘는 기간 동안 러시아는 서구와 경쟁할 수 있는 산업 국가가 되려고 노력해왔다. 하지만 도저히 격차를 따라잡을 수 없다는 사실을 깨닫자 푸틴은 경제전략을 전환하여 금속과 곡물, 에너지 같은 천연자원의 탐사와 개발에 집중했다. 이 전략은 지속가능한 경제적 기반을 확보하고 러시아를 지탱해주었다는 점에서 탁월한 선택이었다. 또한 천연가스에 대한 독점권을 가진 가스프롬Gazprom을 정부의 무기로 만듦으로써 러시아 국가를 강화했다. 이는 유럽이 러시아의 에너지에 의존할 수밖에 없는 상황을 만들었으며, 결국 유럽, 특히 독일이 러시아와 대립할 가능성을 낮추었다.

2004년 미국－러시아 관계에 전환점이 찾아왔다. 당시 우크라이나에서 일어난 사건들로 인해 러시아는 미국이 자신을 파괴하거나 아니면 적어도 강하게 통제하려 한다고 확신했다. 우크라이나는 광대한 국가로서, 러시아 남서쪽 국경의 거의 대부분에 걸쳐 있다. 러시아의 관점에서 우크라이나는 국가안보의 핵심이다.

우크라이나와 카자흐스탄 사이를 지나는 러시아 영토는 폭이 480여 킬로미터이고, 남쪽으로 향하는 대부분의 송유관과 함께 카프카스 지역에서 러시아의 모든 영향력은 바로 그 사이로 흘러간다. 그 사이의 중심부에는 예전의 스탈린그라드인 볼고그라드Volgograd가 있다. 2차 세계대전 당시 소련은 그 사이를 차단하려는 독일과의 전투에서 100만 명의 목숨을 잃었다.

2004년 우크나이나 대선의 최초 승자는 여당의 빅토르 야누코비치Viktor Yanukovich였다. 하지만 광범위한 선거부정 혐의로 기소를 당했으며, 대중들은 선거 무효를 요구하며 시위를 일으켰다. 결국 야누코비치가 물러나고 재선거가 치러졌다. 모스크바는 오렌지혁명으로 알려진 이 봉기가 우크라이나를 나토에 가입시키기 위한 친서방적, 반러시아적인 반란이라고 여겼다. 또한 러시아는 그것이 시민혁명이 아니라 미국의 CIA와 영국 비밀정보국 MI6의 지원 하에 치밀하게 조율된 쿠데타라고 비난했다. 러시아에 의하면, 서구의 NGO와 자문단들은 시위를 조직하고, 친러시아 정부를 몰아내고, 그리고 러시아의 국가안보를 직접적으로 위협하기 위해 우크라이나로 몰려온 것이었다.

분명히 미국과 영국은 이들 NGO와 자문단을 지원했다. 그리고 우크라이나에서 몇몇 친서방 후보들의 선거운동을 돕던 자문위원들은 이전에 미국에서 선거운동을 담당하던 사람들이었다. 서구 세계의 자금이 우크라이나로 유입되고 있다는 다양한 증거들이 발견됐다. 하지만 미국의 관점에서 보면 이런 활동 중 그 무엇도 은밀하거나 위협적이지 않았다. 미국은 단순히 베를린장벽이 붕괴된 이래 자신들이 해왔던 일을 하고 있었다. 그것은 민주 진영과 함께 민주주의 국가를 설립하는 일이었다.

바로 이 부분에서 미국과 러시아는 깊은 인식 차이를 드러냈다. 우크라이나의 현실은 친러시아 진영과 반러시아 진영으로 분열되어 있었지만 미국은 그저 민주주의자들을 지원하는 것일 뿐이라고 생각했던 것이다. 미국이 민주주의적이라고 간주한 진영들은 동시에 반러시아 진영에도 속했지만, 미국의 입장에서 그것은 우연에 불과했다.

하지만 러시아의 입장에서 그것은 결코 우연이 아니었다. 그들은 미국이 구소련을 상대로 오랜 기간 수행했던 봉쇄전략을 생생하게 기억하고 있었다. 다만 그때와 다른 점은 움츠러든 러시아를 더 강력하게 조여서 더 큰 위기를 불러일으켰다는 데 있었다. 러시아는 미국이 교묘하게 자신들을 무방비상태에 빠뜨리려고 시도하는 중이며, 카프카스에서 러시아의 핵심적 이익을 침해하고 있다고 보았다. 이미 그 지역에서 미국은 조지아와 쌍무협정에 도달한 상태였다.

물론 봉쇄정책은 실제로 미국의 전략이었다. 근본적인 미국의 국가 이익은 언제나 힘의 균형이었으며, 1990년대에 러시아 연방을 붕괴시키려는 시도를 자제한 미국은, 2004년 지역적 힘의 균형을 창출하기 위해 움직였다. 러시아의 힘에 대한 이러한 평형추를 만드는 데 있어 미국은 우크라이나를 그 토대로 삼았으며, 이전에 소비에트 연방에 속했던 국가들 대부분을 포함시키고자 하는 분명한 의도를 갖고 있었다.

러시아의 두려움은 중앙아시아에서의 미국의 활동을 목격한 뒤부터 더욱 심화됐다. 그럼에도 불구하고 9·11 테러 이후 미국이 아프가니스탄에서 탈레반 정권을 신속하게 붕괴시키고자 했을 때, 러시아는 두 가지 방법으로 미국을 지원했다. 첫째, 그들은 아프가니스탄 내 친러시아 분파인 북부동맹을 미국과 연결시켜주었다. 둘째, 러시아는 아프가니스탄과 국경을 접하고 있는 세 국가(우즈베키스탄, 타지키스탄, 투르크메니스탄)에 공군기지와 주둔지를 확보할 수 있도록 영향력을 발휘했으며, 미국은 그곳에서 자국의 침투 병력을 지원할 수 있었다. 또한 러시아는 자국 영공을 비행할 수 있는 특권을 부여함으로써 미국의 서부 해안이나 유럽에서 아프가니스탄으로 손쉽게 진입할 수 있게 했다.

그런데 러시아와 국경을 접한 세 국가의 기지들은 한시적으로 사용하게 되어 있었지만, 3년이 흐른 뒤에도 미국은 철수할 기미를 보이지 않았다. 그러던 중 러시아의 반대에도 불구하고 미국의 이라크 침공이 시작됐으며 장기적인 점령으로 이어질 것이 분명한 상황이 시작되었다. 게다가 미국은 우크라이나와 조지아에도 깊숙이 개입하였고 중앙아시아에도 대규모 주둔을 진행하고 있었다. 이런 일련의 활동들을 개별적으로만 보면 모스크바의 이익에 그다지 해가 되지 않을 것처럼 보였지만, 하나로 통합시켜서 보면 러시아의 목을 죄기 위한 조율된 노력으로 보였다.

특히 미군이 조지아에 주둔한 것은 의도적인 도발이라고 밖에 볼 수 없었다. 조지아는 체첸이라는 러시아 지역과 국경을 맞대고 있었다. 러시아는 만약 체첸이 분리독립할 경우 다른 공화국들도 그 뒤를 따르게 될 것이고 그로 인해 모든 구조가 붕괴되지 않을까 두려워했다. 또한 체첸은 카프카스 산맥의 최북단 사면에 위치하고 있고, 러시아의 힘은 이미 산악지대 깊숙한 곳에 있는 원래의 경계 지역으로부터 수백 킬로미터나 후퇴해 있었다. 만약 여기서 더 물러서게 된다면 평야지대에서는 거의 방어가 불가능하기 때문에, 러시아는 카프카스 전체를 상실하게 될 수도 있었다. 게다가 중요한 송유관이 체첸의 수도인 그로즈니Grozny를 통과하고 있어서 이곳을 잃을 경우 러시아의 에너지 수출 전략은 상당한 타격을 입을 수밖에 없었다.

1990년대로 돌아가서 보면, 당시 러시아는 조지아가 이른바 판키시 조지Pankisi Gorge라는 곳을 통해 체첸으로 무기가 유입되는 것을 용인하고 있다고 믿었다. 그들은 또한 조지아에 특수부대 고문관을 파견한 미국이 무기거래를 방치하거나, 최악의 경우 부추기고 있다고 믿었다.

미국은 자신의 핵심 정책에 따라, 중앙아시아 지역, 특히 조지아에서 우호관계를 구축하려고 노력해왔다. 하지만 결국 미국이 더 이상 주요 전력을 투사할 수 없다는 사실이 세상에 드러나고 말았다. 여전히 해군과 공군의 예비 전력을 보유하고 있기는 했지만, 지상 병력은 이라크와 아프가니스탄에 매여 있었다.

이것은 심리적으로 상당히 중요했지만, 그 다음 이라크 전쟁 역시 엄청난 정치적 효과를 가져왔다. 이라크 문제에 대한 미국과 프랑스, 독일 사이의 균열과 부시 행정부에 대한 유럽의 전반적인 반감은 나토의 팽창을 위한 미국의 계획이나 러시아와의 대치에 대한 특히 독일의 지지가 이전까지의 수준보다도 훨씬 못할 것이라는 사실을 의미했다. 게다가 러시아는 독일이 필요로 하는 천연가스의 거의 절반을 공급함으로써 독일이 자국의 천연가스에 의존하도록 만들었다. 따라서 독일은 러시아와의 대치를 추구할 만한 입장도 아니었다. 군사적 불균형과 외교적 긴장의 결합은 미국이 선택할 수 있는 대안을 극도로 제약했다. 그럼에도 미국은 습관적으로 계속해서 자신의 영향력을 확대하고자 했다.

2005년 4월 25일의 시정연설에서 푸틴은 소련의 붕괴가 "20세기 최대의 지정학적 재앙(greatest geopolitical catastrophe of the century)"이라고 선언했다. 이것은 그가 소련의 붕괴로 인한 결과물 중 몇 가지를 돌려놓겠다는 공개적인 선언이었다. 비록 러시아는 더 이상 전 세계적인 강대국이 아니지만, 지역 내에서는, 특히 미국이 부재할 경우 압도적인 강대국이다. 그리고 이라크와 아프가니스탄에서의 전쟁 상황을 고려할 때 미국은 부재한 것이나 마찬가지였다. 이를 읽어낸 푸틴은 러시아의 군사적 역량을 증대시키기 시작했다. 또한 그는 원자재 수출을 통해 세수를 증가시킴으로써 정권을 강화하는 정책을 펼쳤다. 때마침 원자재 가격이 상승하면서 그의 정책에 행운이 따랐다. 그는 KGB를 계승한 러시아 연방보안국(FSB)과 러시아해외정보국(SVR)의 역량을 활용해 이전 소비에트 연방의 핵심인사들을 파악하고 통제했다. 대부분의 인사들이 소련 시절에 정치활동을 했고, 공산당 당원이었거나 FSB의 파일에 기록이 여전히 남아 있었다. 그리고 푸틴은 자신의 막강한 자산을 활용해 그들의 약점을 이용했다.

2008년 8월, 조지아 정부가 분명하게 밝혀지지 않은 이유로 남오세

티야 주South Ossetia를 공격했다. 한때 조지아 공화국의 일부였던 이 주는 조지아에서 분리된 1990년대 이후 사실상 독립 상태에서 러시아와 동맹관계를 유지하고 있었다. 푸틴의 러시아는 마치 공격을 기다리고 있었다는 듯이 신속하게 반응했다. 그는 불과 몇 시간 만에 반격을 개시해 조지아 군대를 격파하고 일부 영토를 점령했다.

이 공격의 주안점은 러시아가 여전히 힘을 투사할 수 있다는 사실을 보여주는 것이었다. 러시아 육군은 1990년대에 무너졌고, 푸틴은 러시아 육군이 더 이상 중요한 존재가 아니라는 인식을 불식시킬 필요가 있었다. 동시에 그는 이전 소비에트 연방의 국가들에게 미국과의 우호관계나 보증이 아무런 의미가 없다는 사실을 보여주고 싶어 했다. 그것은 약소국에 대한 소규모 공격이었지만, 다른 한편으로는 미국 쪽으로 많이 기울어진 특정 국가에 대한 공격이기도 했다. 러시아의 군사작전은 그 지역과 동유럽에 모두에게 충격을 주었다. 유럽의 효과적인 무관심과 함께 미국의 무대응 역시 그들에게는 적지 않은 충격이었다. 외교 문서로 그친 미국의 무대응은 미국은 멀고 러시아는 가까우며, 미국이 지상군을 아프가니스탄이나 이라크에 계속 배치하는 한, 앞으로도 미국의 무능력이 지속될 것이란 사실을 분명히 보여주었다.

이런 상황이 되자 우크라이나의 친러시아파는 러시아 정보당국의 지원을 받아 오렌지혁명의 결과를 거꾸로 되돌리기 위한 과정에 돌입했다. 결국 2010년 선거에서 우크라이나는 2004년 오렌지혁명의 결과로 들어선 친서방 정권을 친러 정권으로 교체했다.

미국은 이라크에서 자신의 전략적 균형을 잃고 있었던 것과 마찬가지로, 너무 느리게 대응함으로써 러시아가 균형을 회복하는 것을 허용하고 말았다. 러시아 봉쇄체제에 그 주변 국가들을 묶어두기 위해 그 지역에 전력을 집중시켜야 하는 시점에, 미국은 다른 곳에 전력을 투입하고 있었다. 게다가 유럽 내 미국의 동맹국들은 너무 약해서 의미 있는 역할을 수행하지 못했다. 이런 실책을 저지르고 기회를 잃어버리는 사태를 피하기 위해 다음 10년 동안 미국 대통령들은 새롭고 좀더 일관된 전략을 채택해야 한다.

러시아의 재등장

장기적으로 보면 러시아는 약한 나라다. 에너지 생산과 수출에 집중하는 푸틴의 전략은 최고의 단기적 수단이다. 하지만 그러한 전략은 그것이 주요한 경제 확장을 위한 기초를 만들 때에만 효과적이다. 이러한 더 큰 목표를 달성하려면, 러시아는 근본적인 구조적 약점을 해결해야 한다. 하지만 이들 약점은 쉽게 극복될 수 없는 지정학적 문제에서 기인하는 것이다.

대부분의 산업 국가들과 달리, 러시아는 국토 면적에 비해 상대적으로 인구가 적은데다가 인구가 광범위하게 분산되어 있어 치안기구와 공통된 문화만이 그들을 묶어주고 있다.

심지어 모스크바나 상트페테르부르크 같은 주요 도시조차 거대한 메갈로폴리스(megalopolis, 대도시권역)의 중심이 아니다. 이 도시들은 광활한 농지와 숲을 사이에 두고 서로 멀리 떨어져 있었다. 러시아의 인구가 감소하고 있다는 사실은 차치하더라도, 현재와 같은 인구 분포로는 현대적인 경제체제의 구축은커녕 효율적인 식량의 분배마저 어려운 상황이다. 산업지대와 상업지대를 연결하는 사회기반시설은 물

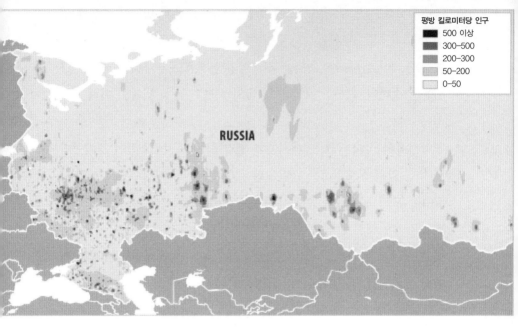

러시아의 인구밀도

론, 농업지대와 도시를 연결시키는 시설도 취약하기 때문이다.

연결성의 문제는 러시아의 하천이 불리한 방향으로 흐르는 데서 기인한다. 미국의 하천은 농업지대와 식량이 분배될 수 있는 항구를 연결한다. 하지만 러시아의 하천은 그저 장애물일 뿐이다. 차르들과 그들의 철도 채권, 그리고 스탈린의 강제노동도 이 문제를 극복하지는 못했다. 그리고 러시아 경제를 위해 광범위한 철도망과 도로체계를 구축하는 비용은 실로 믿기 어려울 정도이다. 러시아는 항상 자국의 경제를 피폐하게 만들면서 군사력을 발휘했지만 그런 방식이 영원히 지속될 수는 없다.

러시아는 자신의 천연가스에 대한 독일의 의존과 미국이 중동에 정신이 팔려 있는 상황이라는 두 가지의 이점을 가지고 있는 짧은 기간에 집중해야 한다. 즉, 그들은 경제적인 한계에도 불구하고 유지될 수 있는 지속적인 구조들 — 국내 및 국외의 구조 — 를 만들기 위해 노력해야 한다.

러시아의 국내 구조는 러시아와 벨라루스, 카자흐스탄이 경제통합에 대한 합의에 도달하고 단일통화에 대해 논의를 시작하면서 이미 그 모습을 드러내고 있다. 아르메니아와 키르기스스탄, 타지키스탄도 경제공동체에 대해 관심을 보이고 있으며, 러시아는 우크라이나가 합류하는 방안도 논의하고 있는 중이다. 이런 관계는 유럽연합과 같은 일종의 정치연합, 과거 소련이 가졌던 중심적 역할을 재창조하는 단계까지 나아갈 수 있는 동맹으로 발전하게 될 것이다.

러시아에게 필요한 국제 구조는 어쩌면 더 중요하고 어려움이 많다. 이는 유럽, 특히 독일과의 관계에서 시작한다. 러시아는 독일이 풍부하게 보유한 기술을 필요로 하며, 독일은 러시아의 천연자원을 필요로 한다. 독일은 러시아의 자원을 빼앗기 위해 두 차례나 전쟁을 벌였지만 모두 패배했다. 그 자원에 대한 독일의 관심은 조금도 줄어들지 않았지만 이제 그것을 얻기 위한 수단은 군사적인 것이 아니라 외교적인 것이다. 이런 상호보완 관계를 활용하려는 욕구는 앞으로 10년 동안 러시아 전략의 핵심에 놓이게 될 것이다.

뒤에서 다시 살펴보겠지만 독일은 유럽연합의 주도세력으로 부상하면서 예상치 못했던 부담도 떠안았다. 독일은 중동지역에 대한 미군의 작전에 별다른 관심이 없으며, 나토와 함께 미국의 영향력을 러시아 변방까지 확장하는 것에도 아무런 이익이 없다. 독일은 미국과 어느 정도 거리를 두고 싶어 하며, 유럽연합 이외의 대안을 필요로 한다. 독일의 입장에서 러시아와 긴밀한 협력관계를 유지하는 것은 그리 나쁜 생각이 아니다. 푸틴은 러시아에 대한 독일의 두려움과 불신까지 이해할 정도로 독일에 대해 잘 알고 있다. 동시에 그는 2차 세계대전 이후 독일이 과도하게 성장한 나머지 내적으로 심각한 경제 문제를 안고 있으며, 결국 러시아의 자원을 원할 수밖에 없다는 사실도 잘 파악하고 있다.

러시아의 영향이 미치는 지배권을 재건하는 동시에 독일과의 구조적 관계를 만들어내는 것이 러시아가 신속하게 추진해야 할 정책이다. 러시아에게는 시간이 별로 없다. 러시아는 독일에게 자신들이 신뢰할 만한 동반자이며, 유럽연합 혹은 독일-유럽연합의 관계를 붕괴시키려는 그 어떤 시도도 하지 않을 것이라는 확신을 심어주어야만 한다.

러시아는 이러한 전략을 실현할 기회를 얻기 위해 반드시 유럽과 미국을 분리시켜야 한다. 동시에 러시아는 미국이 이라크와 아프가니스탄뿐 아니라 가능하다면 이란으로부터도 발을 빼지 못하도록 모든 수단을 동원할 것이다. 러시아의 관점에서, 미국과 지하디스트들 사이의 전쟁은 베트남 전쟁과 같다. 그 전쟁은 러시아가 미국의 군사력을 상대해야 하는 부담을 덜어주고, 실제로 미국이 이란 같은 국가들에 제재를 가하기 위해 러시아의 협조에 의지할 수밖에 없게 만든다. 러시아는 반미 세력이나 이란이나 시리아 같은 나라들에 무기를 제공하겠다는 위협만으로 언제까지나 미국을 농락할 수 있다. 이것은 미국을 옴짝달싹 못하게 만든다. 이런 상황에서 미국은 러시아를 자기편으로 끌어들이도록 노력하지만 정작 러시아가 원하는 유일한 것은 미국이 영원히 전쟁의 수렁에서 벗어나지 못하게 하는 것이다.

이러한 러시아의 전략은 미국이 테러와의 전쟁에 과도하게 집착한 대가가 무엇인지를 보여준다. 이는 또한 러시아에 대한 효과적 대응뿐만 아니라, 급진적 이슬람에 대한 효과적 대응 방법을 찾는 것이 긴급한 과제라는 사실도 보여준다. 러시아의 모든 움직임 뒤에는 미국의 잠재적인 지정학적 악몽이 도사리고 있다.

미국의 전략

유라시아(러시아와 유럽 반도)에 대한 미국의 이익은 역시 다른 지역들에서의 이익과 다르지 않다. 즉, 단일 국가 혹은 동맹이 그 지역을 지배하지 못하도록 하는 것이다. 러시아와 유럽이 통합될 경우 인구, 기술 및 산업 역량, 천연자원 보유량 등이 적어도 미국과 대등하거나 미국을 압도할 가능성이 큰 세력이 출현할 것이다.

20세기 동안 미국은 러시아-독일 동맹(entente)으로 유라시아가 통합되고 미국의 이익을 근본적으로 위협할 수 있는 사태를 막기 위해 세 차례에 걸쳐 행동에 나섰다. 1917년 러시아가 독일과 맺은 단독 강화조약은 1차 세계대전 당시 영불연합을 궁지에 몰아넣었다. 2차 세계대전 당시 미국은 영국뿐 아니라 특히 소련에도 물자를 지원함으로써 독일군을 저지하고 광대한 소련의 영토가 독일에게 넘어가는 상황을 막았다. 그리고 1944년 미국은 서유럽에 군대를 상륙시켜 독일뿐 아니라 소련까지도 봉쇄했다. 그리고 1945년부터 1991년까지 미국은 소련이 유라시아를 지배하는 것을 막기 위해 막대한 자원을 투입했다.

러시아-독일 동맹에 대한 미국의 대응은 다음 10년 동안에도 20세기와 전혀 달라지지 않을 것이다. 강력한 군사력을 지닌 러시아가 출현했다는 사실 그 자체만으로도 유럽의 행동방식이 바뀔 수 있기 때문이다. 미국은 앞으로도 러시아-독일 동맹을 저지하고 러시아의 영향력이 유럽에 미칠 수 있는 효과를 제한하기 위해 모든 수단을 동원할 것이다.

독일은 유럽의 무게 중심이다. 그렇기 때문에 독일이 입장을 바꾸면 유럽의 다른 국가들도 독일과 같은 방향으로 바꾸어야만 할 것이며, 심지어 지역 전체의 균형이 기울어질 정도로 많은 국가들이 이동하게 될지도 모른다. 러시아는 구소련 국가들에 대한 자신의 장악력을 재구축하거나 강화함에 따라, 이 국가들을 최대한 활용할 수 있을 것이다. 이는 비공식적인 관계로 시작됐다 하더라도 시간이 지나면서 실제적인 연대로 견고해질 것이다. 이는 미국-유럽 관계의 역사적 재정의(historic redefinition)가 될 것이며, 지역적 힘의 균형은 물론 세계적 힘의 균형에 근본적인 변화와 거의 예측할 수 없는 결과를 가져올 것이다.

나는 벨라루스와 러시아의 연합이 가능하다고 본다. 그에 따라 러시아 육군이 유럽과의 국경지역으로 이동할 것이다. 러시아는 이미 벨라루스와 군사동맹을 맺고 있다. 여기에 우크라이나가 추가되면 러시아는 구소련의 위성국이었던 루마니아와 헝가리, 슬로바키아, 폴란드, 발트해 연안국들의 국경에 도달하게 된다. 그렇게 되면 비록 제도적 형태는 다르지만 러시아 제국이 다시 등장하게 되는 셈이다.

하지만 러시아와 국경을 접하고 있는 나라들 뒤에 위치한 국가들은 지금 러시아보다는 미국을 우려한다. 그들은 미국을 파트너라기보다는 경제적 경쟁자, 원치 않는 전쟁에 참전을 강요하는 세력으로 간주한다. 반면 러시아는 선진 유럽 국가들과 경제적 시너지 효과를 낼 수 있는 존재로 보여지고 있다.

또한 유럽 국가들은 구소련의 위성국가들을 모스크바에 대한 물리적 완충지대로 간주하고 있으며, 자신들이 러시아와 협력하는 동안 자신의 안전을 보장해주는 존재로 본다. 그들은 동유럽 국가들이 무엇을 우려하는지 잘 알고 있지만, 유럽과의 관계를 통해 얻을 수 있는 경제적 이익 때문에 러시아가 선을 넘지는 않을 것이라고 믿고 있다. 유럽은 미국과의 관계를 줄이고 러시아와 상호이익이 되는 새로운 관계를 구축할 수 있다. 그러면서도 여전히 보험증서 같은 전략적 완충지대의 혜택을 누리게 될 것이다. 따라서 미국은 러시아를 봉쇄하기 위해 행동해야 하며, 그들이 가진 장기적이고 내재적인 약점이 계속 그들의 발목을 잡게 만들어야 한다. 미국과 지하디스트들 사이의 전쟁이 끝나기만 기다릴 수는 없다. 미국은 즉시 행동에 나서야 한다.

독일과 러시아가 계속해서 협력관계를 향해 나아간다면 발트해와 흑해 사이에 놓인 국가들은 미국에 필수적인 존재가 된다. 이 국가들 중 폴란드는 가장 크고, 전략적으로도 가장 중요한 위치를 차지하고 있다. 또한 잃을 것이 가장 많고, 손실의 가능성에 대한 경각심이 가장 높다. 폴란드에게 있어서 유럽연합 회원국이 되는 것과 러시아-독일 동맹 사이에 갇히는 것은 별개의 문제다. 폴란드뿐 아니라 다른 동유럽 국가들도 그들의 역사적 적들의 영향권 안으로 다시 끌려들어가는 것에 두려움을 느끼고 있다.

이들 중 대부분은 오스트리아-헝가리, 러시아, 오스만, 그리고 독일 제국들을 붕괴시킨 1차 세계대전 당시까지만 해도 독립국이 아니었다. 대부분의 나라들은 분할되고, 억압당하고, 약탈당했다. 그나마 헝가리 같은 경우는 그리 심하지 않은 편에 속했지만 다른 국가들에게는 잔학한 억압이 가해졌다. 이들은 모두 나치와 그 이후 소련의 소름 끼치는 점령기를 기억하고 있다. 오늘날 독일과 러시아의 정권들이 그때와 다른 것은 사실이다. 하지만 동유럽 국가들에게 점령은 그리 오래된 일이 아니며, 독일과 러시아의 세력권에 갇히게 된다는 것이 의미하는 바에 관한 기억이 그들의 국가적 특성을 형성해왔다. 그러한 기억은 앞으로 10년 동안에도 그들의 행동에 계속 영향을 미치게 될 것이다.

이는 특히 폴란드에게 해당되는 것이다. 폴란드는 여러 차례 독일, 러시아, 오스트리아에 합병되었던 적이 있다. 역사적 타협이 이루어질 때마다 폴란드의 분할이 있었으며, 이는 계속해서 폴란드의 악몽으로 남아 있다. 1차 세계대전이 끝나고 독립했을 때, 폴란드는 소련이 자국의 영토를 침해하는 것을 막기 위해 전쟁을 치러야 했다. 20년 뒤 밀약을 맺은 독일과 소련은 동시에 폴란드를 침공했다. 이후 냉전이 지속된 반세기 동안 공산주의는 그들에게 도저히 잊을 수 없는 악몽을 안겨주었다.

폴란드는 독일, 러시아와 국경을 접하고 있으며, 프랑스의 대서양 연안에서 상트페테르부르크까지 간선도로처럼 뻗어 있는 북유럽 평원을 차지하고 있다. 이처럼 전략적으로 중요한 지정학적 위치 때문에 폴란드는 역사적으로 직접적인 피해를 입을 수밖에 없었다. 다른 동유럽 국가들도 폴란드의 관점을 공유하고 있지만, 그들은 폴란드보다는 지정학적으로 안전하게 동유럽의 카르파티아Carpathia 산맥 뒤에 자리 잡고 있다.

양쪽 국경이 모두 노출되어 있으므로, 폴란드는 독일과 러시아가 어

북유럽 평원

떤 결정을 내리든 거기에 따라갈 수밖에 없으며, 이는 미국에게 재앙
이 될 수 있다. 따라서 미국의 이익은 독일과 러시아로부터 폴란드의
독립을 보증하는 데 있으며, 단지 형식적으로만 보증하는 것이 아니라
실행 가능하고 활기 넘치는 경제와 군대를 만들도록 지원해야 한다.
그것은 다른 동유럽 국가들을 위한 모델과 자극제 역할을 할 수 있어
야 한다.

폴란드는 역사적으로 독일과 러시아 양쪽 목구멍에 박혀 있는 가시
역할을 맡아왔다. 그것이 두 나라의 목에 굳건하게 박혀 있도록 하는
게 미국의 이익이다. 독일 편에 선 폴란드는 러시아에 위협이 되며, 그
반대도 마찬가지이다. 미국은 독일이나 러시아가 안전하다고 느끼게

되는 사태를 허용할 수 없기 때문에, 폴란드는 양측 모두에게 위협적인 존재로 남아 있어야 한다.

다음 10년 동안 폴란드와 미국의 관계는 두 가지 기능을 수행하게 된다. 그것은 러시아-독일 협약을 방지하거나 제한하는 것이며, 만약 그것이 실패할 경우 새로운 균형추를 만들어내는 것이다. 미국은 간절하게 폴란드를 필요로 한다. 왜냐하면 러시아-독일 동맹을 견제할 다른 전략적 대안이 없기 때문이다. 폴란드의 관점에서, 미국과의 우호 관계는 이웃 나라들로부터 자신을 보호해 주는 역할은 하겠지만, 여기에는 한 가지 특별한 문제가 있다. 2차 세계대전이 발발했을 때 영국과 프랑스가 보호를 약속했음에도 독일의 공격을 받은 폴란드를 구하러 오지 않았다는 사실로 인해 폴란드의 국민적 정서는 상처를 입었다. 폴란드는 배신에 대해 극도로 민감하며, 이로 인해 신뢰할 수 없는 국가와 함께하느니 차라리 적대국을 수용하는 쪽을 선호할 수도 있다.

그러므로 미국 대통령은 폴란드에 접근할 때 불확실하거나 망설이는 태도를 보여서는 안 된다. 이는 어떤 점에서 위험을 회피할 수단이 없는 전략적 결정을 내리는 것이고, 항상 불편한 입장에 놓이게 되는 것을 의미한다. 왜냐하면 유능한 대통령은 언제나 모든 가능성을 열어 두려고 하기 때문이다. 하지만 너무 많은 행동의 여지를 고수할 경우, 폴란드라는 선택지는 즉시 닫힐 것이다.

조지 W. 부시 행정부가 동유럽 국가들을 위한 탄도미사일 방어(BMD) 체계의 구축에 착수했을 때, 미국은 위험을 회피할 방안을 마련해 두었다. 미국은 불량 국가들, 특히 이란에서 발사하는 소수의 미사일을 막기 위한 체계를 구축하기로 결정했다. 그들은 체코에 레이더 시스템을 설치하기로 했고, 미사일은 폴란드에 배치하기로 계획했다.

이는 F-16 전투기와 패트리어트 미사일 같은 정교한 무기들을 폴란드로 보내기로 한 계획에 추가된 것이었다. 방어체계는 어디에나 배치될 수 있었지만, 폴란드에 배치하기로 한 것은 폴란드가 미국의 전략적 이익에 핵심적이라는 사실을 명확히 하고, 나토 밖에서 폴란드-미국 간의 협력을 강화하기 위한 것이었다. 러시아는 그 사실을 알아차리고 가능한 모든 수단을 동원하여 그것을 막으려 했다.

BMD는 소수의 미사일만을 방어할 수 있었고, 러시아는 압도적으로 많은 탄도미사일을 보유하고 있었음에도 폴란드에 미사일이 배치되는 것을 반대했다. 사실 러시아의 입장에서 중요한 것은 미사일 방어가 아니었다. 중요한 것은 미국이 폴란드 땅에 전략적 무기체계를 둔다는 바로 그 사실이었다. 전략적 무기체계는 방어되어야만 하고, 러시아는 BMD 체계가 폴란드에 대한 미국의 본격적인 개입이 시작되는 것이라고 이해했다.

오바마 행정부가 들어섰을 때, 지도부는 러시아와의 관계를 "재설정"하기를 원했다. 러시아는 자신들도 냉전시대의 적대관계로 돌아가길 원하지 않지만, BMD 체계의 폴란드 배치 계획이 철회되지 않는 한 관계개선은 이루어질 수 없다는 의사를 분명하게 밝혔다. 그 시점에 폴란드는 BMD 체계를 자국에 대한 미국의 헌신(commitment)을 상징하는 것으로 간주했다. BMD 체계가 실제로는 그 무엇으로부터 폴란드를 보호해주지 않았고, 심지어 자신들을 표적으로 만들 수도 있었지만 폴란드인들은 그렇게 믿었다. 배반에 민감한 폴란드는 워싱턴과의 관계를 간절히 원했다. 오바마가 BMD 체계의 배치를 폴란드에서 근해의 함정으로 바꾸기로 결정했을 때, 폴란드는 패닉에 빠졌고 미국이 러시아와 모종의 거래를 하려 한다고 믿었다. 미국이 폴란드에 대한 입장을 전혀 바꾸지 않았지만, 폴란드는 미국이 입장을 변경했다고 확신했다.

만약 폴란드가 자신이 협상용 카드라고 믿는다면, 폴란드는 신뢰하기 어려운 나라가 될 것이다. 따라서 다음 10년 동안 미국이 폴란드를 배신하고 교묘히 빠져나갈 수 있는 건 단 한 번뿐일지 모른다. 그런 행동은 대단히 큰 이득이 있을 때 생각해볼 수 있겠지만, 러시아-독일 사이에 튼튼한 쐐기를 박아두는 것이 미국에게 압도적인 이익임을 고려한다면 무엇이 그만한 이득이 될 수 있을지 알기 어렵다.

발트해 연안국들의 상황은 전혀 다르다. 그들은 미국을 위한 최상의 공격 능력을 갖고 있으며, 마치 총검처럼 러시아에서 두 번째로 큰 도시인 상트페테르부르크를 겨누고 있다. 게다가 리투아니아의 동쪽 국경은 벨라루스공화국의 수도인 민스크로부터 불과 160킬로미터밖에 떨어져 있지 않다.

이 모든 것에도 불구하고 미국은 러시아를 침공하는 데 필요한 군사력이나 그럴 만한 이익을 갖고 있지 않다. 그리고 미국의 입장이 전략적으로는 공격적이지만 전술적으로는 방어적이라는 점에서 발트해 연안국은 미국에게 부담으로 작용한다. 길이가 약 480킬로미터에 이르고, 폭은 320킬로미터가 안 되는 그 지역을 방어하기란 거의 불가능하다. 하지만 발트해 연안국들은 상트페테르부르크의 러시아 해군을 봉쇄하는 역할을 수행한다. 그들은 여전히 미국의 자산으로 남아 있지만 계속 유지하기에는 너무 비용이 많이 든다. 그러므로 미국 대통령은 러시아를 견제하기 위해 발트해 연안국에 전적으로 헌신하는 것처럼 보이면서 한편으로는 미국이 그 지역에서 철수하는 대가로 러시아에게 최대의 양보를 얻어내야 한다. 폴란드가 쉽게 의심을 할 수 있다는 점을 고려하여 그런 책략은 가능한 한 늦춰져야 한다. 불행하게도 러시아는 그 사실을 알아차릴 것이고, 아마도 머지않은 시기에 발트해 연안국들에 압박을 가하면서 이것을 조기에 명확한 마찰 지점으로 만들 것이다.

또한 독일에서 무슨 일이 벌어지든 간에, 덴마크와 견고한 쌍무관계를 유지하는 것 역시 미국에게는 대단히 중요하다. 덴마크의 해역은 발트해 밖으로 나가는 출구를 막고 있다. 노르웨이의 노르곶NorthCape은 무르만스크Murmansk의 러시아 함대를 봉쇄할 수 있는 기지를 제공한다. 따라서 노르웨이는 러시아 잠수함을 감시하는 데 최고의 플랫폼을 제공하는 아이슬란드처럼, 미국에게 매우 중요한 가치를 지닌다. 이 두 나라들은 모두 유럽연합 회원국이 아니다. 게다가 아이슬란드는 2008년 금융위기 당시 독일이 취한 행동 때문에 독일에 반감마저 갖고 있다. 따라서 노르웨이와 아이슬란드는 상대적으로 적은 비용으로 미국 진영에 끌어들일 수 있다.

러시아 국경의 나머지 부분은 카르파티아 산맥이 차지하고 있고, 그 산맥 뒤로 슬로바키아, 헝가리, 루마니아가 자리 잡고 있다. 미국이 이들 세 국가와 우호적인 관계를 유지하며 그들이 군사적 역량을 키울 수 있도록 지원하는 것은 전략적인 필수과제이다. 하지만 카르파티아 산맥이 침략자에게 장애물 역할을 한다는 점을 고려하면 최소한의 군사적 역량이 요구된다. 이들은 폴란드보다 위험에 덜 노출되어 있기 때문에 어느 정도 행동의 자유를 갖고 있다. 물론 정치적으로는 상당히 복잡해질 가능성이 있는 곳이다. 그러나 러시아가 카르파티아 산맥 너머로 이동하지 않는 한, 독일이 이 나라들을 완전한 경제적 종속 상태로 만들지 않는 한, 미국은 간단한 전략으로 상황을 관리할 수 있다.

이들의 경제력과 군사력을 강화시키고, 친미적으로 남아 있는 것이 이득이 되게 만들고, 그리고 기다리는 것이다. 러시아의 세력권 안에서 러시아를 자극하는 행동은 피하는 것이 좋다. 유럽의 다른 국가들과 러시아의 경제적 관계를 방해하는 행동도 피하는 것이 좋다. 유럽의 국가들로 하여금 미국이 그들을 전쟁으로 끌고 들어갈 것이라고 우려하게 하는 행동은 하지 말아야 한다.

카프카스 지역에서 미국은 현재 조지아와 동맹 관계에 있다. 그러나 조지아는 러시아의 압박을 받고 있으며 내부 정치 상황은 장기적으로 예측 불가능하다. 그 다음 줄에 있는 나라인 아르메니아와 아제르바이잔 역시 문제가 많다. 전자는 러시아의 동맹이며 후자는 터키와 가깝다. 역사적으로 터키와 적대적이었던 아르메니아는 언제나 러시아와 가까웠다. 아제르바이잔은 터키와 이란, 러시아 사이에서 균형을 잡기 위해 노력해왔다.

미국이 인구 4,000만의 폴란드에서 자신의 입지를 강화하는 것보다 인구가 400만에 불과하고 폴란드보다 훨씬 덜 발전된 조지아에 대한 개입을 유지하는 게 훨씬 더 어렵다. 그리고 조지아에서 친러 정권이 들어서고 미국 고문관들과 병력의 철수를 요구할 경우, 카프카스에서 미국의 입지가 흔들릴 뿐만 아니라 폴란드에서도 신뢰의 위기를 초래할 수 있다.

카프카스의 상황은 오로지 터키를 통해서만 관리가 가능하다. 러시아의 국경이 북쪽으로 후퇴한 이 지역에서 유서 깊은 세 국가(아르메니아, 아제르바이잔, 조지아)가 등장함에 따라 터키의 국경도 상대적으로 안정을 이루었다. 미국에게 있어서 러시아가 카프카스 어딘가를 차지하고 있는 이상, 러시아가 위치가 정확히 어디인가는 중요한 문제가 아니다. 유일한 재앙적 결과는 러시아가 터키를 점령하거나(이는 상상도 할 수 없는 일이다) 러시아와 터키가 동맹을 맺는 것이다(이는 좀더 현실적인 위험이다).

터키와 러시아는 흑해 연안에 자리 잡은 두 개의 제국으로, 발칸반도와 카프카스 지역을 놓고 힘을 겨뤄온 오랜 경쟁자였다. 더욱 중요한 사실은, 러시아가 보스포루스 해협을 자신들의 지중해 진출을 가로막는 차단막으로 본다는 점이다. 터키는 다음 10년 동안 러시아와 협력관계를 형성할 수도 있다. 그들이 여전히 러시아의 원유에 의존하고 있다는 점을 고려하면 가능성이 전혀 없는 것도 아니다. 하지만 어쨌든 터키는 결단코 카프카스에 있는 자신의 국경을 남쪽으로 이동시킨다거나 보스포루스 해협을 포기하지는 않을 것이다. 그곳에 존재하는 것만으로도 터키는 러시아와 관련된 미국의 이익에 기여한다.

카프카스에서 러시아가 봉쇄되기만 한다면, 구체적으로 이 지역 어디에서 봉쇄되는가는 미국의 관심사가 아니다. 따라서 미국이 조지아에 과도하게 관여하는 것은 현명한 처사가 아니다. 조지아는 별다른 이득도 없이 미국의 자원을 소모시키는 존재이다. 따라서 조지아에 대한 현재의 전략은 폐기되어야 한다. 그것은 그러한 정책이 위험도가 낮고 비용이 거의 들지 않는다고 믿었던 시기의 잔여물에 불과하다. 위험과 비용이 증가하고 있는 상황에서 미국은 자신의 노출을 더 신중하게 관리해야 하며, 조지아가 자산이 아니라 부담이라는 사실을 인정해야만 한다.

다음 10년 동안 미국이 새로운 동맹국들에게 심리적 타격을 입히지 않으면서 조지아와 카프카스에서 빠져나올 수 있는 기회는 그다지 많지 않다. 미국이 조지아를 포기하는 것은 폴란드 및 발트해-흑해 사이의 국가들에서 심리적 불확실성을 초래하여 이 나라들이 즉시 자신들의 입장을 재고하게 만드는 사태가 벌어질 수도 있다. 폴란드와 러시아가 서로 대치하게 될 때까지 기다리는 것은 스트레스를 가중시킬 뿐이다. 따라서 가능한 빠른 시간 내에 조지아 정책을 재고하는 것은 4가지 이익을 가지고 있다.

1. 발트해-흑해 사이의 국가들을 심리적으로 안정시킬 수 있는 시간적 여유를 확보할 수 있다.
2. 미국은 자신의 논리에 따라 조지아에서 물러나는 것이지, 러시아의 압력 때문에 후퇴하는 것이 아니라는 점을 분명히 할 수 있다.
3. 미국이 언제든지 입장을 바꿀 수 있다는 것을 보여줌으로써 미국에 대해 과도한 자신감을 갖고 있는 터키를 불안하게 만들 수 있다(때로는 불안감이 유익한 경우도 있다).
4. 미국은 카프카스에서 물러나는 대가로 러시아에게 중앙아시아에서의 양보를 요구할 수도 있다.

미국이 아프가니스탄에서 전투를 계속하는 한, 미국은 군수 지원을 위해 의존하는 인근 국가들에 자유롭게 접근할 수 있어야 한다. 미국의 정유회사들은 중앙아시아의 유전과 천연가스 매장지역에 대한 접근을 원한다. 장기적으로 미국은 아프가니스탄을 떠날 것이고, 장기적으로 그 지역의 지배적인 세력이 될 수 없다. 지리적 이유로 인해 미국은 그곳을 지배할 수 없으며, 러시아도 그 사실을 잘 알고 있다.

미국은 지금 과거 조지아에 했던 약속을 지키지 않으려고 한다. 하지만 좀더 큰 그림을 볼 경우, 이러한 배신은 다른 곳에서 약속을 지킬 수 있는 미국의 능력을 증가시킨다. 조지아는 미국에게 별로 중요하지 않지만, 러시아에게는 남쪽 경계지역의 안보를 위해 대단히 중요하다. 러시아는 조지아를 통제하기 위해 상당한 대가를 치를 각오가 되어 있을 것이고, 따라서 가까운 시일에 자발적으로 물러날 용의가 있는 미국은 그에 대한 대가를 러시아에 요구할 수 있을 것이다.

러시아가 제공해야 할 대가는, 만약 미국 – 이란 협상이 실패한다면, 러시아가 이란에 무기를 공급하지 않는 것과 이란에 대한 효과적인 제재조치에 동참하는 것이다. 만약 이란과의 협상(overture)이 성공한다면, 미국은 중동지역, 특히 시리아에 대한 무기수출을 중단하도록 러시아에 요구할 수 있을 것이다. 만약 이러한 러시아와의 협의가 이란을 상대로 한 협상과 동시에 진행된다면, 그 협상에 상당한 힘을 실어주게 될 것이다. 이로 인해 미국의 신뢰성은 높아지고 미국의 선택지도 늘어나게 될 것이다. 또한 폴란드에서 자산을 구축하는 데 필요한 시간을 벌 수도 있을 것이다.

카프카스 지역에서 미국의 발판으로서 조지아는 아제르바이잔보다도 성공 가능성이 훨씬 떨어진다. 아제르바이잔은 러시아 및 이란과 국경을 접하고 있고, 터키와는 밀접한 관계를 맺고 있다. 또한 주요 원유 생산국이기도 하다. 그리고 아르메니아가 러시아와 동맹을 맺고 있고, 조지아는 강력한 경제적 토대를 결여하고 있는 반면, 아제르바이잔은 경제적 자원을 보유하고 있어서 미군의 작전을 위한 기반이 될 수 있다. 따라서 다음 10년에는 철수의 전략과 재동맹의 전략이 필요할 것이다.

만약 미국이 조지아로부터의 철수가 선택적이고 단계적이며, 무엇보다 번복될 수도 있다는 것을 러시아에게 납득시킬 수 있다면, 미국은 자신의 전략적 입장을 정당화하면서도 현실적으로 의미 있는 양보를 이끌어낼 수 있을 것이다. 어떤 측면에서 그것은 허세이지만, 유능한 대통령이라면 배신을 합리화하는 것은 물론 허세도 부릴 줄 알아야 한다.

어떻게 러시아를 관리할 것인가

러시아는 전 세계적 차원의 미국의 지위를 위협하지 않는다. 하지만 그들이 유럽, 특히 독일과 협력할 수 있다는 단순한 가능성만으로도 다음 10년에 가장 중대한 위협이 될 수 있다. 이런 장기적 위협은 아예 싹부터 잘라내야 한다. 그렇다고 독일에게 냉전시대 소련에 맞서 담당했던 최전선의 역할을 해주기를 기대할 수는 없다. 비록 러시아의 위협이 당시만큼 중대하거나, 강압적이거나, 단순하지 않더라도, 다음 10년에 미국은 1950년대 독일이 수행했던 역할을 폴란드가 맡을 수 있도록 작업해야 한다. 한쪽에서는 지정학적으로 대립하면서, 다른 쪽에서는 미국과 소련이 경제적, 정치적으로 협력하는 모습을 보이게 될 것이다. 이것은 이전 세대의 냉전이 아니다. 두 나라는 폴란드와 카르파티아 산맥 일대에서는 서로 대립하면서도 중앙아시아나 심지어 카프카스에서는 협력할 수도 있을 것이다.

장기적으로 러시아는 많은 문제들을 안고 있으며, 국제무대에서 중요한 역할을 계속 유지할 수 없을 것이다. 그들은 원자재 수출에 의지해 국고를 채울 수는 있겠지만 자국의 경제를 성장시키지는 못할 것이다. 인구도 심각한 쇠퇴 중에 있으며, 지리적 구조도 바꾸기 어렵다.

하지만 지정학에서 10년은 그리 긴 시간이 아니다. 구소련의 단순한 붕괴도 그것을 마치는 데 10년이 필요했다. 다음 10년 동안에도 러시아와 유럽의 위협은 지속될 것이고, 미국 대통령이 미국의 세계전략에 있어 균형을 회복하고자 한다면, 이 문제에 계속 신경을 쓸 수밖에 없을 것이다.

09

유럽: 역사로의 귀환

Europe's Return To History

현대의 유럽은 지옥으로부터 탈출구를 모색하는 중이다. 20세기의 첫 50년은 베르덩Verdun에서 아우슈비츠에 이르기까지 거의 도살장을 방불케 했다. 그 다음 50년은 유럽 땅에서 벌어질지도 모를 미국－소련 간의 핵전쟁 위협 속에 살았다. 유혈과 혼란에 지쳐버린 유럽은, 경제적 갈등만이 존재하고, 브뤼셀의 관료들이 그것을 관리하면 되는 세상을 꿈꾸기 시작했다. 헤겔이 말한 '이데올로기의 충돌(conflicts of ideology)'이 해결됐다는 의미에서 그들은 심지어 '역사의 종언(the end of history)'을 논하기 시작했다. 소련이 붕괴된 이후 20년 동안 유럽은 그들의 유토피아를 찾은 듯 보였다. 그러나 지금 그들의 미래는 훨씬 더 불확실해졌다. 다음 10년에 유럽이 다시 참호전이나 포로수용소의 시대로 돌아가지는 않겠지만, 내가 보기에 유럽 대륙에서 지정학적 긴장이 점점 더 커지고 있고, 심각한 충돌의 뿌리가 자라나고 있다.

다음 10년 동안 두 가지 문제가 유럽이 직면하게 될 주요 딜레마를 형성하게 될 것이다.

1. 유럽은 재등장한 러시아와 어떤 형태의 관계를 가질 것인가?
2. 유럽에서 가장 역동적인 경제를 가진 독일이 어떤 역할을 수행할 것인가?

러시아의 패러독스(약한 경제력과 막강한 군사력)는 유지될 것이며 독일의 역동성도 그러하다. 나머지 유럽 국가들은 서로의 관계를 정의하기에 앞서 이 두 강대국과의 관계를 먼저 정의해야 한다. 이런 긴장의 과정을 거치면서 다음 10년에는 지금과는 매우 다른 유럽이 출현하게

1815년 유럽

될 것이다. 이는 미국에게 중대한 도전을 제기할 것이다. 미국이 정책
적 측면에서 무엇을 해야 하는지 이해하기 위해, 우리는 먼저 이러한
지점(juncture)에 도달하게 된 역사에 대해 살펴보아야 한다.

유럽은 항상 피의 격전장이 되어 왔다. 1492년 신대륙발견 이후 광
대한 제국을 세우기 위한 경쟁에 불이 붙자, 유럽 대륙은 스페인, 포르
투갈, 프랑스, 네덜란드, 영국 등 세계를 제패하려는 국가들의 각축장

이 되었다. 이들 국가는 모두 대서양 또는 북해 연안에 위치한 국가들이었다. 오스트리아-헝가리제국과 러시아는 식민지 경쟁에서 빠졌고, 분열되고 무기력한 독일과 이탈리아는 봉건적 공국들의 집합체로 남아 있었다.

그 후 200년 동안 유럽은 대서양 유럽, 스칸디나비아, 동남부 유럽, 그리고 러시아 네 지역으로 나뉜 채 유지되었다. 대륙 한가운데에는 덴마크에서 시칠리아까지 이어지는 완충지대가 자리 잡고 있었다. 이 지역은 자잘하게 분열된 여러 왕국과 공국들로 이루어져 있었으며, 이들은 자기방어 능력은 없었으나 의도치 않게 유럽에 일정한 안정성을 제공하였다.

그러나 곧 나폴레옹이 유럽을 재편성했다. 나폴레옹이 동쪽으로는 독일, 남쪽으로는 이탈리아로 진격해 들어가자 이 두 나라에 존재하던 복잡한 균형이 무너져버렸다. 더 심각한 것은 나폴레옹이 프러시아에 활력을 불어넣어 준다는 것이 결과적으로는 프러시아를 유럽의 강국이 되도록 재촉했다는 사실이다. 훗날 워털루 전투에서 나폴레옹을 패배시키는 데 기여한 것도 바로 프러시아였다. 그로부터 50년 후인 1871년, 프랑스와의 짧은 전쟁에 승리한 후 프러시아는 독일의 나머지 영토를 통합하여 통일국가가 되었다. 이탈리아의 통일도 대체로 같은 시기에 이루어졌다.

갑자기 북해부터 지중해에 이르는 새로운 지정학적 현실이 나타났다. 엄청난 생산성과 급격한 성장, 그리고 지리적 위치에서 비롯된 뿌리 깊은 불안 때문에 독일은 특히 곤란한 상황에 처했다. 역사의 흐름상 독일은 북유럽 평원의 북쪽에 위치하게 됐는데, 이 지역에는 방어 목적으로 이용할 수 있는 몇 개의 강이 있었다. 그러나 이 신생 국민국가에서 가장 생산적인 몇몇 지역들은 라인 강 반대편에 위치해 있었고, 완전한 무방비 상태에 있었다. 서쪽에는 프랑스, 동쪽에는 러시아가 있었다. 양국은 독일이 분열되어 있던 수백 년 동안 마음 편히 지낼 수 있었지만, 이제는 새롭게 태어난 무서운 독일을 마주하게 됐다. 독일은 유럽에서 경제적으로 가장 역동적인 국가이면서 동시에 강력한 군대와 깊은 불안감을 가지고 있었다.

독일 역시 마찬가지로 인접국들에 대한 두려움을 가지고 있었다. 독일의 지도자들은 프랑스와 러시아가 동시에 공격하면 독일이 살아남지 못할 것이라는 사실을 알고 있었으며, 언젠가 그러한 공격이 올 것이라고 믿었다. 인접국들에게 자신이 얼마나 위협적으로 보이는지 알고 있었기 때문이다. 독일은 프랑스와 러시아가 원하는 시기 또는 장소에서 전쟁을 시작하도록 내버려둘 수 없었다. 그리고 이런 두려움에 쫓긴 독일은 결국 동맹국들과 함께 선제공격을 하는 전략을 계획했다.

20세기의 유럽은 이러한 두려움에 의해 규정되었고, 지리적 특징에서 기인하는 그러한 두려움은 이성적이면서도 불가피한 것이었다. 물론 이러한 지리적 특징은 오늘날에도 여전히 유효하다. 유럽은 국가주의를 제거함으로써 지리의 영향을 제거하려고 했다. 그러나 우리가 이미 보기 시작했듯이 국가주의는 쉽게 억제되지 않으며, 지리의 영향은 피하기 어렵다. 이런 문제들은 독일의 경우에 특히 두드러진다. 독일은 19-20세기에 그러했듯이, 현재도 유럽 경제의 원동력이며, 잠재적으로 각기 다른 이해관계를 가진 국가들에 둘러싸여 불안정한 상태를 유지하고 있다. 앞으로 제기될 질문은 과거에는 전쟁으로 이어졌던 지정학적 논리가 미래에도 여전히 동일한 결과를 낳을 것인가, 아니면 과거 유럽이 수없이 실패하곤 했던 우호관계의 시험(test of comity)을 통과할 수 있을 것인가이다.

두 차례의 세계대전은 사실상 단일한 시나리오에 의해 전개되었다. 지리적 위치 때문에 불안해하던 독일이 프랑스에 기습공격을 감행한 것이다. 두 차례 모두 프랑스를 재빨리 제압한 후 러시아를 상대하는 것이 목표였다. 그러나 1914년 독일이 프랑스를 조기 항복시키는 데 실패하자 양측은 참호를 팠고 전쟁은 장기전으로 이어졌다. 독일은 어느새 프랑스와 영국, 러시아를 상대로 동쪽과 서쪽에서 동시에 싸우고 있었다. 볼셰비키 혁명이 러시아를 전쟁에서 철수시켜 독일을 구하는 것처럼 보였으나, 곧바로 미국이 유럽에 병력을 파견하고 세계무대에서 최초로 주된 역할을 수행함으로써 독일의 야심에 제동을 걸었다.

1940년 독일은 프랑스를 점령하는 데 성공했다. 그러나 소련은 여전히 패배시킬 수 없었다. 그 이유 중 하나는 미국의 두 번째 극적인 개입 때문이었다. 미국은 소련에 원조를 제공했고, 그로부터 3년 후 영미연합군이 프랑스에 상륙하여 25년 만에 두 번째로 독일을 쳐부술 때까지 소련은 전쟁을 지속할 수 있었다.

2차 세계대전으로 독일은 패배의 굴욕뿐만 아니라 전례 없는 야만적 행위에서 비롯된 도덕적 수치심까지 떠안게 되었다. 지정학적 필연성과는 전혀 상관없는 만행들을 저질렀기 때문이다. 독일은 승전국들에 의해 분할 점령되었다. 독일은 물리적으로 황폐해졌다. 그러나 전쟁 당시 독일이 벌인 행위들은 그보다 훨씬 더 중요한 것들을 파괴하는 결과를 낳았다. 유럽은 500년 동안 세계를 지배했다. 1914년 8월에 시작된 자기파괴의 물결이 덮치기 전, 유럽은 아시아와 아프리카의 광대한 지역을 직접 통제했으며 나머지 지역들의 상당 부분도 간접적으로 지배했다. 벨기에와 네덜란드 같은 작은 나라들이 아프리카의 콩

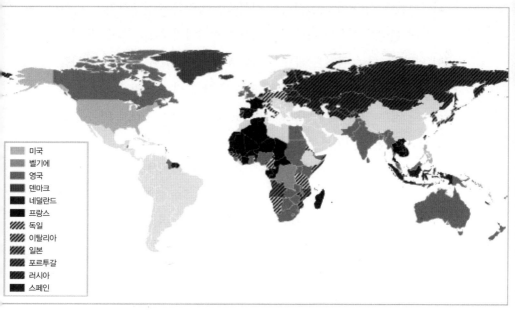

	미국
	벨기에
	영국
	덴마크
	네덜란드
	프랑스
	독일
	이탈리아
	일본
	포르투갈
	러시아
	스페인

1900년의 제국들

고나 오늘날의 인도네시아 같은 광범한 지역을 통제했다.

독일의 출현 이후 발생한 전쟁들로 인해 이 제국들은 무너지기 시작했다. 게다가 두 차례의 세계대전에서 벌어진 학살, 그리고 수 세대의 노동력과 엄청난 자본의 파괴로 유럽은 고갈되었다. 유럽의 제국들은 여러 개의 조각들로 분열되었다. 그리고 힘과 이해관계를 가진 미국과 소련이 그 파편들을 서로 더 많이 차지하기 위해 싸우는 양상이 되었다. 그러나 양국은 제국의 파편들을 공식적인 제국적 지배가 아니라 동맹 체제와 무역 관계의 차원에서 원했다.

유럽은 한때 세계 제국의 중심에서 3차 세계대전의 잠재적 전장이 되어버렸다. 냉전이 최절정이던 시기에는 독일의 중심부까지 밀고 들어온 소련군이 대륙의 나머지 지역까지 장악하지 않을까 하는 두려움이 있었다. 이런 위협은 서유럽에게 명백한 것이었다. 미국에게 가장 큰 위협은 소련의 인력과 자원이 유럽의 산업 및 기술과 결합하여 미국보다 강한 힘을 갖게 되는 것이었다. 이런 위협을 우려한 미국은 소련을 그 주변부 지역과 유럽에서 봉쇄하는 데 집중했다.

다음 10년 동안 전개될 사건들을 위한 무대를 조성하면서, 두 가지 문제가 함께 제기되었다. 첫째는 유럽에서 독일의 역할에 대한 문제였다. 19세기 통일 이후 독일의 역할은 전쟁을 일으키는 방아쇠였다. 둘째는 유럽의 힘이 축소되고 있다는 것이었다. 1960년대 말 유럽에는 소련을 제외하면 진정한 의미에서 전 지구적인 국가가 없었다. 나머지 국가들은 모두 지역 국가로 전락했으며, 게다가 이 지역에서 그들의 집단적 힘은 소련과 미국에 의해 제약당하고 있었다. 독일이 유럽에서 새로운 자리를 찾아야 했다면 유럽은 세계에서 새로운 자리를 찾아야 했다.

두 차례의 세계대전과 그에 따른 급격한 지위 저하는 유럽에 심대한 심리적 영향을 끼쳤다. 독일은 자기혐오의 시기에 들어섰다. 나머지 유럽 국가들은 잃어버린 식민지에 대한 향수와, 제국의 짐과 심지어 진정한 주권마저 벗어던진 안도감 사이에서 혼란스러워했다. 유럽이 힘을 소진하자 찾아온 것은 유럽의 쇠약이었다. 물론 과거 강대국들의 특권 중 일부가 여전히 남아 있었으며, 유엔안보리에서는 영국과 프랑스에 상임이사국의 지위를 부여하기도 했다. 몇몇 유럽 국가들에 의한 핵무기의 보유도 큰 의미가 없었다. 유럽은 미국과 소련, 두 초강대국에 의해 만들어진 '힘의 장(force field)'에 갇혀버렸다.

격하된 지위에 반응하는 독일의 모습은 유럽이 보이는 반응의 축소판이었다. 독일은 자신의 근본적인 문제를 잠재적으로 적대적인 국가들 사이에 갇힌 독립적 행위자가 되는 것이라고 인식했다. 소련의 위협은 고정적이었다. 그러나 독일은 프랑스와의 관계를 재정립함으로써 유럽 전체와의 관계를 재정립할 수 있다면 이렇게 중간에 낀 상태에서도 벗어날 수 있다고 보았다. 독일이 생각해낸 해결책은 유럽 전체, 특히 프랑스와 통합되는 것이었다.

그러나 유럽 전체를 놓고 봤을 때 통합은 필연적인 결과였다. 한쪽에서는 소련의 위협이, 다른 쪽에서는 미국의 압력이 있었기 때문이다. 소련을 견제하기 위한 미국의 전략은 유럽 동맹국들이 스스로를 방어하도록 조직화하고, 이미 대륙에 배치된 자신의 병력으로 동맹국들의 안전을 보장하는 것이었다. 전쟁이 발발할 경우 추가 병력의 투입을 약속했으며, 절대적으로 필요하다면 궁극적으로 핵무기를 사용하겠다는 약속도 했다. 하지만 핵무기는 미국의 통제하에 두었다. 재래식 군사력은 나토 내의 합동 사령부로 편성되었다. 나토는 유럽을 위한 다국적 연합방어군을 조직했으며, 이는 사실상 미국에 의해 통제되었다.

미국은 또한 유럽의 번영에 이해관계를 갖고 있었다. 마셜 플랜과 여타의 정책을 통해 미국은 유럽의 경제가 되살아날 수 있는 우호적인 환경을 만들었고, 이를 통해 유럽의 군사적 능력을 위한 기반을 조성하고자 했다. 미국과의 관계를 통해 번영이 창출될수록 나토 회원국이 되는 것이 더 매력적으로 비춰졌다. 소련 진영과 서유럽 사이의 생활 조건의 격차가 커질수록, 동유럽에 불안이 확산될 소지가 더 커졌다. 미국은 이념적, 실용적으로 자유무역을 신봉했지만, 그 이상으로 유럽의 경제가 통합되길 원했다. 이것은 유럽의 경제 자체를 위해서였고, 또한 분열되기 쉬운 동맹국들을 결속시키기 위해서였다.

미국은 유럽의 경제 연합이 나토를 뒷받침할 것이라고 믿었다. 유럽 역시 경제 연합은 전쟁에서 회복되는 길일 뿐 아니라 자신을 한낱 지역 세력으로 격하시킨 세계에서 입지를 회복할 수단이라고 판단했다. 되찾을 권력이 조금이라도 남아 있다면 그것은 일종의 연합체에서 찾아야만 했다. 유럽과 두 초강대국 간에 균형을 만들어내려면 이 방법밖에 없었다. 이런 연합은 또한 독일을 유럽에 통합시킴으로써 독일 문제를 해결하고, 탁월한 독일 경제를 유럽체제의 일부로 만들 수 있는 방법이었다. 결국 다음 10년 동안의 주요 이슈 중 하나는 미국이 계속해서 유럽의 통합을 같은 방식으로 볼 것인가이다.

1992년 마스트리히트 조약Maastricht Treaty은 유럽연합을 출범시켰다. 사실 이 개념은 유럽의 오랜 꿈이었다. 유럽연합의 모체는 1950년대 초 유럽 석탄철강 공동체에까지 거슬러 올라간다. 제한적 분야에 초점을 맞춘 이 조직체의 지도자들은 그 당시에도 그것을 유럽 연방을 위한 토대라고 말했다.

유럽연합의 아이디어는 냉전 중에 나왔으나, 냉전의 종식에 대한 반응으로 본격적으로 제기되었다는 점이 우연적이지만 극히 중요하다. 서유럽에서는 나토의 압도적인 존재감과 국방 및 외교정책에 대한 나토의 통제가 극적으로 이완되었다. 동유럽에서는 베를린 장벽의 붕괴와 소련의 해체로 주권국가들이 그 그늘 밖으로 나오게 되었다. 유럽이 잃었던 주권을 회복한 것은 바로 이 시점이다. 하지만 지금은 그 주권을 정의하는 문제로 어려움을 겪고 있다.

유럽연합은 두 가지 목적에 기여하도록 계획되었다. 첫째는 서유럽을 제한적인 연맹으로 통합하는 것이다. 즉, 프랑스와 독일을 한데 묶음으로써 독일 문제를 해결하고, 그렇게 해서 전쟁 위협을 낮추자는 것이다. 둘째는 동유럽을 유럽공동체에 재통합하기 위한 장치를 만드는 것이다. 유럽연합은 동서 긴장의 상황에서 서유럽을 위한 냉전의 기구였지만, 이제는 유럽의 양측을 결합시키기 위한 탈냉전의 기구로 전환되었다. 더욱이 그것은 유럽이 세계적 강대국이라는 이전의 지위로 돌아가기 위한 조치로 간주되었다. 만약 개별적 국가로서 어렵다면, 미국과 대등한 연합 형태로라도 세계적 강대국이 되고자 한 것이다. 하지만 유럽연합은 이러한 야심을 실현하는 데 어려움에 봉착하고 있다.

유럽연합의 위기

18세기 후반 갓 해방된 13개의 영국 식민지들이 북미 연방을 결성했을 때, 그것은 정치, 경제적 문제에 대한 실용적인 해결책이었지만 또한 "인간은 평등하게 태어났으며, 조물주로부터 양도할 수 없는 권리를 부여받았다"는 이념과 같은 고차원적 진리에 헌신하는 도덕적 사명으로 보여졌다. 미국은 또한 자유로운 사회의 혜택(the benefits of liberal society)에는 위험과 의무가 따른다는 이념에 뿌리내리고 있다. 벤저민 프랭클린은 이렇게 말했다.

"작은 일시적인 안전을 얻기 위해 본질적인 자유를 포기하는
자들은 자유도 안전도 누릴 자격이 없다."

이런 정서를 핵심가치로 삼고 있는 미국에서는 물질적 편안과 도덕적 목적의 추구가 밀접히 연관되어 있다.

미국은 또한 사실상 독립적인 나라들의 연합체(confederation)로 형성되었다. 이들은 같은 언어를 공유하지만 다른 측면에서는 큰 차이를 보였다. 이런 차이들이 이탈로 이어질 땐, 대부분의 나머지 주들은 미연방(the Union)을 보존하기 위해 전쟁을 감행했다. 미국이라는 국가 건설이 실용적인 동시에 도덕적인 과업(project)으로 여겨지지 않았다면, 그처럼 희생을 감수하고자 하는 의지는 불가능했을 것이다.

미국에서 남북전쟁은 연방정부가 주권을 가지며, 외교에 있어서는 절대적으로 주권을 가진다는 사실을 확립했다. 연방정부의 승리는 각 주정부가 주권을 지녀야 한다는 남부연맹의 주장을 잠재웠다.

이와 대조적으로, 유럽연합에서는 연합체 모델이 여전히 유지되고 있으며, 주권은 각각의 국민국가에게 있다. 심지어 가장 기초적인 전제의 수준에서, 유럽연합은 권한(authority)에 대한 자신의 주장, 그리고 희생을 요구할 수 있는 자신의 권리에 상당한 제한을 두고 있다. 유럽연합은 모든 유럽 국가들이 그 일부인 것은 아니라는 점에서 더욱 이상하다. 일부 회원국들은 통화를 공유하지만, 일부는 공유하지 않는다. 통일된 국방정책도 없으니 유럽 군대도 당연히 없다. 더욱이 각 회원국들은 자신들만의 역사와 독특한 정체성을 갖고 있으며, 희생의 개념에 대해 각기 다른 접근법을 가지고 있다. 세계적인 강대국의 필수 불가결한 요소인, 국제적 행동을 위한 군사적 권한도 개별 국가가 보유한다. 회원국들의 편의를 위해 만들어진 유럽연합은 여전히 선택적 관계이며, 불편해지면 언제든 떠날 수 있다. 물론 탈퇴에 대한 제재도 없다.

근본적으로 유럽연합은 경제 연합이다. 국방과 달리 경제는 번영을 극대화하는 수단이다. 이런 한계 때문에 보다 고귀한 목적을 위해 안전을 희생하는 것은 모순이 된다. 유럽연합은 안전과 복지를 자신의 도덕적 목적으로 여겨왔기 때문이다. 그러므로 유럽연합의 이상을 지켜내기 위해 죽음을 무릅쓰고 싸우도록 정신을 고취할 아무런 기반이 없다.

다음 10년을 내다보면, 독일을 봉쇄하기 위해 구축된 이 취약한 (delicate) 힘의 균형이 무너지고 있다. 독일이 그것을 원하기 때문이 아니라 상황이 극적으로 변했기 때문이다.

이런 붕괴는 2008년 금융위기부터 시작되었다. 독일은 서유럽이 2차 세계대전의 폐허에서 성공적으로 재기한 1960년대 이래 선도적인 경제 강국 중 하나였다. 1989년 공산주의의 붕괴로 인해 부유한 서독은 경제적 부담이 되는 빈곤한 동독을 받아들여야 했다. 고통스러운 과정이었지만, 10년에 걸쳐 독일은 동독을 흡수 통합했고, 유럽에서 가장 강력한 국가로 남아 있다. 그리고 유럽연합의 정치, 경제적 조정에 만족해했다. 독일은 유럽연합의 선도 국가였으나, 아직은 여러 선도 국가들 중 하나일 뿐이었다. 독일은 더 이상의 지배력을 원하지 않았고 그럴 필요도 없었다.

2008년 금융위기가 닥쳤을 때 독일 역시 고통을 겪었지만, 독일 경제는 그 충격을 감당해낼 수 있을 정도로 견고했다. 첫 번째 파괴의 여파는 소련의 지배에서 벗어난 지 얼마 안 된 동유럽에서 가장 심각했다. 이 지역 국가들의 은행시스템은 서유럽 국가들이 세웠거나 인수한 것들이었고, 특히 오스트리아와 스웨덴, 이탈리아 은행들과 몇몇 독일 은행들이 진출해 있었다. 예를 들면 체코 은행시스템의 96퍼센트가 다른 유럽 국가들의 소유였다. 유럽연합이 이들 중 많은 국가들(라트비아, 리투아니아, 에스토니아 같은 발트 연안국뿐만 아니라 체코, 폴란드, 슬로바키아, 헝가리, 루마니아, 불가리아)을 회원국으로 받아들였다는 점을 고려하면 위의 상황이 문제될 이유가 없다. 그러나 이들 동유럽 국가들은 유럽연합의 회원국임에도 불구하고 여전히 각자의 통화를 보유하고 있었다. 이 통화들은 유로화보다 약했을 뿐만 아니라 이자율도 더 높았다.

앞에서 우리는 주택 붐과 유로화, 스위스프랑, 심지어 엔화로 표시된 동유럽의 모기지가 일으킨 문제에 대해 살펴봤다. 유럽연합 국가의 은행들은 동유럽 은행의 상당수를 소유하고 있었다. 이 은행들은 유로화를 사용했으며 유럽중앙은행과 유럽연합 은행시스템의 금융 감독을 받았다. 동유럽 국가들은 자국 은행시스템을 소유하지 않는 기이한 위치에 있었다. 그들 은행들은 자국 정부의 감독을 받는 것이 아니라 타국과 유럽연합의 감독을 받았다. 자국의 금융시스템을 통제하지 못하는 국가는 머지않아 주권을 상실하게 된다. 이것은 유럽연합이 미래에 직면하게 될 문제를 시사한다. 독일과 같은 강국들은 금융위기가 발생했을 때 자국의 주권을 유지하고 강화시켰으나, 약소국들의 금융주권은 약화되었다. 다음 10년에는 이러한 불균형에 대처해야 한다.

유럽연합이 단일 경제체제라는 사실과 동유럽 국가들이 적은 자원과 자국의 은행에 대한 제한된 통제권을 가지고 있다는 사실을 고려한다면, 유럽연합의 안정된 국가들이 동유럽의 은행들을 구제할 것이라는 기대를 가질 수 있었다. 이런 기대는 동유럽 국가들에만 해당하는 것이 아니라 동유럽 국가에 투자한 그 밖의 유럽 국가들도 마찬가지였다. 그리고 가장 강한 경제력과 은행시스템을 가진 국가가 독일이었기 때문에 독일이 당연히 앞장설 것이라고 기대했다.

그러나 독일은 머뭇거렸다. 동유럽에 자금을 대고 싶어 하지 않았던 것이다. 독일은 그런 막대한 비용부담을 기피했다. 그 대신 동유럽 국가들에게 국제통화기금(IMF)에 가서 구제금융을 요청하라고 제안했다. 그렇게 되면 독일과 유럽이 부담을 덜게 되고, 그 책임은 미국과 국제통화기금 후원국들의 지원금으로 완화시킬 수 있기 때문이었다.

2008년 금융위기가 초래한 이런 결과는 유럽이 단일국가가 되는 것에서 얼마나 멀리 떨어져 있는지를 부각시켰다. 또한 이것은 유럽의 가장 중요한 의사결정국이 독일이라는 사실도 보여주었다. 독일이 구제금융을 원했다면 유럽은 받을 수 있었을 것이다.

그러나 경제적 여파는 거기서 그치지 않았다. 유럽에 불경기가 닥치자 세수입이 감소했으며 사회복지 서비스를 위한 대출이 증가했다. 일부 국가들은 혹독한 긴축정책을 실시할 수밖에 없었고, 이들의 곤경은 국내 정치적 압력에 의해 가중되었다. 유로화를 사용하던 국가들에게 이러한 문제를 관리하기 위한 기본적인 수단은 존재하지도 않았다. 예컨대 환율이 하락하면 수입 비용은 증가하지만 수출이 원활해져 경쟁력이 생긴다. 이것은 소비를 억제하지만 일자리 창출에 도움이 되며 세수입을 증가시킨다. 불경기를 관리하는 데에는 통화가치를 조정하는 것이 핵심적인 수단이지만, 그리스 같은 국가들은 자국의 통화에 대한 통제권이 없었다. 그들은 자신들만의 통화를 가지고 있지도 않았다. 이러한 힘의 비대칭성은 유럽연합을 전쟁터로 만들었다. 독일은 약소국을 구제하기 위한 책임을 지려 하지 않았고, 약소국들은 자국의 경제를 완전히 통제할 수 없었기에 자신의 운명도 통제할 수 없었다. 앞으로 제기될 물음은 유럽연합이, 특히 유럽의 역사를 고려할 때 이러한 원심력을 견뎌낼 수 있는가이다. 이에 대한 답의 일정 부분은 독일이 어떤 선택을 하느냐에 달려 있다.

유로화는 현재 각기 다른 발전 단계, 각기 다른 경기 변동 주기에 있는 일련의 국가들을 위해 기능하고 있다. 그리고 유로화가 어떤 국가에 도움이 된다고 해서 반드시 다른 국가에도 도움이 되는 것은 아니다. 유럽중앙은행은 당연히 작은 국가보다는 독일의 경제상태에 대해 더 많은 관심을 가지며, 이것은 가치평가에 영향을 미친다.

1993년 출범 이래 2008년까지 유럽연합은 전례 없는 번영의 시기를 누렸다. 그리고 그러한 번영은 완전히 해결되지 못한 문제들을 한동안 덮어주었다. 정치적 실체(entity)의 척도는 역경에 어떻게 대처하느냐에 달려 있다. 그리고 2008년의 위기와 함께 해결되지 않은 문제들이 모두 떠올랐으며, 묻어버리고 싶었던 국가주의도 모습을 다시 드러내기 시작했다. 국가주의는 때때로 상당한 정치적 힘을 발휘했다. 대부분의 독일인들은 그리스에 대한 원조를 반대했다. 그리고 대다수 그리스인들도 독일이 정한 것이나 다름없는 유럽연합의 조건을 따르느니 파산하는 쪽을 택했다. 금융위기가 완화되면서 긴장상태도 가라앉았지만 2010년 우리는 잔잔한 유럽의 수면 아래에서 들끓는 힘들을 잠시나마 엿볼 수 있었다.

유럽연합은 사라지지 않을 것이며, 다음 10년 동안에도 분명히 유지될 것이다. 유럽연합은 자유무역지대로 설립되었고, 그런 상태로 남아 있을 것이다. 그러나 세계무대의 주요 행위자가 될 만한 다국적 정부로 진화하지는 않을 것이다. 회원국들 사이에 군사력을 공유할 만큼 충분한 공통의 이해관계가 존재하지 않기 때문이다. 군사력 없는 유럽은 내가 '딥 파워(deep power)'라고 부르는 것을 갖지 못한다. 유럽은 국가적 주권과 경제위기에 대한 유럽적 해결책 사이에서 허우적거렸다. 유럽 통합에 대해 금융이 제기한 난제들은 군대를 통합하는 데는 더욱 큰 장애물로 작용할 것이다. 결론적으로 유럽 관료제는 있어도 유럽 정부는 존재하지 않는다.

한편 유럽연합이 현재 보유하고 있는 경제적 통제력의 많은 부분이 다음 10년 동안 유지될지 확실치 않다. 약소국들이 깨달은 것처럼 그러한 통제력은 그들을 상당히 불리하게 만들었다. 약소국들은 큰 국가들의 통제하에 있는 시스템의 관리를 받는다. 큰 국가의 시민들 입장에서는 곤경에 처한 다른 국가들을 돕기 위해 정치 연합체를 구축하자는 것에 선뜻 동의하기 어렵다. 통화가치를 낮추는 것이 수출품을 싸게 만들고 수입품을 더 비싸게 만들어 경제를 활성화하는 훨씬 더 간단한 방법이다. 그러나 그리스는 자국 통화가 따로 없었기 때문에 이런 선택의 여지가 없었다.

앞으로 수년 동안 심각한 경제적 제약들이 지속될 것이라는 데에는 의문의 여지가 없다. 이런 역경이 전례가 없는 것이거나 관리가 불가능한 것은 아닐 것이다. 하지만 그것은 각기 다른 국가들에게 각기 다른 문제를 제기하는 요인으로 남아 있을 것이다. 경제적 압박은 분명히 이러한 국가들 사이를 벌려놓을 것이며, 단일 통화가 갖는 이득에 대해 진지한 의문을 던지게 만들 것이다. 유럽연합이 살아남을 것이라는 사실은 의심의 여지가 없지만 일부 회원국들이 탈퇴할 가능성이 있으며, 그 외의 회원국들은 유럽연합의 관료들에게 통제권을 양도하면서 제한조건을 내걸 것이다.

우리는 이미 유럽 통합의 정점을 목격했다. 향후 10년 동안 조수가 빠지면서 드러나게 될 것은 무엇보다도 독일의 힘이다.

독일의 재등장

독일은 프랑스와의 전쟁을 거치면서 탄생한 국가이며, 프랑스를 침공한 후 두 번이나 몰락했다. 독일의 전후 해결책은 프랑스와 경제적으로 밀접하게 제휴함으로써 유럽의 새로운 축이 되는 것이었다. 독일의 전쟁 충동은 가라앉은 것처럼 보이지만 힘의 역학에 관한 문제는 여전히 존재한다. 프랑스와 독일이 함께하면 그들은 유럽의 무게 중심이 된다. 독일과 프랑스가 충돌하면 유럽체제는 산산조각날 것이고 동맹 국가들은 분열되고 새로운 형태로 배열될 것이다.

나는 역사적, 지리적, 경제적 이유로 영국을 이 등식에서 제외시킨다. 영국 해협은 항상 영국이 한 걸음 물러나서 유럽에 선택적으로 관여할 수 있게 해주었다. 그러나 이런 지리적 상황 말고도, 스페인의 무적함대에서부터 독일의 전격전에 이르기까지 영국은 대륙의 강대국들을 자신의 생존에 대한 위협으로 보아왔으며, 거리를 두는 선택을 해왔다. 영국이 제국을 이루고자 했던 노력의 일부는 유럽에 전적으로 의존하지 않으려는 의지에서 나온 것이었다. 영국은 대체로 유럽에 대해 벽을 쌓지는 않았으나(극단적인 경우에는 그렇게 했다) 자신의 개입(involvement)만큼은 제한했다. 지리가 그것을 가능하게 했다.

유럽 전체는 여전히 영국의 최대 무역 파트너이지만, 영국의 최대 수출 대상국은 미국이다. 영국이 유럽에 깊이 관여하게 된다면 그것은 경제보다는 전쟁 때문이다. 영국의 전략은 항상 자국의 안보에 대한 위협으로서 통합된 유럽을 방지하는 것이었으며, 이는 특히 프랑스와 독일에 의해 군사적으로 지배되는 유럽은 결코 용납할 수 없기 때문이다. 영국이 그런 체제에서 부차적 협력국이 되는 것은 신중하지 못할 뿐만 아니라 불필요하기까지 하다.

이러한 이유들 때문에 영국의 대전략은 유럽에 대한 무제한적 개입과 양립할 수 없다. 영국의 전략은 오히려 미국과 군사적으로 같은 편이 되는 것이었다. 영국은 혼자서 소련을 막아내거나 유럽에서 일어나는 일들을 관리할 수 있는 힘을 가진 적이 없었다. 미국과의 제휴는 상대적으로 낮은 비용으로 영국이 주요 강대국들에 대해 영향력을 행사할 수 있게 한다. 다음 10년에 영국은 계속해서 양쪽 진영에 발을 걸쳐놓겠지만, 프랑스와 독일이 말하는 것처럼 앵글로색슨 블록과 문화쪽으로 기울게 될 것이다.

프랑스-독일 동맹도 나름의 문제를 가지고 있다. 오늘날 프랑스와 독일 사이에는 두 가지 긴장의 영역이 존재한다. 첫 번째는 경제적인 영역이다. 독일은 프랑스보다 재정적으로 훨씬 더 규율이 잡혀 있다. 이것은 금융 협력과 관련해서 양국이 조화를 이루기가 매우 어렵다는 사실을 의미한다. 두 번째 긴장은 국방 정책과 관련하여 일어나고 있다. 프랑스, 특히 드골주의자들은 항상 통일된 유럽을 미국에 대한 견제수단으로 여겨왔다. 이것은 유럽의 국방 통합을 필요로 하며, 이는 필연적으로 프랑스와 독일에 의해 통제되는 군대를 의미할 것이다.

물론 독일은 프랑스를 포함한 유럽과의 통합이 가져다주는 이득을 중요하게 생각한다. 그러나 그들은 프랑스의 경제문제를 떠맡거나 미국에 대항하는 유럽 군대를 창설할 의사가 없다. 독일은 전자의 잠재적인 부담도, 후자의 위험도 원하지 않는다.

독일이 직면한 또 하나의 문제는 금융위기와 미국의 이라크 전쟁을 계기로 미국과의 관계가 다시 악화됐다는 점이다. 독일은 수출국이며 미국은 주요한 비유럽 고객이다. 오바마 행정부는 미국 경제를 불경기에서 끌어올리기 위해 경기부양책을 시행했지만 독일은 그러한 조치를 취하지 않았다. 대신 독일은 독일제품에 대한 수요를 창출하기 위해 미국의 부양책에 의존했다. 미국이 경제에 시동을 걸기 위해 빚을 지는 동안 독일은 무임승차를 한 것이다. 독일은 또한 미국이 IMF를 통해 유럽 국가들에 대한 구제금융에 참여하길 원했다.

그러나 이처럼 양국 간의 중요한 경제적 불일치 외에, 실질적인 지정학적 분열이 있었다. 미국은 러시아와 중대한 문제를 가지고 있다. 하지만 독일은 러시아를 봉쇄하려는 미국의 노력에 관여하길 원하지 않았다. 독일은 또 한 차례의 냉전을 조장하고 싶지 않을 뿐만 아니라 그들이 필요로 하는 에너지의 상당 부분을 러시아에 의존하고 있다. 사실상, 독일은 러시아가 자신들의 자금을 필요로 하는 것 이상으로 러시아의 에너지를 필요로 하고 있다.

러시아와 독일 양자와 미국의 관계는 다음 10년간 변화를 겪게 될 것이다. 하지만 우리는 근본적인 변화를 예상할 수 있다. 분위기가 어떻든 간에, 유럽의 동쪽에 대해 커지고 있는 러시아의 존재감은 미국의 이익을 위협한다. 마찬가지로 미국이 전 세계적인 이해관계로 인해 아프가니스탄 같은 곳들에 개입할수록 독일은 냉전 동맹국인 미국과 더욱더 거리를 유지하려고 할 것이다. 2차 세계대전이 끝나고 시작된 65년간의 관계가 다음 10년 동안 그대로 유지되지는 않을 것이다.

독일이 미국과 거리를 유지할 여유를 갖게 된 것은 부분적으로 프랑스와 러시아 사이에서 압박당하는 전통적 문제로부터 벗어났을 뿐만 아니라 이제는 프랑스와 친밀하고 우호적인 관계를 맺고 있기 때문이다. 독일은 더 이상 러시아와 맞닿아 있지 않으며 폴란드가 완충 역할을 하고 있다. 독일은 러시아가 풍부하게 보유하고 있는 천연가스를 필요로 하며, 반대로 러시아는 독일이 보유하고 있는 기술과 전문성을 필요로 한다.

게다가 눈에 띄는 인구감소는 독일 산업에 곧 영향을 미치게 될 것이다. 고령화까지 겹쳐진 노동력 부족은 경제적 재난의 조건을 만들어내고 있다. 러시아는 쇠락하고 있음에도 불구하고 독일이 활용할 수 있는 잉여노동력을 여전히 보유하고 있다. 독일은 러시아 노동자들을 들여오거나 생산지를 러시아로 옮겨 노동력을 활용하면 된다. 인구감소에 대한 유일한 대책은 이민을 장려하는 것이지만, 유럽에서 이민과 국가정체성은 서로 충돌하는 관계에 있다.

독일이 노동자들을 공장으로 데려오길 원치 않는다면 노동자들이 있는 곳으로 공장을 옮기면 된다. 러시아의 인구도 감소추세에 있지만 1차 상품에만 주력하는 허약한 경제체제인 탓에 잉여 노동력을 보유하고 있다. 러시아가 단순히 에너지와 곡물수출을 넘어서 현대적인 산업경제로 발전하려면 기술과 자본이 필요하다. 독일은 이 두 가지를 가지고 있다. 대신 독일은 공장을 돌릴 노동력과 경제에 연료가 되어줄 천연가스를 필요로 한다. 다양한 규모의 독일 기업들이 이미 러시아에 깊이 관여하고 있으며, 곧 유럽의 중심축이 될 모스크바-베를린 관계의 새로운 현실에 기여하고 있다. 이 관계는 양국이 가진 다른 관계들보다 더 중요하지는 않을지라도 더 역동적이다.

프랑스가 경제적 이해관계로 독일과 묶여져 있기 때문에, 러시아는 유럽연합 내에 새로운 역학(dynamic)을 작동시키면서 유럽의 핵심부에 더 가까이 다가서게 될 것이다. 핵심부와 주변부 간의 긴장은 이미 팽팽해져 있다. 핵심부는 유럽 선진 산업의 중심부인 독일과 프랑스, 네덜란드와 벨기에다. 주변부는 아일랜드와 스페인, 포르투갈과 이탈리아, 그리스와 동유럽이다. 아직 경제 발전의 초기 단계에 있는 이러한 국가들은 발전된 이웃 국가들보다 더 느슨한 통화 정책을 필요로 한다. 또한 경제적 변동의 폭이 훨씬 더 크기 때문에 불안정에 더 취약할 수밖에 없다.

한편 프랑스는 자신을 북유럽의 강국이자 지중해의 강국으로 위치시키기 위해 노력해왔다. 심지어 유럽연합과 더불어 지중해 연합의 설립을 고려할 정도였다. 프랑스의 구상으로는, 이 연합에 남유럽 국가들, 북아프리카 국가들, 그리고 이스라엘과 터키가 포함된다. 이런 아이디어는 추상적으로는 매력적이지만, 현실적으로는 리비아와 이탈리아 간의 개발 격차가 너무 커서 독일과 그리스의 격차마저도 작아 보이게 만들 정도다. 그럼에도 불구하고, 우리는 프랑스가 북유럽에서 독일의 하위 파트너가 되는 것에 따른 위상 하락을 만회하기 위해 지중해 지역에서 그러한 시도를 할 것이라고 예상할 수 있다.

독일은 2008-2010년 금융위기 당시 자신이 요구받은 역할에 대해 불편해한다. 독일이 유럽연합의 주변국들에 대한 자신의 이해관계를 재고하는 것처럼 주변부 국가들 역시 독일과의 통합에 따른 경제적 이득에 대해 의문을 제기한다. 이들은 은행 부문 같은, 그들 경제의 광범위한 영역에서 통제력을 잃는 것에 대해 불만을 갖고 있다. 무엇보다 위기가 닥쳤을 때 혼자서 견뎌내야 하는 상황에 대해 분개한다. 주변부의 국가들이 핵심 국가들에 맞춰진 통화 정책에 기초해 그들의 경제를 지탱해야만 한다는 사실은 양측 모두에 압박을 가하고 있다.

그리스와 아일랜드를 포함하는 오래된 주변국들은 확고하게 경제에 초점이 맞춰져 있다. 새로운 주변국들인 중부 및 동유럽 국가들, 특히 폴란드는 러시아에 대해 깊은 우려를 갖고 있다. 이미 살펴봤듯이 폴란드는 독일과 러시아 사이에서 완충지대 역할을 하는 것을 불편하게 여긴다. 역사적으로 그런 역할을 맡았던 국가의 결말이 좋았던 적이 없었기 때문이다.

이러한 상황을 불편하게 여기는 또 다른 국가는 영국이다. 영국은 미국이 견제해주기만 한다면 파리-베를린 축에 대해 크게 걱정하지 않을 수 있다. 자신은 중간에서 균형만 잡아주면 되기 때문이다. 그러나 모스크바까지 포함되면 유럽 본토에 너무 많은 무게가 실리게 되고, 영국의 상업적, 전략적 이익이 도전받게 된다.

다가올 10년에 독일은 북유럽 평원에서 자신의 위치를 되찾을 것이며, 이번에는 자신의 역사적 적이었던 프랑스 및 러시아와 동맹관계를 유지할 것이다. 영국은 미국에 좀더 가까이 다가갈 것이다. 오래된 주변부에 있는 국가들은 복잡한 국제관계를 스스로 헤쳐 나가야 할 것이다. 하지만 관심의 초점은 새로운 주변국인 동유럽 국가들에 맞춰질 것이다. 유럽연합은 유로화와 마찬가지로 계속해서 기능하겠지만, 너무도 많은 원심력 때문에 유럽의 중심축이 되기는 어려울 것이다.

미국의 전략

공산권이 몰락한 이후 상당히 이례적인 정책적 실수는 미국이 유럽에 대한 전략을 전혀 개발하지 않았다는 것이다. 그러나 이것은 곧 바뀔 것이다. 1990년대에 미국은 유럽과 공통된 이익을 가진다고 단순하게 가정해버렸다. 하지만 그 가정은 온화했던 10년의 기간 동안 전혀 시험 받지 않았다. 유럽연합의 등장은 미국에 대한 도전으로 간주되지 않았고, 별 문제가 없는 자연스러운 진화로 보였다. 미국은 그동안 습관적으로 일을 처리해왔으나 다음 10년에는 좀더 집중된 재검토와 계획이 필요할 것이다.

9·11 테러에 대한 미국의 대응이 프랑스-독일 연합과의 첫 번째 불협화음을 만들어냈을 때, 그것은 또한 유럽 내의 심각한 균열을 드러냈다. 미국은 아프가니스탄 전쟁에서 실제 받은 것보다 훨씬 더 많은 직접적인 군사 지원을 원했으며, 이라크 전쟁에 대해서는 최소한 정치적 지지를 받길 원했다. 나토에서 실시된, 이를테면 터키가 이라크에서 미국을 지원한다면 터키를 원조할 것인지를 묻는 투표에서는 암묵적으로 미국 편에 선 국가가 압도적으로 많았지만 독일과 프랑스, 벨기에와 룩셈부르크, 네 국가는 터키에 대한 지원에 반대했다. 나토가 주도하는 모든 행동은 만장일치를 조건으로 한다. 그럼에도 불구하고 결의안을 지지한 상당수 국가들은 최소한의 상징적인 병력을 이라크에 파병했으며, 영국은 상당한 규모의 병력을 보냈다.

이런 지지현상에서 지리적 분포는 매우 중요하다. 네덜란드를 제외한 유럽의 중심부에 있는 국가들은 미국에 반대했지만 대부분의 주변국들, 특히 중부 및 동유럽 국가들은 최소한 처음에는 미국을 지지했다. 미국의 편에 선 상당수의 국가들은 이라크에 대한 미국의 행동을 진정으로 지지했기 때문이 아니라 프랑스-독일 연합에 대한 불편함 때문에 그렇게 했다.

그들은 단지 유럽의 하위 국가가 되기를 원치 않았으며, 미국을 프랑스-독일 연합에 대한 중요한 평형추로 간주했다. 중부 및 동유럽의 대표가 프랑스-독일 연합의 입장에 반대하고 미국을 지지하는 서한에 서명했을 때, 프랑스의 자크 시라크 대통령과 중부 및 동유럽의 대표 간에 흥미로운 대립이 벌어진 적이 있었다. 시라크 대통령은 그 서한을 본 뒤, 그의 표현대로라면 "잘못 자란" 것에 대해 그들을 비난했다. 이 시점에서 프랑스(그리고 독일)와 이 나라들 간에는 전례 없이 깊은 분열의 골이 형성됐다. 나는 이라크 전쟁을 둘러싼 유럽 국가들의 분열이 유럽의 전략적 불일치를 보여주는 대략적인 프레임이 될 것이며, 다음 10년 동안 그 지역에서의 미국의 동맹을 재정의할 것이라고 생각한다.

미국과 프랑스 사이의 긴장은 다양하게 변해왔다. 하지만 버락 오바마 대통령이 취임한 후에도 독일은 이슬람과 대립하는 문제에 대해 단호했다. 그들은 이슬람과의 분쟁에 대한 오바마의 정책을 부시의 정책만큼이나 좋아하지 않았으며, 거기에 끌려들어가는 것을 원치 않았다. 이제는 분명해졌지만, 미국과 프랑스-독일 연합은 완전히 다른 이해관계를 가지고 있다.

미국이 독일에게 과거의 관계로 돌아오라고 설득하거나, 독일이 미국에게 러시아의 부상에 대해 신경 쓰지 말라고 설득하는 모습을 상상하기는 어렵다. 다음 10년 동안 미국의 관점에서 이상적인 해결책은 프랑스-독일 연합을 갈라놓는 것이다. 실로 미국 대통령은 양국 간의 틈을 최대한 벌리기 위해 노력해야 한다. 그럼에도 불구하고, 이것은 전략의 토대가 될 수는 없다. 미국은 프랑스에게 제시할 것이 거의 없으나 독일과의 관계에서는 안보와 경제적 이득을 제공할 수 있다.

미국은 유럽 중심부 국가의 힘을 제한하는 데 주력하는 동시에 러시아-독일 동맹을 막기 위해 할 수 있는 모든 노력을 기울여야 한다. 달리 말하면 미국은 영국이 했던 것처럼, 유럽에 힘의 균형의 원칙을 적용해야 한다. 역설적이게도 이러한 전략의 첫 번째 단계는 영국과의 현재 관계를 유지하는 것이다. 양국은 경제적 이해관계를 공유하며, 둘 다 대서양에 의존하는 해양 국가이다. 영국의 이점인 지리적 위치는 이제 미국에 의해 활용될 수 있다. 물론 영국에도 지속적인 혜택이 주어질 것이다. 그 대가로 영국은 미국에게 유럽연합 내의 동맹국 역할과, 미국이 스칸디나비아에서 이베리아 반도에 이르는 대서양 주변 국들에 영향력을 미치기 위한 기반을 제공한다. 이는 영국이 이들과 밀접한 무역 및 정치관계를 맺고 있기에 가능한 일이다. 이들 국가에는 스웨덴과 덴마크, 네덜란드가 포함된다. 앞으로 10년 동안 미국과 영국의 국가전략은 많은 측면에서 서로 일치하게 될 것이다.

유럽에서 균형을 이루기 위한 미국의 행동은 또한 터키와의 관계를 발전시킬 것을 요구한다. 중동에 관한 장에서 논의했듯이 터키와의 강력한 동맹관계는 미국에게 흑해에서의 영향력을 제공하며, 프랑스가 추진하고자 하는 지중해 전략을 견제한다. 이런 동맹관계에 도움이 될 한 가지가 바로 유럽의 이민정책이다. 터키인들의 이민을 두려워하는 유럽은 터키의 유럽연합 가입을 계속 저지할 것이다. 터키는 앞으로 10년 동안 분명히 더 강해질 테지만 아직 독자적으로 행동할 준비는 되어 있지 않다. 터키를 둘러싼 지역은 너무나 불안정하며, 카프카스 지역에서 러시아의 위협은 터키가 미국과 강력한 관계를 유지하도록 만들 것이다. 터키가 그것을 좋아하진 않겠지만 그들에게는 선택의 여지가 거의 없다.

미국이 유럽 주변부 국가들에 대해 무엇을 하든, 독일의 문제가 여전히 가장 중요하며, 앞으로 수년간 많은 나라들의 외교정책을 지배할 것이다. 미국은 독일에 대해 적대적이거나 유럽에 대해 무관심한 모습을 보여선 안 된다. 나토가 효과적이지 않더라도 포기해서는 안 되며,

모든 다국적 기구를 존중하고 모든 유럽 국가들을 중요한 국가로 대해야 한다. 달리 말하면, 미국은 주변지역 국가들이 프랑스-독일 진영으로 몰려가지 않도록 유럽에 정상상태의 분위기(sense of normality)를 조성해야 한다. 미국이 이런 관계를 너무 빨리 위기로 몰고 간다면 그 지역에서 독일의 영향력만 키우게 된다. 독일(또는 프랑스와 독일)과 다른 유럽 국가들 간의 근본적인 긴장감은 자연스레 깊어질 것이다. 미국이 서두를 필요는 전혀 없다. 압력을 받고 있는 것은 독일이지, 미국이 아니기 때문이다.

그와 동시에 미국은 상대적으로 우호적인 맥락에서, 러시아-독일 동맹의 가능성에 대처하는 필요한 조치를 취해야 한다. 먼저 대통령은 유럽의 일부 주요 국가들과 양자관계를 강화하는 방향으로 나아가야 한다. 그리고 이것은 다자관계의 일반적인 틀 밖에서 실행되어야 한다. 나토와 유럽연합의 일부이면서 스스로 미국과 군건한 관계를 갖고 있는 영국과 같은 나라가 그 모델이 될 수 있다. 앞으로 수년 동안 미국은 나토를 우회하여 유럽의 주변부 국가들과의 양자관계를 강화해야 한다. 물론 나토에 대해서는 립서비스를 계속 하면서 말이다.

그러한 관계의 선택은 다소 무작위적일 수 있는데, 이는 독일이 무엇을 하든 미국이 만족하고 있으며 온화하다는 이미지를 강화해줄 것이다. 그러나 일부 국가는 미국의 이익에 진정으로 중요하다. 덴마크는 대서양에 대한 러시아의 접근을 통제하며 발트해에 대한 미국의 접근을 제공한다. 이탈리아는 상당한 규모의 경제와 지중해에서의 전략적 위치를 보유하고 있다. 다른 유럽 국가들에 비해 항상 영국과 더 가까운 노르웨이는 군사기지에서부터 석유산업 분야의 제휴에 이르기까지 미국에게 다양한 전략적 이점을 제공할 수 있다. 그리고 물론 터키와의 관계는 미국이 발칸반도와 카프카스, 중앙아시아와 이란, 그리고 아랍 세계에서 선택권을 가질 수 있게 한다. 그러나 미국은 이처럼 가치가 큰 국가들에게만 초점을 맞춰서는 안 된다. 미국은 다양한 국가들에게 접근해야 하며, 그 중 일부는 이익을 안겨주기보다는 부담이 될 수도 있다. 독일과 프랑스는 미국이 세련되지 못하다고 무시한다. 미국은 다음 10년 동안 의도적인 행동들과 제멋대로인 것처럼 보이는 행동들을 병행함으로써 이런 이미지를 활용해야 한다. 모든 것이 독일과 프랑스가 미국의 행동에 초점이 없다고 생각하게 만들도록 행해져야 한다.

이런 관계들은 그 자체가 목적은 아니다. 이것들은 러시아를 봉쇄하는 데 있어 지리를 제공하는 폴란드와 인터마리움Intermarium 국가들(슬로바키아, 헝가리, 루마니아 등, 러시아와 독일 사이에 있는 완충지대 국가들)과의 결정적인 관계를 감추기 위한 것이다. 여기서 미국의 전략은 다시 한번 의도적으로 기만적이어야 한다. 미국은 단순히 더 가까운 관계를 맺고 싶어 하는 국가들에게 다가가는 것뿐이며, 그 중에 폴란드와 나머지 인터마리움 국가들, 발트해 연안국들이 포함됐을 뿐이라고 유럽을 안심시켜야 한다. 미국이 독일을 직접적으로 저지하려고 한다거나 러시아와 위기를 조성하려는 조짐이 보인다면, 유럽에서 반발이 일어날 것이고, 이는 주변국들을 중심부 국가들의 영향권으로 다시 돌아가게 만들 것이다.

유럽은 대결 상황으로 끌려들어가길 원치 않는다. 동시에 파리-베를린-모스크바 연합에 대한 대안을 갖고자 하는 강한 바람이 있다. 그 비용이 저렴하다면, 유럽의 주변 국가들은 그 대안으로서 미국 혹은 영국에게 끌릴 것이다. 하지만 미국은 어떤 비용을 지불해서라도 러시아와 유럽의 지리적 결합을 막아야 한다. 그러지 않으면 미국이 견제하기 힘든 세력이 창출된다.

특히 폴란드 같은 경우, 신뢰성이 핵심요소가 된다. 미국은 폴란드의 역사적 상처를 넘어서기 위해 양면 논리를 펼쳐야 한다. 첫째, 1939년 프랑스와 영국이 폴란드를 독일로부터 막아줄 것이라고 믿었던 것은 착각이었다고 주장해야 한다. 그것은 지리적으로 불가능했기 때문이다. 둘째, 미국은 폴란드에게 누군가가 자신들을 지원하러 올 때까지 충분히 저항하지 않았다는 유쾌하지 않은 기억을 떠올리게 해야 한다. 실제로 폴란드는 단지 6주가 소요되었던 독일의 정복 기간 중 첫 주에 무너졌다. 폴란드와 나머지 유럽연합 국가들은 스스로를 돕지 않으면 그 누구의 도움도 받을 수 없다.

이것은 다음 10년을 맞이하면서 미국 대통령이 직면하게 되는 도전이다. 그는 모스크바나 베를린의 우려를 유발하지 않도록 방향성이 없는 것처럼 움직여야 한다. 그런 우려는 미국이 러시아-독일 관계를 제한하는 구조를 만들기도 전에 양국 정부가 서로 밀착하게 만들 수 있기 때문이다. 그와 동시에 미국은 폴란드와 다른 국가들에게 그들의 이해관계에 대한 미국의 헌신에 대해 믿음을 주어야 한다. 이러한 과제를 성공적으로 완수하기 위해서는 로널드 레이건의 의도적으로 결여된 세련됨(studied lack of sophistication)이나 프랭클린 루스벨트의 태평한 부정직성(casual dishonesty)이 필요하다. 대통령은 너무 영리해 보이지 않으면서도 설득력 있게 거짓말을 할 수 있어야 한다. 이러한 제스처가 향하는 대상은 미래의 동맹국들이 아니라 잠재적인 적들이다. 미국은 시간을 벌어야 한다.

미국의 이상적인 전략은 공격자를 억지할 수 있거나 최소한 지원 병

력이 도착할 때까지 버틸 수 있는 현지의 군사력를 개발하도록 원조를
제공하는 것이다. 미국의 원조는 경제의 기반을 조성하고 미국 시장에
대한 접근 가능성을 제공함으로써 경제 성장의 환경을 창출할 수 있
다. 미국은 이런 식으로 냉전시대에 서독과 일본, 한국이 공산주의에
저항하는 위험을 감당하도록 유도했다.

앞으로 수년 안에 미국이 폴란드를 상대로 어떤 주장을 펼치든 간
에, 미국의 목적에 기여하고자 하는 폴란드의 의지와 능력은 다음 세
가지에 달려 있다. 첫째는 폴란드의 자체 군사력을 구축하기 위한 미
국의 경제적, 기술적 지원. 둘째는 국방과 민간 부문 모두에 연관된 산
업의 육성을 위한 군사기술의 이전. 셋째는 폴란드에 대한 미국의 이
해관계가 전적으로 신뢰할 만하다는 것을 확신시키기에 충분한 미군
병력의 배치이다.

이러한 관계는 폴란드에 집중되어야 하지만 다른 인터마리움 국가
들, 특히 헝가리와 루마니아에도 확대되어야 한다. 이 두 국가는 카르
파티아 경계선을 유지하는 데 가장 중요한 역할을 하며, 두 국가 모두
미국이 제공하는 지원에 효과적으로 반응할 것이다. 발트해 연안국들
은 상황이 다르다. 그들은 방어가 불가능하지만, 전쟁을 피할 수만 있
다면 러시아의 목구멍에 박힌 매력적인 가시 역할을 할 수 있다.

이런 모든 책략에서 요점은 첫째로 전쟁을 피하는 것이고, 둘째로
수십 년 후 미국의 패권에 도전할 수 있는 세력을 만들어낼 수 있는 러
시아-독일 관계를 제한하는 것이다. 현재 러시아와 독일의 의도는 그
보다 훨씬 더 신중할 것이다. 그러나 미국의 대통령은 지금 그들이 하
고 있는 생각보다는 나중에 상황이 바뀌었을 때 그들이 어떻게 생각할
지에 초점을 맞춰야만 한다.

10

서태평양 지역: 중국-일본 힘의 균형과 한국

Facing The Western Pacific

서 태평양 지역은 미국에게 시급한 위기를 제기하고 있지 않다. 그러나 이런 평화로운 상태가 무기한 지속되지는 않을 것이다. 사실 아시아는 지난 20세기의 상당 기간 동안 세계의 주요 분쟁지역 중 하나였다. 지난 30년간의 상대적인 평온함은 일반적이라기보다는 오히려 예외적인 경우였다. 그렇기 때문에 다음 10년 동안 미국 대통령은 지평선 위로 떠오르는 불가피한 위기에 대해 여유를 가지면서도 신중하게 대비해야 한다.

인도-중국 간 힘의 균형에 대한 상당한 관심이 있다. 하지만 이들 두 나라는 히말라야 산맥이라는 장벽으로 나뉘어져 있기 때문에 지속적인 충돌이나 육로를 통한 대량무역이 거의 불가능하다. 이들의 무역 관계는 해상을 통해 이루어진다. 실제로 이 지역에서 중심적이고 오랫동안 지속되고 있는 대립은 세계 경제 2위 자리를 향한 경쟁에서 비등한 위치에 있는 중국과 일본 간의 대립이다. 양국 간에는 거대한 경제적 경쟁이 이루어지고 있다. 지리가 다른 종류의 경쟁을 허용할 때에만 경제는 힘의 균형에 영향을 끼친다. 그 자체로 상당한 경제적 힘을 가진 한국을 비롯한 그 밖의 지역 국가들은 모두 중국-일본-미국 간 균형의 틀 안에 존재한다. 다음 10년 동안 미국은 이러한 균형을 유지하고 조종하는 차원에서 자신의 정책을 정의할 것이다.

중국과 일본만큼 서로 다른 두 국가를 상상하기는 어렵다. 일본이 중국 해군을 상대로 승리한 1895년 전쟁 이래로, 경제적 마찰이 양국을 서로에 대해 적대적으로 만들었다. 일본은 해양 산업 국가이며, 생존을 위해 원료 수입에 완전히 의존하고 있다. 엄청난 인구와 영토를 가진 중국은 육지에 의존한다. 산업화를 추진하기 시작한 순간부터 일본은 중국의 시장과 원료, 노동을 필요로 했을 뿐만 아니라 이것들을 가장 유리한 조건으로 얻고 싶어 했다. 반면 중국은 외국 자본과 전문 지식을 필요로 했으나 일본의 통제를 받는 것은 원하지 않았다. 이처럼 서로를 경계하는 양국 간의 상호의존은 1930년대의 중일전쟁과 1940년대의 잔인한 전쟁으로 이어졌고, 이 기간 동안 일본은 중국 본토의 상당 부분을 점령했다. 중국-일본의 관계는 전쟁 이후에도 완전히 회복되지 않았으며, 남아 있는 적대심과 불신감은 부분적으로 미국의 존재에 의해 통제되어 왔다.

냉전시대에 미국은 중국 및 일본과 복잡한 관계를 유지했다. 미국은 한국전쟁 중, 그리고 그 이후에도 미국을 지원해줄 일본의 산업적 역량뿐만 아니라 소련의 태평양 진출을 막아줄 일본의 지리를 필요로 했다. 일본은 두 가지 다 기꺼이 내주었다. 그 보답으로 미국은 일본에게 산업제품을 판매할 수 있는 시장을 개방해주었고, 미국이 전 세계에서 크고 작은 전쟁을 벌일 때 일본에게 군사력을 지원하라고 요구하지도 않았다.

거의 30년에 이르는 이 기간 동안 미국은 공산주의 중국에 대해 강한 적대감을 가지고 있었다. 그러나 미국은 베트남에서 막대한 힘을 소진한 뒤 소련을 견제하기 위한 방편으로 중국에 의지하기 시작했다. 때마침 소련을 두려워하고 있던 중국도 미국이 자신들의 안보를 보장해줄 것이라고 기대하면서 제안을 받아들였다.

중국과 일본은 상대방이 미국과 맺는 관계에 대해 불편함을 느꼈다. 그러나 두 나라는 나름대로 각자 고려해야 할 중요한 문제들을 갖고 있었기 때문에 미국은 어려움 없이 삼각관계를 관리할 수 있었다. 중국의 우려는 지리적인 것으로, 주로 소련에 대한 두려움이었다. 일본의 우려는 경제적인 것이었는데, 바로 전후의 경제성장이었다. 양국은 나름의 이유 때문에 미국을 필요로 했다.

하지만 냉전이 끝나자 균형의 성격도 바뀌었다. 일본의 고속성장이 정체되었고, 일본식 경제 중시 정책을 채택한 중국은 지속적인 경제 붐을 경험하게 되었다. 규모로 따지면 일본 경제가 더 컸으나 중국 경제는 더 역동적이었다. 미국은 이 상황에 대해 꽤 만족했다. 주로 경제 문제에 초점을 둔 미국은 양국을 진정한 지정학적 관점에서 보지 않았다. 일반적으로 아시아는 재무부와 무역 담당 관리자들의 문제였을 뿐, 국방부의 관심사는 아니었다.

인도차이나에서 인도네시아, 중국 그리고 그 밖의 몇몇 국가들에 이르기까지, 아시아는 1960-1970년대를 거치는 동안 전쟁과 내전, 일상적 불안정에 시달려야 했다. 그 당시 아시아가 세계에서 가장 불안정하고 가망 없는 지역 중 하나로 보였음을 고려할 때, 1980년대 이후 서태평양과 동남아시아의 안정성은 충분히 주목할 만한 것이었다.

미국 대통령은 아시아가 대단히 변화가 심한 지역이라는 사실을 염두에 두어야 한다. 현재는 절대 변하지 않을 것이라고 간주되는 것들도 10년 후엔 완전히 변화되어 있을 것이다. 예를 들어 일본이 실패에서 회복하는 동안 중국 경제는 혹독한 시험을 거치게 될 것이다. 1970년대에는 아시아가 내재적으로 폭력적이고 불안정하다는 인식이 일반적이었다. 하지만 오늘날에는 아시아가 평화롭고 안정적이라는 인식들을 갖고 있다. 이렇게 상호 모순되는 평가들은 아시아가 다음 10년 동안 어떤 모습을 보일지, 중국-일본 간의 역학관계가 어떻게 전개될지, 그리고 이 지역에 대해 미국이 어떤 정책을 세워야 할지를 결정하는 것이 얼마나 어려운가를 시사한다.

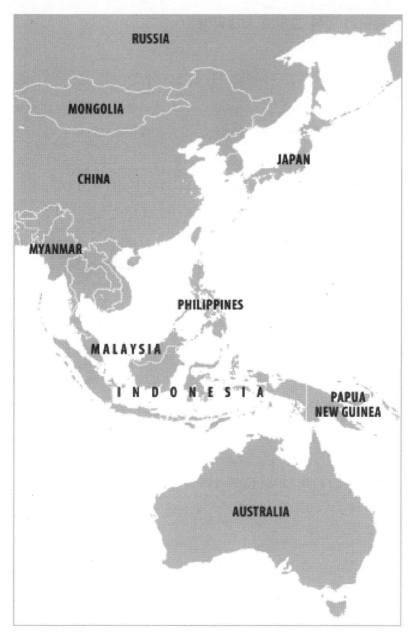

서태평양 국가들

중국과 일본 그리고 서태평양

우리가 동아시아를 이야기할 때, 실제로 이야기하는 것은 쿠릴제도부터 인도네시아에 이르는 열도뿐 아니라 그들 서로간, 그리고 주대륙과 맺고 있는 관계에 관한 것이다. 그리고 주대륙이라고 말할 때 이는 무엇보다도 중국을 일컫는 것이다.

중국의 영토는 내륙이 4,000킬로미터나 뻗어 있으며, 14개국과 국경을 맞대고 있다. 중국은 한쪽 면만 바다에 접해 있지만, 실제로 태평양의 가장자리에 접해 있는 상당히 폭이 좁은 섬이라고 보는 게 유용할 것이다. 중국의 북쪽과 서쪽, 그리고 남쪽은 사실상 통과할 수 없는 장벽들에 의해 가로막혀 있다.

중국 인구의 대부분이 동쪽 해안에서 약 650킬로미터 반경 내에 거주하고 있다는 사실을 생각해보면 그러한 섬의 이미지를 떠올릴 수 있을 것이다. 인구가 이렇게 밀집되어 있는 이유는 물 때문이다. 지도를 이등분하는 선(257쪽 지도)과 해안 사이의 지역은 연간 강수량이 380밀리미터 이상으로, 이는 상당수의 인구가 생존하는 데 필요한 최소치에 해당한다. 중국의 서부지역은 많은 인구를 수용하기에는 너무나 건조하기 때문에 약 10억 이상의 인구가 미국의 미시시피 강 동쪽에서 뉴잉글랜드를 제외한 크기의 지역에 빽빽이 몰려 산다. 이것이 바로 한족의 중국이다.

중국 서부는 광활하고 텅 빈 사막에 가까운 지역이며, 티베트와 신장, 내몽골, 만주 등 네 개의 비한족 완충 지역으로 둘러싸여 있다. 이들 지역은 남서쪽의 히말라야 산맥과 함께 최소한의 통행만 가능할 뿐 어떤 규모의 군대 이동이나 교역도 불가능하다. 북쪽으로는 광활한 불

256

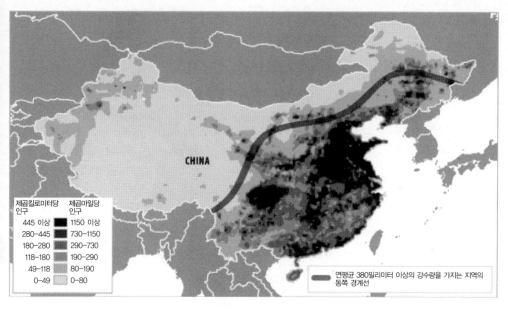

중국의 강수량과 인구 밀도

제곱킬로미터당 인구 / 제곱마일당 인구

445 이상 / 1150 이상
280-445 / 730-1150
180-280 / 290-730
118-180 / 190-290
49-118 / 80-190
0-49 / 0-80

연평균 380밀리미터 이상의 강수량을 가지는 지역의 동쪽 경계선

모지인 시베리아가 자리하고 있으며, 여기엔 남과 북을 잇는 교통수단이 존재하지 않는다. 남쪽에는 미얀마에서 태평양까지 뻗어 있는 정글과 바위투성이 언덕들이 중국을 동남아시아로부터 분리시킨다.

일본은 네 개의 주요 섬, 그리고 북쪽과 남쪽으로 늘어선 작은 섬들로 이루어져 있으며, 중국보다 지리적으로 훨씬 단순한 편이다. 일본은 군도라는 특성뿐만 아니라 특이한 지질학적 조건 때문에 필연적으로 해양국가가 될 수밖에 없었다. 일본은 산업에 필요한 광물을 전혀 보유하고 있지 못하다. 따라서 일본은 산업화를 위해 항상 자원을 수입해야 했고, 여기에는 주로 페르시아 만에서 들여오는 석유도 포함된다. 이는 일본이 본질적으로 광범위한 전 세계적 이해관계와 취약성을

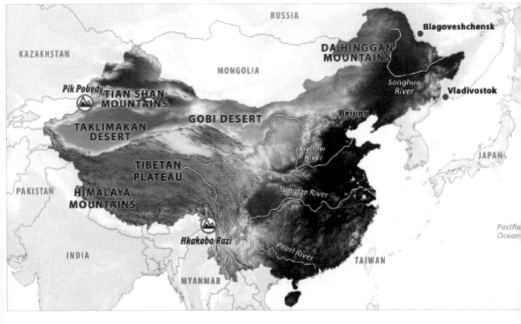

중국의 지형

지니고 있음을 의미한다. 원료를 수입하면서도 자체적으로 생존하기에 충분한 공급량을 보유한 중국과 달리, 일본은 수입이 끊길 경우 몇 개월 안에 붕괴될 수도 있다.

부분적으로는 고립된 위치 덕분에, 그리고 부분적으로는 19세기 들어 급속도로 산업화를 이룬 덕분에 일본은 중국이 유럽에게 당한 경험을 피할 수 있었다. 유럽은 일본에 산업기술과 군사훈련의 형태로 원조를 제공했다. 영국은 일본 해군을, 독일은 육군을 조직했다. 그 덕분에 일본은 유럽에 도전할 만한 세력으로 빠르게 성장했으며, 실제로 1905년 러일전쟁에서는 러시아를 패배시키기도 했다.

일본의 갑작스런 등장에 가장 놀란 국가는 태평양 연안에서 또 다른 산업 강국이었던 미국이었다. 2차 세계대전이 발발하기 전까지 일본은 대부분의 원료를 동남아시아와 말레이 제도에서 수입했다. 이런 공급원에 대한 접근성을 확보하기 위해서는 대규모의 군사력, 특히 해군력이 필요했다. 19세기 말에 들어서야 해상 강국이 된 미국은 일본의 해군력 증강이 언젠가는 자신들을 태평양에서 쫓아낼지도 모른다고 보았다. 단순히 산업 및 해상 강국이 되는 것만으로 일본은 미국의 안보에 위협이 되는 것처럼 보였다. 일본에 대해 스스로를 방어하기 위해 해군력을 확장함으로써, 미국은 일본의 안보를 위협했다.

　이런 상호위협의 결과는 태평양에서의 2차 세계대전이었다. 미국이 일본에게서 승리를 거둔 이유는 단순히 원자폭탄이나 아일랜드 호핑 전략(island-hopping) 때문이 아니라 잠수함을 이용해 남쪽에서 원료 공급을 차단하고 일본의 전쟁 지속능력을 무력화시켰기 때문이었다. 일본은 계속해서 저항했으나 미국의 잠수함 작전이 보급로를 차단하자 절망적인 상황에 빠지고 말았다.

　오늘날 일본은 1930－1940년대에 그랬던 것과 마찬가지로 해상무역에 의존한다. 여전히 모든 원유를 수입해야 하며 수송선은 미 해군이 통제하는 수역을 통과해야 한다. 이것은 곧 일본의 산업적 입지가 해상로를 보장하고자 하는 미국의 의지에 달려 있다는 것을 의미한다. 그것은 또한 일본의 공급라인, 특히 호르무즈 해협 통과에 대해 위험을 감수하지 않으려는 미국의 의지에 의존한다.

　그러므로 일본은 미국과 종속적인 관계에 갇혀 있는 셈이다. 자체 공급라인의 안전을 확보할 수 있는 군사력을 먼저 구축하지 않고는 일본은 미국과 멀어질 수 없다. 일본이 그 정도의 군사력을 갖추는 것은 앞으로 10년 동안 일본이 시도하고자 하는 목표 수준보다 훨씬 더 야심차고 비용도 많이 드는 일이다. 그럼에도 불구하고 수입 의존성으로 인한 내재적 불안과 미국의 예측 불가능성 때문에 일본은 분명 과거보다 덜 의존하고, 덜 노출되려고 노력할 것이다.

일본과 마찬가지로 중국도 미국을 멀리할 여력이 없다. 중국이 미국에 의존하는 것은 미국이 원료 공급로를 통제하고 있기 때문이라기보다는(물론 중국 선박들도 미국이 통제하는 수역을 통과한다) 중국 산업제품의 소비자이기 때문이다. 과거의 일본처럼 중국도 미국에 엄청난 수출을 하고 있다. 유럽 시장과 함께 미국의 구매 능력과 의지는 중국 경제의 토대 중 하나이다. 중국은 두 시장 모두를 확보해야만 한다. 다음 10년 동안 중국은 일본처럼 무역상대국인 미국과의 관계에서 발생할 수 있는 최악의 시나리오, 즉 미국 시장에 대한 중국의 접근을 제한하는 정치적 결정에 대비하는 데 초점을 맞출 것이다.

이 지역의 균형이 지속된다면, 그것은 중국-일본 간의 관계 때문이 아니라 각각의 아시아 국가들이 미국과 맺고 있는 관계 때문일 것이다. 중국과 일본이 점점 더 강해지면 양국은 상대방의 부상에 주목할 것이고 근심거리를 갖게 될 것이다.

다른 모든 조건들이 같다면 미국-일본의 관계는 안정을 유지할 수 있다. 그러나 중국의 경우는 다르다. 수출은 중국 경제와 사회의 안정화에 기여하지만, 구매자가 있다는 것만으로는 충분치 않다. 수출을 통한 판매가 중국의 번영으로 이어지는 것이 핵심이다. 미국에 대한 수출이 더 이상 중국의 필요와 맞지 않게 된다면, 미국에 대한 중국의 이해관계가 변할 것이고, 중국은 의존적 관계에서 벗어날 것이다. 다음 10년 동안 중국이 항상 번성하지는 않더라도, 더욱 경제적으로 자유로운 행위자가 된다면, 일본은 중국에 반하는 자신의 이해관계에 대해 미국으로부터 보증을 받거나 아니면 자신의 입장을 바꾸어야 할 것이다. 그러므로 미국-중국 관계에 기초하고 있는 균형은 실제로는 앞으로 수년간 중국 경제가 어떻게 기능할 것인가에 달려 있다.

중국과 일본

1980년대 중국이 그토록 획기적으로 성장할 수 있었던 이유 중 하나는 마오쩌둥이 그 이전까지 성장을 극도로 억제했기 때문이다. 마오쩌둥이 사망하고 마침내 덩샤오핑이 권력을 잡자, 단순한 이데올로기의 변화만으로 중국은 해방되었고, 그간 억눌려온 수요, 고유의 재능, 그리고 국민의 능력을 기반으로 비상한 성장을 일궈낼 수 있었다.

역사적으로 중국은 양극단 사이를 왔다 갔다 했다. 상대적 빈곤과 결합된 고립이거나 사회적 불안정과 결합된 무역개방 둘 중 하나였다. 영국이 중국의 개항을 강요했던 1840년부터 공산주의자들이 권력을 차지한 1947년까지 중국은 개방적이었으며, 적어도 몇몇 지역은 부유했으며, 심각하게 분열되어 있었다. 마오쩌둥은 대장정을 시작하면서 서구 세력들을 추방하기 위해 농민군을 결성했는데, 이것은 다시 한번 중국을 상대적 고립에 빠뜨리고 모든 인민의 생활수준을 저하시켰다. 그러나 그것은 또한 중국이 거의 100년 동안 경험하지 못했던 안정과 통합을 만들어내기도 했다.

이렇게 개방과 불안정, 폐쇄와 통합 사이를 왕복하는 이유는 일정 부분 중국이 가진 가장 중요한 경제자산, 즉 저렴한 노동력과 관련된다. 외부세력들이 중국에 투자할 수 있게 되면 그들은 중국의 풍부한 인적자본을 이용하는 공장과 회사를 세운다. 그러나 이런 공장들의 주 목적은 중국에서 판매하는 것이 아니라 다른 나라에서 팔 제품을 생산 하는 데 있다. 그렇기 때문에 투자의 주된 초점은 대규모 항구나 이에 접근할 수 있는 적절한 교통수단이 있는 곳이다. 중국은 대부분의 인 구가 해안지역에 밀집되어 있기 때문에 기반시설을 내륙 깊숙한 곳에 지을 이유가 없다. 실제로 공장의 대부분은 해안에서 160킬로미터 안 에 위치해 있다. 중국이 발전함에 따라 공장 주인이 중국인이 되었음 에도 불구하고 이런 패턴은 지속되었다.

중국인민은행에 따르면, 유럽에서도 큰 규모의 국가 인구에 해당하 는 6,000만 명의 중국인들이 중산층(연소득 2만 달러 이상) 가정에 산다 고 한다. 그러나 중국의 전체 인구가 13억이라는 사실을 고려하면 6,000만 명에 해당하는 중산층 국민은 전체 인구의 5퍼센트도 되지 않 으며 이들 대부분은 해안지역이나 수도 베이징에 거주한다.

반면 중국 전체 인구 중 6억 명은 연소득 1,000달러 미만, 또는 가족 당 일일소득 3달러 미만인 가정에 살고 있으며, 4억 4,000만 명의 중 국인들은 연소득 1,000 - 2,000달러 또는 일일소득 3 - 6달러인 가정에 살고 있다. 이것은 중국 인구의 80퍼센트가 사하라 사막 이남 아프리 카와 비슷한 수준의 빈곤 속에 살고 있음을 의미한다. 중국 인구의 15 퍼센트를 차지하는 산업 종사자들이 거주하는 지역(해안에서 160킬로 미터 이내)도 빈곤하기는 마찬가지다. 중국의 한정된 부는 사회적 격차 뿐만 아니라 지리적 격차도 초래한다. 항구 주변 지역은 무역이익을 얻는 반면, 나머지 지역은 그렇지 못한 것이다. 해안지역의 이해관계 는 국가의 나머지 부분 또는 심지어 중앙정부의 이해관계보다 외국의 무역파트너들의 이해관계와 더 많이 결부되어 있다.

19세기 중국은 바로 이 경계선을 따라 분열되었다. 미래에도 여기서 분열이 일어날지도 모른다. 중앙정부는 가난한 대다수와 부유한 소수 간의 균형을 잡으려고 하지만, 외국인 투자자의 지원을 받는 해안지역의 부유층들은 중앙정부에 저항할 것이다. 부를 이전시키려는 시도는 중앙정부를 약화시키거나 독재적으로 변하게 만든다. 청 왕조는 영국의 침입 이후 쇠약해졌다. 1940 - 1950년대 마오쩌둥의 해결책은 광범위한 억제, 외국인 추방, 그리고 부의 몰수와 빈곤한 내륙지역으로의 재분배였다.

상대적 번영과 성장의 시대에는 이런 문제가 국가에 의해 관리될 수 있다. 사회적 불평등이 증가할지라도 중국인들 대부분의 절대적 생활수준은 높아지며, 이러한 향상은 아무리 미약하더라도 사람들을 수동적으로 만드는 효과가 있다. 그러나 경제가 약화되고 전반적인 생활수준이 떨어지면 어떻게 될까? 중산층 이상의 계층에게는 이것이 불편한 정도일 것이다. 하지만 빈곤 속에 살고 있는 10억 이상의 중국인들에게는 생활수준이 조금만 위축되어도 타격이 엄청날 수 있다. 중국이 가까운 미래에 맞닥뜨리게 될 문제가 바로 이것이다. 즉, 상대적으로 작은 정도로 성장이 쇠퇴하는 것이다. 하지만 그에 따른 점증하는 경제적, 사회적 효과로 인해 중앙정부에 대한 저항이 유발될 것이다.

중국의 생산경제가 소비경제에 비해 터무니없이 크다는 점을 고려하면 이런 문제는 불가피하다. 중국에서 제조되는 아이폰과 의류제품은 가난한 자국민에게 판매되지 않는다. 게다가 중국의 임금수준은 더 이상 파키스탄이나 필리핀 같은 국가보다 우위에 있지도 않다. 반숙련 노동자들의 수가 한정됨에 따라(반면 미숙련 농민의 수는 엄청나게 많다)

임금이 증가해왔다. 또한 경쟁의 압력을 받게 된 중국은 제품 가격을 낮췄으나 이는 수출의 수익성을 약화시켰다. 그리고 치열해지는 경쟁, 일부 고객 국가들의 더딘 성장률에 직면함에 따라 중국의 경쟁력도 저하될 것이다. 또한 기업 대출의 상환이 어려워질 것이고 그로 인해 금융시스템 전체에 압력이 가중될 것이다.

중국은 현실적으로 실업을 유지할 만한 여력이 전혀 없다. 일자리를 찾기 위해 도시로 이동한 상당수의 농민들이 실업자가 되면 도시에 그대로 남아 사회의 불안정을 유발하거나 시골로 돌아가 농촌의 빈곤 수준을 악화시킨다. 중국은 자국의 은행들에게 파산했어야 할 기업들에 대한 대출을 종용하거나, 수출에 보조금을 주거나, 혹은 국유 기업을 만듦으로써 국민들의 일자리를 유지할 수 있다. 그러나 이런 노력들은 결국 경제의 핵심을 공동화시킨다.

다음 10년 동안 중국은 내부적 안정성을 끌어올리는 것 외에 선택의 여지가 없다. 중국 인민해방군의 규모는 이미 엄청나다. 결과적으로 중국을 하나로 묶어주고 있는 것은 인민해방군이다. 그러나 이것은 주로 중국 사회의 가장 가난한 계층에서 충원된 인민해방군이 스스로 통합을 유지하고 끝까지 충성한다는 것을 전제로 한다. 계층 간의 원망을 가라앉히기 위해 중국은 해안지역에 거주하는 6,000만 명에게 세금을 부과하여 인민해방군과 농민들에게 그 돈을 분배해야 할 것이다. 물론 세금을 내는 이들은 저항할 것이고, 그 수입은 정부가 혜택을 주고자 하는 대상들에게는 충분하지 않겠지만 군대의 충성을 유지하기에는 충분할 것이다.

다가올 10년 안에 답을 해야 하는 장기적인 질문은 바로 이것이다. 중국은 그들의 문제를 마오쩌둥이 했던 것처럼 풀려고 할 것인가이다.

264

즉, 나라를 폐쇄시키고 해안지역의 사업가들을 없애며 외국인 투자자들을 추방할 것인가? 아니면 19세기 후반에서 20세기 중반까지 그랬던 것처럼 지역주의와 불안정의 패턴을 따를 것인가? 분명한 것은 중국 정부가 경쟁 세력들 간의 균형을 잡기 위해 노력하면서 내부 문제에 몰두하게 될 것이고, 일본과 미국의 의도에 대해 점점 더 예민해질 것이라는 점이다.

일본은 이미 1990년에 현재 중국이 겪기 시작하는 경제 하락(decline)과 같은 것을 경험했다. 일본에는 외부인들이 볼 수 있는 것보다 훨씬 더 강한 수준의 비공식적 사회통제를 가지고 있으며, 동시에 '게이레츠(keiretsu)'라고 불리는 대기업 복합체들은 상당한 정도의 자유를 누렸다. 2차 세계대전 이후 급속하게 성장한 일본은 자본을 위한 시장 체제 개발에 실패함으로써 불가피하게 초래된 금융위기에 굴복했다. 일본 경제는 게이레츠와 정부의 비공식적 협력을 통해 작동되었다. 이런 협력은 패배자가 없도록 설계되었는데, 거기에 바로 치명적인 결함이 있었다.

자본의 문제는 일본에게 이렇다 할 연금제도가 없다는 사실로 인해 악화되었다. 시민들은 어쩔 수 없이 저축을 많이 할 수밖에 없었으며, 그것도 금리가 매우 낮은 우정공사에 돈을 맡겼다. 정부는 이 돈을 게이레츠와 연결된 대형 시중 은행들에 빌려주었다. 이런 시스템은 미국의 이자율이 두 자릿수일 때 5퍼센트 미만의 이자율로 돈을 빌릴 수 있었던 1970년대와 1980년대 일본 기업들에게 매우 유리했다. 그러나 이 돈은 수익성이 보장된 산업에는 대출되지 않았다. 수익의 대부분은 저금리 자금으로 인한 부가 마진에서 나왔다. 그리고 일본인들이 은퇴하기 위해 엄청난 금액을 저축해야 했다는 사실은 그들이 소비를 꺼려

했음을 의미한다. 결국 일본 경제의 중심은 오늘날의 중국 경제와 마찬가지로 수출에 있었으며, 특히 미국이 대상이었다.

다른 아시아 국가들과의 경쟁이 치열해지자 일본은 가격을 낮췄고 이는 수익 감소로 이어졌다. 이런 상황에서 기업들이 성장하려면 더 많은 돈을 빌려야 했다. 그 결과 나중에는 대출을 갚기가 더욱더 어려워졌다. 이에 뒤따른 것은 경제의 추락이었다. 하지만 이런 일은 그것이 발생하고 몇 년이 지날 때까지도 서구의 매체들에게 거의 알려지지 않았다.

중국처럼 일본도 다른 이유로 실업을 피해야 했다. 일본에서 기업의 구조조정을 꺼리는 것은 노동자가 평생 동안 한 기업에 헌신하고 그 기업은 그에 보답한다는 사회적 계약에서 기인하는 것이었다. 일본인들은 평생 고용을 유지함으로써 그 전통을 지켰지만 성장은 포기해야 했다.

서양의 경제학자들은 일본 경제가 정체되었던 20년의 세월을 '잃어버린 20년'이라고 이름 붙였다. 그러나 이것은 일본의 목표에 대한 오해이거나 서구적 관점에서 일본적 가치를 재단한 것이다. 평생 고용을 유지하기 위해 성장을 희생시키는 것은 일본이라는 고도로 응집된 사회에 있어서는 10년을 잃어버리는 것이 아니라 핵심가치를 유지하는 것이었다.

그와 함께 일본의 출생률은 인구유지에 필요한 여성 1인당 자녀 2.1명 이하로 하락했다. 각 세대의 인구가 그 이전 세대보다 줄어드는 상황에서 일본 경제는 더 이상 은퇴자들을 지원할 수가 없게 되었다. 이런 방식으로 빚과 인구는 일본에 엄청난 위기를 초래했다.

다음 10년 동안 일본은 공적이든 사적이든 더 이상 빚을 터무니없이 쌓아가며 평생고용을 유지할 수 없다. 중국과 마찬가지로, 일본도 경제 모델을 바꿔야 한다. 그러나 일본에게는 압도적으로 유리한 조건이 하나 있다. 바로 빈곤 속에 살고 있는 10억의 인구가 없다는 것이다. 중국과 달리 일본은 필요하다면 사회적 불안정이 수반되지 않는 긴축정책을 견뎌낼 수 있다.

일본의 근본적인 약점은 석유, 고무, 철 등 산업을 위한 천연자원이 없다는 것이다. 산업 강국의 지위를 유지하기 위해서 일본은 전 세계적으로 사고팔아야 하며, 해상 항로에 대한 접근성을 잃으면 모든 것을 잃게 된다. 문제가 발생했는데도 내부적으로 해결할 수단을 찾을 수 없을 경우, 일본은 다시 한번 공격적으로 변할 가능성이 높다.

중국-일본 힘의 균형

지난 30여 년 동안 중국-일본의 관계는 양국이 미국과 맺은 관계에 비하면 부차적인 수준이었다. 미국은 양국과 상호이득이 되는 관계를 가짐으로써 지역의 균형을 유지하였으나 이러한 관계는 다음 10년 동안 바뀔 것이다. 먼저, 중국의 경제 문제는 중국의 내부 활동을 변화시키면서 현재 중국이 세계와 맺고 있는 관계를 변화시킬 것이다. 또한 마찬가지로 일본의 내부 문제와 그에 대한 해결책들은 일본이 작동하는 방식을 변화시킬 것이다.

세계 시장에 대한 접근을 보장하기 위해 다른 나라들에 대해 수동적이고 의존적이었음에도 불구하고 일본은 항상 국제사회에 깊이 관여해왔다. 중국도 관여하긴 하지만 일본처럼 되돌릴 수 없을 정도는 아니다. 수입 원료가 없어진다고 해서 일본의 경우처럼 생존에 위협을 받지는 않는다. 마찬가지로 중국도 수출에 의존하긴 하지만 필요하다면 고통을 감수하고서라도 스스로 환경에 맞게 변화할 수 있다.

게다가 중국은 공격적인 변화에 대한 유혹이 상대적으로 적으며 그럴 능력도 떨어진다. 중국은 주로 바다를 통해 세계와 연결되지만, 지리적 여건이나 미국에 비해 대단한 해군력을 보유하고 있지는 않다. 해군력을 구축하기 위해서는 수세대가 걸린다. 필요한 기술을 개발하는 것뿐만 아니라 훌륭한 지휘관들을 길러내기 위해 축적된 경험을 전수해야 하기 때문이다. 중국이 바다에서 미국이나 일본에 도전장을 내밀려면 오랜 세월이 지나야 한다. 중국 해군의 발전에 대해 많은 논의가 있어 왔다. 분명히 상당한 정도의 발전이 진행 중이다. 그러나 현재 노력의 수준과 중국이 자국 근해에서 미 해군에게 도전하는 데 필요한 능력 사이에는 큰 격차가 존재한다. 가장 중요한 발전은 지상용 대함 미사일에서 이루어졌다. 그러나 중국의 해군 함선들이 미군 함대를 이기려면 가야 할 길이 멀다. 대함 미사일마저도 미국의 공군 및 미사일 공격에 매우 취약하기 때문이다. 다음 10년 이내에는 중국 해군이 미군을 지역 해역에서 몰아내지 못할 것이다.

일본헌법 9조에 의해 공격용 군대의 보유를 금지하고 있는 오늘날의 일본은 공식적으로 평화주의적 국가이다. 그러나 이것은 일본이 서태평양에서 가장 유능한 해군을 유지하고 상당한 규모의 육군과 공군을 보유하는 것까지 막지는 못했다. 하지만 일본은 자신의 국제적인 이해관계, 특히 천연자원에 대한 접근을 보호하기 위해 미국에 의존함으로써 이런 군사력을 되도록 사용하지 않고 있다.

2차 세계대전 이후 일본이 미국에 굴복한 것은 이득이 되었다. 왜냐

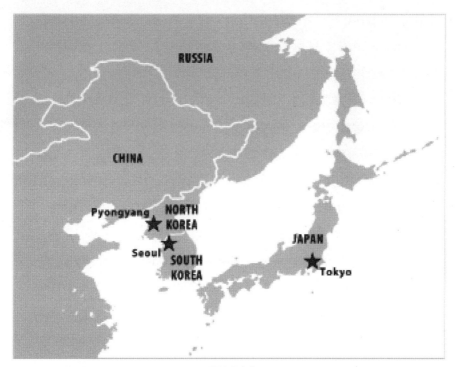

동북아시아

하면 미국은 냉전 상황에서 일본의 도움이 필요했고, 일본이 되도록이면 강해지길 원했기 때문이다. 그러나 지금은 상황이 미묘하게 바뀌었다. 미국은 여전히 일본의 해상 수송로를 통제하고 있으며 그 접근을 보장해줄 준비가 되어 있다. 하지만 미국은 그런 접근을 위태롭게 하는 행동을 취할 가능성이 있으며, 이는 일본을 잠재적으로 위험한 위치에 처하게 한다. 지금까지 미국은 이슬람 지하디스트와의 전쟁에서 일본이 의존하는 호르무즈 해협의 석유수송로를 위험에 빠뜨리지 않기 위해 조심스럽게 행동했다. 그러나 미국은 쉽게 오판할 수 있다. 간단히 말하자면, 미국은 일본이 감당하기 어려운 위험들을 감수하려 할수 있으며, 그래서 세계와 그들의 국가 이익에 대한 양국의 관점이 갈라지게 된다.

일본의 내부적인 문제는 현재의 경제주기가 이미 갈 데까지 갔다는데 있다. 그들은 긴축정책과 실업을 받아들이거나 아니면 경제가 과열되어도 내버려둬야 한다. 일본의 최대 약점은 여전히 자유롭게 운영되지 않는 자본시장이다. 그렇다고 일본이 효과적인 중앙계획을 가진 것도 아니다. 이러한 상황은 유지되기 어렵다. 자유로운 자본 시장으로의 전환이 장기적으로 일본의 문제를 해결해줄지도 모르지만, 현재의불안정을 감수해야 한다. 일본은 진정한 시장경제를 보유할 여력이 되지 않기 때문에, 정부가 보다 효율적인 정책(시장만큼 효율적이지 않지만 지금까지 해온 것보다는 더 효율적일 것이다)을 시행하는 경제로 전환하면서 게이레츠(keiretsu)라는 기업집단의 중요성을 낮추려 할 것이다. 이것은 일본 정부에 보다 많은 권력이 집중되고, 금융을 관리하는데 있어 더 큰 역할을 맡게 된다는 사실을 의미한다.

일본의 또 다른 문제는 인구구조와 관련되어 있다. 고령화되고 있는일본은 더 많은 노동자가 필요하지만 사회적으로 대규모 이민을 감당할 능력은 없다. 그것은 일본 문화의 응집성에 반하기 때문이다. 이에대한 해결책은 노동자들이 공장에 있는 곳으로 오는 것이 아니라, 공장이 노동자들이 있는 곳으로 가는 것이다. 따라서 다음 10년 동안 일본은 해외의 노동시장을 더욱 공격적으로 활용할 것이며 상황에 따라서는 중국도 포함될 것이다.

미래에 어떤 일이 일어나든, 일본은 해상수송로를 확보하기 위해 미국에 의존하는 것을 포함하여 미국과의 핵심적인 전략적 관계를 유지하길 원할 것이다. 일본에게 이것은 비용 효율적이며 독자적으로 행동하는 것보다 훨씬 덜 위험하다.

미국의 전략: 시간 벌기

미국은 동시에 모든 지역적 힘의 균형을 다룰 만한 자원도, 정책의 폭도 가지고 있지 않다. 당분간 러시아와 중동에 몰두하게 될 것이고, 그로 인해 서태평양 지역을 다룰 여력이 많지 않다. 그렇다면 이 지역에서 미국이 사용할 수 있는 전략은 바로 지연시키고 방향을 돌리게 하는 것(delay and deflect)이다. 미국은 실제로 진행 중인 방대한 과정들을 모두 통제할 수 없다. 때문에 미국이 바랄 수 있는 최선은 그것에 약간의 영향을 미치는 것이다. 다행히 적어도 현재로서는, 서태평양에서 전개되고 있는 과정들이 미국에게 상대적으로 나쁘지 않은 방향으로 나아가고 있다. 그러므로 미국의 정책은 앞으로 닥쳐올 일들에 대한 준비작업을 하면서 상황을 지연시키는 것이어야 한다.

미국의 위험은 중국-일본의 동맹에 있지 않다. 양국은 너무나 다양한 방면에서 서로 경쟁하고 있고, 밀접하게 협력하기에는 너무도 큰 차이점을 지니고 있다. 일본은 경제 순환의 한계에 다다랐기 때문에, 더 이상 지난 20년 동안 그래왔던 것과 같은 조용하고 수동적인 거인이 아닐 것이다. 반면 중국은 과거보다 경제적으로 덜 왕성해질 것이다. 미국의 도전은 이 동아시아 체제에서 서로 다른 단계에 있는 두 국가와의 관계를 관리하는 것이다. 그와 함께 미국은 중심적인 위치에서 한걸음 물러나, 아시아의 두 강국이 서로간의 좀더 직접적인 관계를 개발하고 그들 자신의 균형점을 찾게 해야 한다.

중국이든 일본이든 다가올 10년 동안 지역의 패권국가로 부상하지는 않을 것이다. 모든 경제 기적이 그렇듯 중국의 경제 기적도 진정될 것이며, 급속한 성장 없이 안정을 유지하는 데 집중할 것이다. 일본은 스스로를 내부적으로 구조조정을 하는 한편 자신의 외교정책을 전 세계적인 이해관계와 일치시킬 것이다. 하지만 미국이 주시해야 할 것은 일본일 것이다.

일본은 자신의 힘을 증가시키면서, 필연적으로 해군력을 강화하게 될 것이다. 미국이 새로운 해양강국의 부상에 반대하는 것은 기본적인 원칙이지만, 그렇다고 1941년에 그랬던 것처럼, 2020년에 일본과 이 문제로 전쟁을 벌이려 하지는 않을 것이다. 그럼에도 불구하고 미국은 보다 공격적인 일본에 대처할 전략을 개발해야 한다.

일본에 대한 미국의 전략 1단계는 우선 중국이 분열되지 않도록 하는 것이다. 중국이 약해질수록 일본이 영향력을 행사할 여지가 많아지기 때문이다. 미국은 가능한 한 중국의 대미 수출을 원활하게 함으로써 중국의 부담을 덜어줘야 한다. 이것은 물론 반전이며, 그렇게 하는 데에는 명백한 정치적인 문제들이 뒤따를 것이다. 미국 대통령은 자국의 높은 실업률에도 불구하고 이런 관대함을 베푸는 것을 영리하게 정당화해야 한다. 하지만 조금이라도 일본을 제약하는 것은 그 무엇이든 미국에게 가치가 있다.

중국은 안정이 되었을 때만 자국 경제에 대한 외국 투자를 통제할 수 있다. 중국의 공장과 노동자들에 대한 일본의 속셈에 대응하기 위해서는 안정과 통제 둘 다 필요하다. 일본의 확장을 억제하는 것은 일본이 자신의 문제들에 대처하는 능력을 지체시킬 것이다. 일본의 재부상을 늦추는 것은 그 무엇이든 시간을 벌어준다는 의미에서 미국에게 이득이 된다.

미국의 전략 2단계는 일본과 최대한 우호적인 관계를 유지하는 것이다. 일본이 자원에 대한 접근에 있어 확신이 클수록 자신의 해군력을 강화할 동기는 줄어든다. 힘의 불균형을 항상 고통스럽게 의식하고 있는 일본은 미국과의 공손한 관계에서 보이는 것과는 달리 절대로 편안해하지 않고 있다. 그러면서도 일본은 그에 대한 대안을 창출하는 데 필요한 엄청난 비용과 위험에 직면하기를 원치 않는다.

장기적으로 봤을 때, 일본과 같이 경제적으로 규모가 크면서도 취약한 국가는 스스로의 이익을 확보할 방법을 찾아야 한다. 그러나 이것이 다음 10년에 이루어져야 할 필요는 없으며, 미국의 전략은 일본의 의존도를 최대한 연장시키는 것이어야 한다. 일본이 미국에 계속 의존할수록 미국은 일본의 정책에 그만큼 더 영향력을 행사할 수 있다. 그러나 과도한 압력을 가하면 일본은 경제적으로 국가주의적이면서 국방에 대한 강조가 모든 것을 압도하는 1930년대의 파괴적인 정책으로 회귀하는 경로를 택할 수도 있다. 그러므로 미국은 지나친 압력을 가하지 않도록 주의를 기울여야 한다.

이런 아시아 전략이 미국 국민들에게 받아들여지기 쉬운 두 가지 이유가 있다. 첫째는 미국인들이 다른 문제들에 더 신경이 팔려 있다는 점이다. 둘째는 서태평양 지역에서 미국의 움직임이 갑작스럽기보다는 점진적일 것이라는 점이다. 대통령은 정책에 있어 변화를 발표하지 않아도 되는 이점을 갖게 될 것이며, 그의 행동이 결정적인 영향을 미치지도 않을 것이다. 왜냐하면 미국은 두 아시아 국가들에게 중요하기는 하지만 핵심적이지는 않기 때문이다.

동시에 미국은 역사의 다음 단계를 위해 관계를 쌓아가야 한다. 미국은 러시아나 다른 강대국들의 위협에 공동으로 대응하기 위해 일본이나 중국, 혹은 양국 모두와 동맹을 맺을 수 있다. 이 두 국가는 위험 감수를 별로 좋아하지 않으며, 아무런 유인책 없이 압력만을 가한다면 별다른 효과가 없으리라는 사실을 미국은 깨달아야 한다.

한국

이 지역에서는 한국이 핵심적인 역할을 하게 될 가능성이 있다. 한국은 이미 중국–일본 균형의 양쪽에 가시 같은 국가이며, 특히 일본에게 거슬리는 존재다. 역사적인 이유로 인해 한국은 일본을 멸시하며 중국을 불신한다. 그렇다고 미국과 특별히 편안한 관계에 있는 것도 아니다. 그러나 지리적인 요인만으로도 한국은 미국에 의존할 수밖에 없다.

일본의 힘이 팽창하고 중국이 약해질 때 한국은 그 어느 때보다도 미국을 필요로 할 것이다. 동시에 미국은 일본과 중국을 견제하기 위한 선택의 폭을 넓히기 위해 한국에 의존할 것이다. 다행히 한미 간의 동맹관계가 이미 존재하기 때문에 이 관계를 진척시키더라도 일본이나 중국에게 큰 우려를 유발하지 않을 것이다.

한국은 상당한 규모의 기술 중심지가 되었다. 중국은 특히 이 기술을 갈망한다. 미국이 그러한 기술 이전에 대해 부분적인 통제권을 보유하게 된다면, 중국에 대한 미국의 영향력이 증가할 것이다. 한국의 입장에서는 북한 문제에 대처하기 위해 미국의 도움을 필요로 할 것이다. 특히 필연적으로 남북한 통일이 왔을 때, 그와 관련된 재정적 측면을 다루는 데 있어 더욱 그럴 것이다. 통일 한국은 미국과 특별한 무역 기회를 원할 것이다. 한국이 의지할 수 있는 별다른 국가는 없지만 그럼에도 불구하고 미국 대통령은 그러한 요구를 들어줘야 한다. 다음 10년 동안 한국이 서태평양 지역에서 미국이 가지는 가장 중요한 관계가 될 수 있기 때문이다.

그러나 남북한 통일이 핵심적인 사안은 아니다. 그 모든 허세에도 불구하고 북한은 불구의 상태이며, 핵시설은 다른 국가들이 허용하는 한에서만 존재한다. 북한은 핵무기 프로그램을 통해 압박을 피하고 시간을 벌어 왔다. 그러나 그것으로 북한이 영구적인 안정을 찾을 수는 없다. 반면 한국은 스스로 역동적인 국력을 보유하고 있으며 북쪽에서 무슨 일이 발생하든 유지될 것이다.

호주

서태평양 지역에서 미국이 가지게 될 두 번째 중요한 관계는 호주다. 유럽의 지배하에 들어간 마지막 대륙 중 하나인 호주는 분명 지리적으로는 세계의 주변부에 속한다. 그리고 인구 대부분은 동남부의 비교적 작은 지역에 거주하고 있다.

지정학적으로, 호주는 오해를 받고 있으며, 스스로도 오해를 하고 있다. 호주는 고립되어 있고 안전한 것처럼 보이지만, 그러한 고립은 착각이며 실제로는 취약한 상태에 있다. 예를 들어, 호주의 가장 가까운 인접국인, 분열되고 허약한 인도네시아는 호주에서 수백 킬로미터 떨어져 있다. 2차 세계대전 중 인도네시아와 동쪽의 뉴기니는 호주를 위해 중요한 전략적 기능을 수행했다. 이들은 일본의 공격을 받아냈

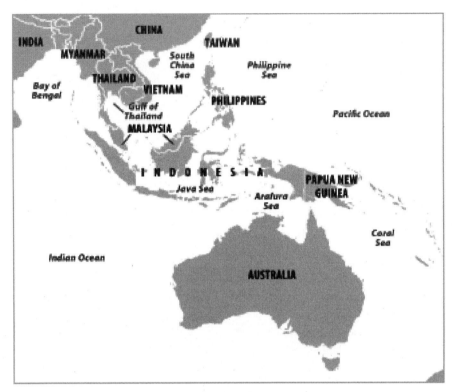

동남아시아

고, 그 과정에서 약해진 일본군은 더 멀리 남쪽으로 진출할 생각을 하지 못했다. 흥미롭게도, 2차 세계대전과 호주 북쪽에 위치한 완충지대 섬들은 호주가 안전하다는 호주인들의 인식을 강화시켰다.

홀로 서 있고 안전한 것처럼 보이는 모습과 달리, 호주는 실제로는 국제무역에 매우 의존적이며, 경제를 유지하기 위해 국제 교역, 특히 식품이나 철광석 같은 산업용 광물의 판매에 의존하고 있다. 이런 상품들은 바다를 통해 수송되는데, 호주는 해상수송로의 안전에 대한 어떤 통제권도 갖고 있지 않다. 그렇다면 호주는 어떤 의미에서는 혈관이 몸 밖에 있어 보호받지 못하고 끊임없이 위험에 처해 있는 생명체와 같다.

이런 취약성에 대처하기 위한 호주의 전략은 서태평양에서 우월한 해군력을 가진 국가와 동맹을 맺는 것이다. 한때는 그 동맹이 영국이었고 현재는 미국이다. 모든 동맹에는 비용이 필요하며 영국과 미국도 그에 맞는 보상을 원한다. 즉, 그들의 전쟁에 호주가 참전하는 것이다. 그 때문에 호주는 보어전쟁과 양차 대전, 한국전쟁과 베트남 전쟁에서 큰 희생을 치렀다. 이후 1970년과 1990년 사이 호주는 이런 군사적 협력자의 역할에서 물러났다. 하지만 이때는 참전이 거의 요구되지 않는 시기였다. 1990년 사막의 폭풍 작전에서 호주는 미국의 군사 행동을 지원하는 전략으로 복귀하였으며, 그 후 아프가니스탄과 이라크에서도 전투에 참여했다.

해상수송로의 안전과 더불어, 호주의 복지는 자신이 감당할 수 있는 조건(terms)을 부과하는 국제무역 체제에 의존한다. 사촌격인 영국과 미국의 도우미가 되는 전략을 채택함으로써 호주는 강대국들 사이에서 의석을 차지할 수 있게 되었다. 덕분에 호주는 스스로의 힘으로는 절대 성취할 수 없는 국제무역에서의 영향력과 안전을 확보해왔다.

2차 세계대전 중 호주는 북아프리카에 병력을 보내 영국을 도왔다. 또한 태평양 전역에 투입될 미군을 위한 병참 기지 역할을 함으로써 미국을 지원했다. 물론 호주군도 참전하긴 했으나, 참전할 군대가 없었다고 하더라도 호주의 전략적 가치는 인도네시아와 파푸아뉴기니라는 지리적 방어막 뒤에 자리 잡은, 그 위치에 있다. 서태평양에서 미국에 도전하는 세력이 등장한다면 호주는 다시 한번 미국의 태평양 전략을 위한 전략적 토대가 될 것이다. 하지만 여기서 유의할 점은 2차 세계대전 당시만 해도 후방의 병참 기지를 구축하는 데 수년이 걸렸으나 미래에 있을 충돌은 그러한 준비기간을 허용하지 않을 것이라는 사실이다.

미국은 호주와의 관계를 유지하는 일이 어렵지 않을 것이다. 호주는 선택 가능한 전략이 두 가지밖에 없다. 하나는 동맹관계의 책임에서 물러나 자신의 이익이 소홀히 다루어지는 상황을 받아들이는 것이다. 다른 하나는 동맹에 참여하여 미국의 공식적인 지원을 받는 것이다. 전자는 비용이 낮지만 위험성이 크고, 후자는 비용은 높지만 더 믿을 만하다.

주요한 위협이 전개된다면 호주는 미국 진영에 가담할 확률이 매우 크다. 그러나 만약 어느 서태평양 국가가 해상수송로에 대한 통제권을 갑자기 장악한다면, 호주가 거래를 할 가능성은 얼마든지 있다. 물론 미국 편에서 싸우는 것보다 적은 위험으로 자신의 목적을 달성할 수 있다고 판단된다면 말이다. 그러므로 호주로부터 사전에 공약을 받아내고 군사 시설을 두는 것은 호주가 가질 수 있는 선택의 폭을 제한함으로써 미국의 이익에 기여한다.

호주가 미국의 보호에 의존한다고 해도 그 전략적 중요성이 매우 크기 때문에 미국은 가능한 한 관대하면서도 우호적이어야 한다. 호주에 병력 투입을 요구할 때도 자제력을 발휘하는 것도 중요하다. 지금 당장 호주의 병력을 필요로 하는 것보다 미래에 호주를 더 필요로 할 수도 있기 때문이다.

인도네시아 해상수송로

싱가포르

미국에게 유사한 전략적 중요성을 가진 요충지는 바로 싱가포르다. 말레이 반도 끝머리에 위치한 이 도시국가는 영국이 말라카 해협을 통제하기 위해 만든 해상기지였다. 이 좁은 통로는 여전히 인도양과 태평양을 잇는 주요 항로이며, 페르시아 만에서 중국과 일본으로 향하는 원유의 경우는 특히 그러하다. 게다가 페르시아 만으로 향하는 미국 전함들도 이 해협을 통과해야 한다. 말라카 해협은 지브롤터 해협, 수에즈 운하와 함께 세계 3대 해상 요충지다. 누구든지 이곳을 통제하게 되면 마음대로 무역을 폐쇄하거나 보장할 수 있다.

싱가포르는 현재 독립된 도시국가이며, 지리적 위치와 기술 산업 덕분에 크게 번영하고 있다. 싱가포르는 시장으로서 뿐만 아니라 주권을 지키기 위해서 미국을 필요로 한다. 말레이 반도가 독립할 때 무슬림이 대다수인 말레이시아로부터 주로 중국계로 이루어진 싱가포르가 떨어져 나왔다. 양국의 관계는 다양한 변화를 거쳤으나 재합병의 위협은 많지 않았다. 그러나 싱가포르는 두 가지의 지정학적 현실을 인식하고 있다. 첫째는 세상에서 가장 비참한 것이 부유하면서 약한 것이라는 점, 둘째는 안보가 절대로 확실한 것이 아니라는 점이다. 그 문제에 있어 말레이시아나 인도네시아가 앞으로 무슨 행동을 하게 될지는 예측이 불가능하다.

미국은 싱가포르를 단순히 통제만 할 수는 없다. 대신에 싱가포르와 협력적 관계를 맺어야 한다. 한국이나 호주와의 경우처럼, 미국 대통령은 싱가포르와의 동맹관계를 확보하기 위해 필요 이상으로 싱가포르에 관대해져야 한다. 그 비용에 비해 걸려 있는 이해관계가 매우 크기 때문이다.

인도

우리는 서태평양 지역의 맥락에서 인도를 살펴봐야 한다. 거대한 규모와 경제성장 추세, 그리고 제2의 중국으로서 인도에 대한 지속적인 논의에도 불구하고, 나는 인도가 다음 10년 이내에 딥 파워(deep

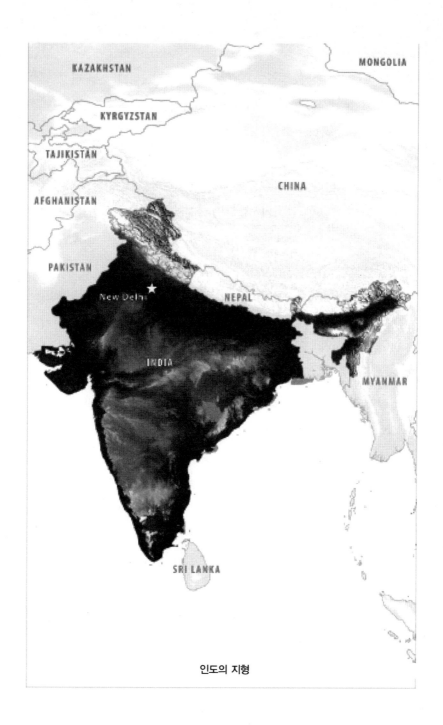

인도의 지형

power)를 지닌 주요한 국가가 되리라고 생각하지 않는다. 여러 방면에서 인도는 거대한 호주라고 이해할 수 있다. 두 국가 모두 다른 방식이긴 하지만 경제적으로 강력하며, 그런 의미에서 둘 다 진지하게 고려해야 할 대상이다.

호주와 마찬가지로, 인도는 지리적으로 고립된 아대륙(subcontinent)이다. 물론 수천 킬로미터의 바다로 둘러싸인 호주의 고립이 훨씬 더 분명해 보이긴 한다. 그러나 인도도 어떻게 보면 섬이며, 바다보다 더 건너기 어려울지도 모르는 육지의 장애물로 둘러싸여 있다. 히말라야 산맥이 북쪽을 가로막고 있으며, 동쪽에는 험난한 정글이 있다. 남쪽은 미 해군이 지배하고 있는 인도양으로 둘러싸여 있다.

인도의 가장 큰 문제는 서쪽에 있다. 이곳은 사막 지대이며 파키스탄이 위치해 있다. 이슬람 국가인 파키스탄은 힌두교가 대다수인 인도와 여러 번 전쟁을 치렀으며, 양국의 관계는 극도로 차분한 상태에서 적대적인 상태까지 다양하게 변해왔다. 아프가니스탄에 관한 논의에서 보았듯이, 인도-파키스탄 간 힘의 균형이 인도 대륙의 주요한 특징이다. 이런 힘의 균형을 유지하는 것은 다음 10년 동안 미국의 중요한 목표가 될 것이다.

인도는 '민주적 중국'이라 불리고 있는데, 이는 인도가 지방 정부를 통제하는 데 어려움을 겪고 있음을 의미한다. 인도는 인상적인 경제 성장을 해오고 있지만, 경제 성장의 가장 큰 걸림돌 중 하나는 중앙 정부가 존재함에도 불구하고 각 주들이 나름의 규제권을 가지고 있으며, 이들 중 일부는 경제 개발을 막는다는 것이다. 이 주들은 자신들의 권리를 열심히 지켜내며, 그 지도부 역시 그들의 특권을 보호하는 데 여념이 없다. 이러한 지역들을 결속시키는 많은 방법이 있지만 궁극적인 보증자는 육군이다.

인도는 세 가지 기능을 담당하는 막강한 군대를 보유하고 있다. 이들은 첫째, 파키스탄을 견제한다. 둘째, 중국의 침입으로부터 북쪽 국경을 지킨다. 마지막으로 가장 중요한 기능은 중국 군대와 마찬가지로 국가의 내부 안보를 담당하는 것이다. 이것은 다양한 인종집단과 심각하게 분열되어 있는 지역들을 보유한 인도에서는 매우 중요한 과제다. 예를 들어 오늘날 동쪽에서 마오주의자들이 상당한 규모의 반란을 일으키고 있는데, 바로 이런 사태를 방지하거나 억제해야 하는 것이 인도 육군의 임무다.

바다에서 인도는 인도의 해상수송로를 보호하고 인도의 힘을 투사하면서 인도양의 중요한 행위자가 될 수 있는 해군을 육성하는 데 관심을 가져왔다. 그러나 미국은 인도가 그런 방향으로 나아가는 것을 보고 싶어 하지 않는다. 인도양은 페르시아 만의 원유가 태평양으로 가기 위해 거쳐야 하는 진입로다. 따라서 미국은 육상 병력을 줄여서라도 인도양에 강력한 군대를 배치할 것이다.

인도의 해군력 개발이 미국을 위협할 수 있는 수준까지 도달하지 못하도록 하기 위해 미국은 인도의 국방비 지출이 해군이 아니라 육군이나 공군 쪽으로 전환되도록 노력할 것이다. 이런 목표를 달성하고 장기적으로 발생 가능한 문제를 미연에 방지하기 위한 가장 효율적인 방법은, 더 강한 파키스탄을 지지함으로써 인도의 안보 담당자들이 바다가 아닌 육지에 집중하도록 만드는 것이다.

마찬가지로, 인도 역시 미국-파키스탄 관계를 약화시키는 데 관심을 갖고 있다. 적어도 파키스탄을 불안정하게 만들기 위해 미국을 아프가니스탄에 묶어두려고 노력하고 있다. 만약 실패한다면 인도는 냉전 당시 소련에 접근했던 것처럼, 다른 나라들에 접근할 수도 있다. 파키스탄은 인도에게 위협적인 존재가 아니다. 비록 그럴 가능성은 거의 없지만 인도와 핵폭탄을 주고받는 상황이 발생한다고 해도 말이다. 그러나 파키스탄은 쉽게 붕괴되지 않을 것이다. 따라서 파키스탄은 인도의 전략 정책의 중심을 차지하는 고질적인 문제로 남아 있을 것이다.

인도는 경제개발에서 중국에 뒤처져 있기 때문에 중국이 겪고 있는 문제에 아직 직면해 있지 않다. 다음 10년 동안 인도는 경제적으로 급성장할 것이다. 그러나 경제력 그 자체는 국가안보로 전환되지 않는다. 또한 인도양을 지배할 수 있는 힘으로도 전환되지 않는다. 인도가 스스로 아주 안전하다고 느끼게 만드는 것은 미국의 이익에 도움이 되지 않는다. 그러므로 미국-인도 관계는 다음 10년 동안 미국이 아프가니스탄을 떠나고 미국-인도 무역이 지속됨에도 불구하고 점차 악화될 것이다.

아시아에서의 게임

다가올 10년 동안 미국이 다른 문제들에 사로잡혀 있을 때, 아시아의 두 강대국 일본과 중국은 외부의 영향을 최소한으로 받게 될 것이다. 그들은 내부의 과정이 이끄는 방향으로 움직일 것이다. 그 속도를 고려할 때 미국은 중국-일본 관계를 관리하는 데 과다한 투자를 해서는 안 된다. 가능한 범위 내에서, 미국은 안정된 중국을 유지하는 데 도움을 주고 일본과의 관계를 유지하기 위해 노력해야 한다.

그럼에도 불구하고 서태평양의 평화는 무기한적으로 유지되지 않을 것이다. 미국은 세 개의 핵심 국가, 즉 한국, 호주, 싱가포르와의 강력한 관계를 공고히 하기 위해 노력해야 한다.

이 세 국가들은 미국이 서태평양의 어떤 국가, 특히 일본과 전쟁을 치를 경우 매우 중요한 동맹국이 될 것이며, 이는 미리 준비할수록 좋다. 한국 해군의 증강, 호주에서의 기지 설립, 그리고 싱가포르 군대의 현대화 등은 주변국들에게 큰 불안감을 유발하지 않을 것이다. 다음 10년 동안 취해야 할 이러한 조치들은 미래에 발생할 분쟁을 관리하기 위한 기본 틀을 만들어낼 것이다.

11

안전한 서반구

A Secure Hemisphere

미 국이 라틴아메리카, 캐나다와 같은 반구에 속하고 많은 역사를 공유한다는 사실을 고려할 때, 어떤 이들은 이 지역이 미국에게 특별한 중요성을 갖는다고 생각할지도 모르겠다. 특히 상당수의 라틴 아메리카인들은 미국이 자신들을 지배하거나 또는 최소한 그들의 자원을 획득하는 데 안달이 나 있다고 생각한다. 그러나 멕시코와 쿠바 같은 몇몇 예외를 제외하면 라틴아메리카에서 일어나는 일은 미국에게 크게 중요하지 않다. 그리고 이 지역은 미국의 사고에 있어 그다지 중요한 부분을 차지하고 있지 않다. 이것은 어느 정도 거리와 관련이 있다. 브라질 리우데자네이루에서 워싱턴까지의 거리는 파리까지의 거리보다 약 1,600킬로미터가 더 멀다. 그리고 유럽과 아시아 강대국들과는 달리, 미국은 파나마 이남의 라틴 국가들과는 대규모 전쟁을 해본 적이 없다. 그렇다고 상호불신과 간헐적인 적대감이 없다는 것은 아니다. 그러나 결국 멕시코와 쿠바를 제외하고는 미국의 근본적인 이익은 라틴아메리카와 교차하지 않는다.

미국이 라틴아메리카에 대해 제한적인 관심만 가지는 이유는 부분적으로 지리적 분열 때문이다. 이러한 분열은 범대륙적 세력의 출현을 저해해왔다. 남아메리카는 단일한 지리적 구성체처럼 보이지만, 사실 중요한 지형학적 장벽으로 분리되어 있다. 첫째, 로키 산맥이나 알프스 산맥보다 훨씬 높고, 넘어 다닐 길이 거의 없는 안데스 산맥이 북에서 남으로는 가로지르고 있다. 그리고 대륙의 중앙에는 광활한 아마존 정글이 통과할 수 없는 장애물로 자리 잡고 있다.

남아메리카는 실제로 세 개의 구별되는 지역으로 나뉘며, 각 지역은 육지를 통한 상업 교류나 정치적 연합이 어려울 정도로 단절되어 있다. 브라질은 대서양 해안을 따라 원호 모양으로 자리 잡고 있으며 내

남아메리카의 지형적 장벽

류 지역에는 깊은 정글이 자리 잡고 있다. 또 다른 지역은 브라질 남쪽으로 대서양을 따라 위치해 있으며, 아르헨티나와 우루과이, 그리고 파라과이로 이루어져 있다. 파라과이는 해안에 접해 있지 않지만 이 블록의 일부이다. 서쪽으로는 칠레, 볼리비아, 페루, 에콰도르, 콜롬비아, 그리고 베네수엘라 같은 안데스 국가들이 있다. 본토에서 떨어져 있는 카리브 제도는 완전히 라틴계에 속하지는 않으며, 그 자체로는 무게감이 없지만 발판(platform)으로서는 중요하다.

브라질과 남부 국가들은 우루과이를 통과하는 협소한 육상통로로만 연결된다. 안데스 국가들은 모두가 뚫고 들어갈 수 없는 지리를 공유한다는 의미에서만 통합되어 있다. 대서양에 접한 남부지역이 통합될 수도 있으나 이 지역에서 주요한 국가는 아르헨티나뿐이다. 더욱이 중앙아메리카의 정글 지형 때문에 북아메리카─남아메리카를 이을 만한 육상 통로가 없다. 설령 있다 하더라도 콜롬비아나 베네수엘라만이 그것을 활용할 수 있다.

라틴아메리카에 대한 미국 정책의 핵심은 항상, 미국이 관심을 가지려면 두 가지 요소가 합쳐져야 한다는 것이었다. 즉, 중요한 전략적 요충지가(사실 그리 많지 않다) 그것을 가지고 위협을 가할 수 있는 세력의 손에 들어가게 되는 것이다. 먼로 독트린(Monroe Doctrine)이 천명된 것은 그런 사태는 미국이 관여하는 한 용납될 수 없는 지정학적 전개임을 분명히 하기 위한 것이었다.

2차 세계대전 당시 남아메리카에 있었던 독일 첩보원들과 그 동조자들은 워싱턴의 전략가들에게 심각한 문젯거리였다. 독일 병력이 세네갈의 다카르에서 대서양을 건너 브라질에 도착할지도 모른다고 생각한 것이다. 이와 유사하게, 냉전 당시 미국은 남아메리카에 대한 소

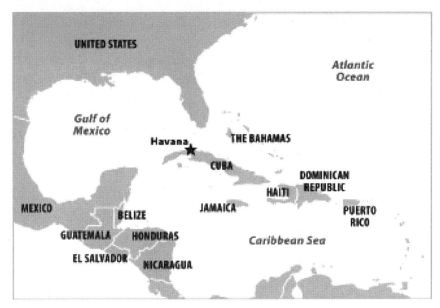

쿠바와 카리브해

런의 영향을 심각하게 우려했으며 이를 막아내기 위해 개입하기도 했다. 그러나 독일도, 소련도 남아메리카를 지배하기 위한 진지한 전략적 노력을 기울이지는 않았다. 왜냐하면 남아메리카 대륙은 미국의 이익과 거의 무관하다는 사실을 이해했기 때문이다. 그 대신 그들은 단순히 워싱턴을 성가시게 만들고 미국의 자원을 분산시키는 것을 목표로 했다.

외부의 개입이 심각하게 다루어져야 할 위협으로 간주될 수 있는 유일한 곳은 쿠바였다. 쿠바의 특별한 중요성은 그것의 대단히 전략적인 위치에서 기인하는 것이다.

19세기 초반 미국의 번영은 하천체계를 토대로 하고 있었는데, 이

체계는 루이지애나와 오하이오 주의 농산물을 동부 해안과 유럽으로 수송할 수 있게 해주었다. 이 물건들은 일단 뉴올리언스로 이동했다가 외항선으로 다시 옮겨졌다. 미국은 1814년 뉴올리언스 전투에서, 그리고 나중에는 텍사스 독립전쟁에서 뉴올리언스를 지키기 위해 싸웠다. 뉴올리언스와 인근의 항구들은 톤수로 따질 때 미국의 최대 항구로서, 중서부의 곡물들을 실어내고 철강과 다른 산업제품들을 들여올 수 있게 한다.

쿠바에 주둔한 해군은 멕시코 만으로 들어가고 나오는 해로를 통제할 수 있고, 그렇게 함으로써 뉴올리언스를 통제할 수 있기 때문에 미국은 옛날부터 쿠바에 집착했다. 앤드루 잭슨Andrew Jackson도 이 섬에 대한 침략을 구상했으며, 1898년에는 스페인을 몰아내기 위해 개입하기도 했다. 반세기 이후 피델 카스트로Fidel Castro가 이끄는 친 소련 정부가 등장하자 쿠바는 미국의 전략상 가장 중요한 곳이 되었다. 소련이 없는 반미 성향의 쿠바는 사소한 문제이지만, 소련 미사일을 보유한 반미 성향의 쿠바는 치명적인 위협이었다.

다음 10년을 내다볼 때 쿠바에게는 강대국 후원자가 없다. 그렇기 때문에 미국 대통령은 국내 정치여론에 따라 쿠바 정책을 세우면 된다. 그러나 미국이 전 세계적 경쟁자와 대치할 경우, 미국에 최대의 압력을 가할 수 있는 지리적 거점이 바로 쿠바라는 사실을 명심해야 한다. 바로 이러한 이점을 얻기 위해 경쟁국은 쿠바를 노릴 것이다.

장기적 관점에서 보면, 쿠바를 다시 미국의 영향권 아래 두는 것이 합리적이고 선제적인 정책이다. 그리고 또 다른 경쟁국이 나타나 미국이 지불해야 할 대가를 높이기 전에 정책을 실행하는 것이 훨씬 바람직하다. 피델과 라울 카스트로는 다음 10년 안에 죽거나 은퇴할 것이다. 쿠바를 통치하는 정치 엘리트들은 카스트로 정권을 수립했던 세대보다 더 젊고 냉소적이다. 이들은 정권 수립자들이 죽은 뒤 정권을 유지할 수 있을지 여부를 두고 도박을 하기보다는 쿠바의 외교 정책에 대한 미국의 영향력을 인정하면서 현재 위치를 유지하게 하는 협상에 대해 좀더 열린 태도를 보일 것이다.

권력이 전환되는 시점이 바로 미국이 거래를 시도해야 할 순간이다. 카스트로 형제는 그들이 물러나기 전에 미국의 영향력을 용인하면서 자신들의 유산을 보존하는 협상을 받아들일 수도 있다. 만약 그것이 실패한다면, 불안정한 전환기에 그들의 계승자들에게 접근해야 한다. 미국의 이해관계는 단순하다. 그리고 인권이나 체제 변화와는 전혀 무관하다. 즉, 미래의 도전들에 관계없이 쿠바가 다른 강대국의 전초기지가 되지 않겠다는 보장을 받아내는 것이다. 이것을 성취한다면, 미국은 많은 것을 성취한 것이 된다.

베네수엘라도 미국에 중대한 위협인 것처럼 보임으로써 시선을 끌어온 라틴아메리카 국가 가운데 하나다. 하지만 전혀 위협이 되지 않는 나라다. 첫째, 베네수엘라 경제는 석유수출에 의존하는데 지리적 위치와 운송문제 때문에 미국에 수출할 수밖에 없다. 둘째, 베네수엘라는 물리적으로 고립되어 있다. 남쪽에는 아마존, 북쪽에는 미 해군이 장악하고 있는 카리브 해, 그리고 서쪽 산과 정글 너머에는 적대적이면서도 안정적인 콜롬비아가 자리 잡고 있다. 그렇기 때문에 이슬람 테러리스트들이 나타나 베네수엘라와 미국의 불화를 이용하려고 해도 어떻게 해볼 도리가 없다. 새롭게 부상한 세계적 도전국이 베네수엘라와의 동맹을 맺고 도발을 위한 발판으로 삼으려고 해도 베네수엘라의 지리적 위치는 주요한 공군 기지나 해군 기지를 허용하지 않는다. 분명 2030년까지 베네수엘라가 자신의 전략적 전망을 바꾸는 것이 바람직할 것이다. 하지만 그것이 미국의 이익에 핵심적이지는 않다.

베네수엘라는 미국의 외교정책이 이데올로기와 골칫거리를 무시하고 오로지 전략에만 집중하도록 스스로를 단련해야 하는 사례이다. 우고 차베스Hugo Chavez는 분명히 자신이 만든 체제 내에서 권력을 잃을 것이다. 미국이 적절한 시기에 쿠바와 협상을 타결한다면, 그 협상 중 하나는 차베스에 대한 쿠바 지원의 철회일 것이다. 그러나 차베스가 여전히 권력을 유지한다 할지라도, 그는 자국민 외에는 누구에게도 위협이 되지 못한다.

브라질과 아르헨티나 전략

라틴아메리카에서 독자적으로 미국의 경쟁자로 등장할 잠재력을 가진 유일한 국가는 브라질이다. 브라질은 라틴아메리카 역사에서 최초의 주요하고 독립적인 경제 강국이며, 세계적인 강대국으로 발전할 가능성이 있는 국가이다. 또한 브라질은 훌륭하게 위험을 분산해왔다.

브라질은 세계에서 여덟 번째로 큰 경제를 보유하고 있고, 국토 면적과 인구는 다섯 번째로 크다. 대부분의 개발도상국들과 마찬가지로 수출에 많은 비중을 두고 있으나, 브라질의 수출은 균형이 잘 잡혀 있다. 수출 중 3분의 2는 1차 상품(농산품과 광물)이며, 나머지는 공산품이다. 수출의 지리적 배분도 주목할 만하다. 라틴아메리카와 유럽연합, 아시아에 각각 비등한 양이 수출된다. 상대적으로는 소규모지만 적지 않은 양이 미국에도 수출된다. 이렇게 균형 잡힌 수출은 브라질

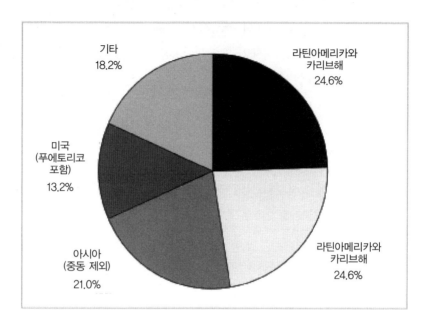

브라질의 교역 관계

이 더 집중화된 수출구조를 가진 다른 나라들보다 지역의 경제 침체에 덜 취약하다는 것을 의미한다.

현재 브라질은 미국에 대해 특별히 위협적이거나 중요한 국가는 아니다. 미국도 브라질에 대해 공격적이지 않다. 경제적 마찰은 최소 수준이며, 지리적 여건 때문에 브라질 역시 미국에 쉽게 도전하지 못한다. 북쪽의 지형은 통행이 극히 어렵고 브라질이 필요로 하는 것도 없기 때문에 북쪽으로 확장하는 것은 비합리적이다. 예를 들어, 베네수엘라의 석유는 지형 때문에 브라질로 쉽게 수송되지 못하며, 어차피 브라질 자체도 석유를 풍부하게 보유하고 있다.

브라질이 미국에게 제기할 수 있는 유일한 도전은, 자국의 해안과 서아프리카 사이에 있는 대서양을 지배할 공군력과 해군력을 육성할 수 있을 정도로 브라질 경제가 계속해서 성장하는 것이다. 이 지역은 인도양이나 남중국해와 달리 미국이 삼엄한 순찰을 하지 않는다. 이런 상황이 다음 10년 이내에 발생하지는 않을 것이다. 그러나 브라질의 임금이 상승하면, 지리적 요인으로 인해 아프리카에 대한 투자가 라틴 아메리카의 다른 지역에 대한 투자보다 운송비가 더 적게 들 수 있다. 그렇다면 브라질은 사하라 사막 이남 지역의 국가들과 관계를 맺는 것이 유리하며, 브라질과 같이 포르투갈어를 사용하는 앙골라가 특히 그 대상이 될 것이다. 이는 브라질이 남대서양을 장악하게 될 뿐만 아니라 브라질과 아프리카 해안 양쪽에 브라질 해군이 주둔하는 결과로 이어질 수도 있다.

브라질은 아직 미국의 이익에 어떠한 식으로도 위협이 되지는 않는다. 하지만 '모든 지역에서 힘의 균형을 창출하고 유지해야 한다'는 미국의 기본 전략에 따라, 미국은 이제 대항 세력(countervailing power)을 만들기 시작해야 한다. 이 전략을 당장 완수해야 할 필요는 없으나 관심을 갖고 서서히 진행해야 한다.

다음 10년 동안 미국은 브라질과 우호적인 관계를 유지하는 한편, 아르헨티나를 강화시키기 위해 모든 수단을 동원해야 한다. 아르헨티나가 평형추 역할을 할 수 있는 유일한 국가이기 때문이다. 20세기 초반까지만 해도 라틴아메리카에서 아르헨티나가 가장 강한 국가였다는 사실을 기억해야 한다. 현재의 약세는 필연적인 것이 아니다. 미국은 우루과이와 파라과이에 대한 원조를 포함하는 전반적인 라틴아메리카 개발계획의 맥락에서 아르헨티나와의 특별한 관계를 발전시켜 나가기 위해 노력해야 한다.

지금 적은 돈을 들여 이 지역을 지원하면 나중에 상당한 이익을 얻을 수 있다. 아르헨티나의 지리는 개발하기에도 적당하다. 또한 인구도 적절한 수준을 유지하고 있으며, 더 많은 인구를 수용할 수 있는 여유도 있다. 견고한 농업 기반을 가지고 있으며, 산업 기반을 쌓기에 적합한 노동력도 보유하고 있다. 이 밖에도 브라질을 제외한 모든 군사적 침입으로부터 보호받고 있기 때문에 미국이 원하는 역할을 수행하게 하려면 인센티브가 주어져야 한다.

아르헨티나가 직면한 도전은 정치적인 부분에 있다. 역사적으로 중앙 정부는 경제 발전을 실제로 저해하는 방식으로 사회적 문제들을 다루는 데 집중해왔다. 즉, 정치인들이 있지도 않은 돈을 써버림으로써 인기를 얻으려는 경향이 있었다. 아르헨티나는 군사독재를 비롯하여 다양한 유형의 독재정권을 거쳐 왔고, 그때마다 내핍 상태가 강요되었다. 이러한 악순환은 다른 라틴아메리카 국가들과 별반 다를 것이 없으며 여기에는 브라질도 포함된다.

브라질은 아르헨티나에 대한 미국의 지원을 장기적인 위협으로 볼 것이다. 브라질이 자국의 개발과 내부 문제에 여념이 없기를 바랄 수밖에 없다. 그럼에도 불구하고 미국은 브라질이 아르헨티나를 자국 경제와 더욱 밀접하게 연결시키기 위해 아르헨티나에게 경제적인 혜택을 제공할 것에 대비해야 한다. 그러나 두 가지 요소가 미국에게 유리하게 작용할 것이다. 첫째, 브라질은 여전히 국내 사용을 위해 투자 자본을 보존할 필요가 있다. 둘째, 아르헨티나는 오랫동안 브라질의 패권을 우려해왔기 때문에 브라질과 미국 사이에서 선택을 해야 한다면 후자를 택할 것이다.

미국의 목표는 아르헨티나의 정치, 경제적 능력을 천천히 강화시킴으로써 20, 30년에 걸쳐서 브라질이 미국에 대한 잠재적 위협으로 떠오르기 시작할 경우, 아르헨티나가 브라질에 맞설 수 있도록 하는 것이다. 그렇게 하려면 미국은 자국의 기업들이 아르헨티나에 투자할 수 있도록 인센티브를 제공해야 하며, 이미 투자가 충분히 된 농산품 이외의 분야에 투자가 이루어지도록 해야 한다. 미국은 또한 자국 군대가 아르헨티나 군대에 더 다가가기 위한 준비를 해야 한다. 단, 미국이 아르헨티나의 국내 정치세력으로서 군부를 선호한다는 두려움을 유발하지 않도록 민간정부를 통해야 한다.

미국 대통령은 아르헨티나에 대한 자신의 진정한 의도를 드러내지 않도록 조심해야 하며, 절대 서두르지 말아야 한다. 아르헨티나만을 위한 특별한 프로그램은 브라질의 때 이른 반응을 불러일으킬 수 있다. 때문에 브라질이 원한다면 미국의 모든 프로그램에 브라질을 포함시켜야 한다. 필요하다면 이러한 호의적인 노력들은 모두 베네수엘라의 우고 차베스를 봉쇄하기 위한 시도로 포장될 수 있다. 비용이 적게 들지는 않겠지만 2030년대 혹은 2040년대에 대서양 남쪽의 통제권을 놓고 브라질과 대립하는 것보다는 모든 면에서 훨씬 비용이 적게 들 것이다.

멕시코

쿠바와 마찬가지로 멕시코는 미국과의 관계에서 특별한 나라다. 물론 그 이유는 두 나라가 텍사스부터 캘리포니아까지 이어지는 긴 국경을 맞대고 있기 때문이다. 멕시코는 미국의 북쪽 이웃인 캐나다와 매우 다른 발전 단계에 있으며, 매우 다른 방식으로 미국과 상호작용을 한다. 엘파소 남부와 서부의 사막 국경지역에서만큼 국내 정치와 지정학이 직접적이고 폭력적으로 교차하는 곳은 어디에도 없다.

미국과 멕시코는 그들의 역사 내내 복잡하고 폭력적인 관계를 가져 왔다. 1800년 당시만 해도 200년 후 북미를 지배할 세력이 어느 국가 인지 누군가가 물었다면 멕시코라고 대답하는 것이 논리적이었을 것 이다. 당시 멕시코는 미국보다 훨씬 발전되어 있었으며 기술적으로도 수준이 높았다(또 무장도 잘 되어 있었다). 그러나 루이지애나 구입을 통해 영토를 크게 확장한 미국은 멕시코를 현재의 국경까지 밀어냈는 데, 먼저 텍사스를 장악하고, 그 다음엔 멕시코-미국 전쟁을 일으켜 멕시코를 오늘날의 덴버와 샌프란시스코 지역에서 몰아냈다.

미국이 서부의 영토를 획득하는 데 성공할 수 있었던 이유는 궁극적 으로 지리적인 것이었다. 멕시코시티 근방과 비교하여 멕시코 북부는 인구가 매우 적으며 19세기에는 더욱 그러했다. 그 이유는 국경으로 부터 북쪽으로 그리고 남쪽으로 펼쳐진 땅덩이가 극도로 건조하고 황량하기 때문이었고, 멕시코 쪽은 특히나 더 척박했다. 멕시코인들은 사막 북부에 정착하여 살기가 어려웠으며 군대를 북쪽으로 이동시키 기는 더 어려웠다. 텍사스에서 영국계 이주민들이 봉기했을 당시, 멕시코의 대통령이자 군지도자였던 산타 안나Santa Anna는 농민들로 구성 된 육군을 사막을 지나 북쪽 샌안토니오까지 이동시켰다. 하지만 추운 날씨가 이어지자 신발을 신지 않고 있던 남쪽 정글 출신의 멕시코 병 사들 대부분이 무력해지기 시작했다. 목적지에 도착했을 땐 산타 안나 의 군대는 이미 극도로 지쳐 있었다. 이들은 가까스로 알라모Alamo 요 새를 함락시킬 수 있었으나 오늘날 휴스턴 근처인 샌자신토San Jacinto

에서 패하고 말았다. 전투에서 이긴 군대는 오직 두 가지 이점밖에 없었다. 그들은 지쳐 있지 않았고 신발을 신고 있었다.

미국-멕시코 사이의 국경선이 다시 그어지자 새로운 현실이 만들어졌다. 양측의 인구가 경제적 기회를 좇아 이주하거나 다른 편에서 불법인 것들을 밀수하는 데 관여하면서 국경을 자유롭게 넘나들게 된 것이다. 이렇게 무질서한 국경지대는 세계 곳곳에 존재하는데, 대부분이 미국-멕시코의 경우처럼 국경선이 변경되어 정치적 경계와 문화적 경계가 일치하지 않는 곳들이다. 가끔은 독일-프랑스의 경우처럼 국경지대에서 발생한 문제가 전쟁으로 이어지기도 한다. 또 미국-캐나다 같은 경우처럼 국경은 거의 의미를 상실하기도 한다. 앞으로 10년 동안 미국-멕시코의 관계는 이런 양극단 사이 어딘가에 놓이게 될 것이다.

멕시코의 인구는 약 1억이며 대부분은 미국에서 수백 킬로미터 정도 떨어진 곳에 산다. 현재 멕시코는 합법적 상업활동만 따졌을 때 세계에서 규모가 14번째로 큰 경제를 가지고 있으며 GDP가 1조 달러가 넘는다. 매년 미국에 1,300억 달러의 수출과 1,800억 달러에 이르는 수입을 하는 멕시코는 캐나다에 이어 미국에게는 두 번째로 큰 무역상대국이다. 미국은 분명 멕시코와의 교류를 끊을 수 있는 상황에 있지 않으며 한 세대 안에 그렇게 할 가능성은 더더욱 없다. 물론 그러기를 원하는 것도 아니다.

미국은 현재 두 가지 문제에 직면해 있다. 멕시코의 이민노동자 불법 수출과 마약 불법 수출이다. 두 경우 모두에서 근본적인 문제는 그 상품들에 대한 미국 경제체제의 수요에 있다. 수요 없이는 수출도 무의미하기 때문이다. 미국의 수요 때문에, 특히 마약의 경우 그 불법성 때문에 이러한 상품의 수출은 멕시코의 개개인과 국가 전체에 유리하게 작용한다.

멕시코의 이민자는 중국이나 폴란드의 이민자와 근본적으로 다르다는 사실을 이해하는 것이 중요하다. 후자는 수천 킬로미터나 떨어진 고국과의 유대관계가 단절되기 때문에 어느 정도의 동화가 불가피하다. 그렇지 않으면 고립된 삶을 살거나 문화적으로 격리된 공동체 내에서 살아야 한다. 스코틀랜드와 아일랜드의 이민자들이 18세기 미국의 상인들과 상류층을 동요시킨 이후로 미국인들이 이민자들을 두려워하게 된 것은 사실이다. 하지만 멕시코의 이민과 이런 선례들을 비교하기 어려운 근본적인 지정학적 이유가 있다.

멕시코는 미국에 인접해 있을 뿐만 아니라 대부분의 멕시코 이민자들은 한때 멕시코의 영토였던 곳으로 이주해 오고 있다. 멕시코인들이 북쪽으로 이주할 때 이들은 고국과의 유대관계를 꼭 끊지 않아도 된다. 실제로 두 나라 쪽으로 수백 킬로미터나 이어지는 국경지대 내에서는 북으로의 이주가 최소한의 문화적 적응만 요구될 뿐이다. 멕시코인들도 멀리 있는 도시로 이주할 때는 전통적인 이민자들이 그랬던 것처럼 금세 그 지역에 융화된다. 그러나 국경지대에서는 이들이 선택한 법적 정체성과는 별개로, 모국어와 민족적 정체성을 보유할 수 있는 선택의 여지를 가지게 된다. 이런 상황은 법적 경계와 문화적 경계 사이에 심각한 긴장을 조성할 수 있다.

이것이 바로 오늘날 멕시코의 불법이민에 대해 미국이 가지는 깊은 불안의 뿌리다. 비판자들은 미국의 우려는 실제로는 모든 멕시코 이민에 대한 혐오라고 말한다. 물론 완전히 틀린 말은 아니지만 이런 분석은 두려움의 뿌리를 충분히 평가하지 못한 것이다. 국경지대 그리고 심지어 그 너머에 있는 비멕시코인들은 이민자들에게 압도되어 문화적으로 멕시코에 사는 것처럼 될까봐 우려한다. 또한 이들은 멕시코인들의 북쪽으로의 이주가 멕시코의 옛 영토를 회복하자는 주장으로 이어지지 않을까 걱정하기도 한다. 이런 우려는 지나친 것일 수도 있으나, 비합리적인 것은 아니며 피할 수 있는 것도 아니다.

역설적인 것은 미국 경제가 이런 이민자들을 저임금 노동자로 고용하길 원한다는 것이다. 멕시코인들이 불법적으로 미국으로 넘어오는 위험을 감수하는 유일한 이유는 일자리를 찾을 수 있을 거라는 확신 때문이다. 만약 일자리를 채우기 위해 이민자들을 필요로 하지 않았다면 이민자들 역시 오지 않았을 것이다.

이에 대한 반론, 즉 이민자들이 미국 시민들의 일자리를 빼앗는다는 주장, 또는 이민자들이 요구하는 사회복지 서비스가 이들이 제공하는 경제적 이득보다 크다는 주장은 설득력이 전혀 없는 것은 아니지만 몇 가지 약점을 지니고 있다. 첫째, 미국에서 10퍼센트의 실업률은 1,500만 명이 일자리를 갖지 못한다는 것을 의미한다. 퓨 히스패닉 센터Pew Hispanic Center의 조사에 따르면, 미국에는 약 1,200만 명의 불법 이민자들이 거주하고 있다. 이민자들이 일자리를 빼앗는다는 주장이 옳다고 가정할 때, 불법이민자들을 모두 없애면 1,200만 개의 일자리가 창출되어 비고용상태인 사람은 300만 명으로 줄어들 것이고 실업률도 2퍼센트로 내려가게 될 것이다. 그러나 이러한 대체 시나리오는 한눈에 봐도 비논리적임을 알 수 있다. 대부분 이민자들로 구성된 저임금 미숙련 노동력은 기존의 노동력과 경쟁하지 않는다. 미국 경제는 노동자를 필요로 한다. 하지만 그렇다고 자국의 노동자 비율을 획기적으로 증가시키길 원하지도 않는다. 이와 반대로 멕시코 경제는 노동력이 남아돌기 때문에 수출 외에는 별다른 방법이 없다. 그렇다면 결과는 뻔하지 않은가.

이런 문제는 점점 더 악화될 수밖에 없다. 이민자가 아닌 여성의 출산율이 총인구를 유지하는 데 필요한 비율 이하로 떨어진 가운데 평균 수명은 늘어나고 있기 때문이다. 이는 선진 산업 국가 대부분이 겪고 있는 것처럼 노동력 감소와 함께 인구의 고령화가 진행되는 것을 의미한다. 이렇게 되면 국가들은 노인을 돌보고 노동력을 증대시키기 위해 노동자들을 수입하게 될 것이다. 그러므로 노동자를 수입하려는 압력은 줄어들기보다는 증가할 것이며, 멕시코 경제가 발전하더라도 계속해서 수출 가능한 풍부한 노동력을 가지고 있게 될 것이다.

국경 지대의 혼란을 가중시키는 것은 수요 공급의 법칙과 마약류의 원가이다. 헤로인과 코카인, 마리화나 같은 마약은 잡초나 다름없는 매우 저렴한 농산물로 만들어지며 경작을 거의 필요로 하지 않는다. 미국에서 마약은 불법이기 때문에 정상적인 시장의 논리가 적용되지 않는다. 마약 판매에 가해지는 법적 위험성은 경쟁자들을 시장에서 내쫓고, 그 덕분에 범죄조직은 폭력을 사용하여 각 지역을 독점한다. 이것은 경쟁을 억제하여 마약의 가격을 부풀리는 결과를 낳는다.

마약의 불법성이 의미하는 것은 단순히 상품을 멕시코에서 로스앤젤레스까지 수백 킬로미터 이동시키는 것만으로 최종 구매 가격을 수십 배나 뛰게 만든다는 것이다. 공식 추정치에 따르면, 마약 판매로 인해 멕시코로 유입되는 금액은 매년 250~400억 달러에 달한다. 비공식적인 수치는 이보다 더 높지만 400억 달러의 금액이 정확하다고 가정할 때, 그 효과는 놀라울 정도로 큰 것이다. 특정 상품에서 얻는 수익을 따질 때 중요한 것은 판매 가격이 아니라 순이익이다. 멕시코가 합법적으로 미국에 수출하는 전자제품의 경우, 10퍼센트의 순이익은 비교적 높은 편에 속한다. 미국이 멕시코로부터 합법적으로 수입하는 모든 품목의 순이익이 10퍼센트라고 가정해보자. 멕시코가 1,300억 달러를 수출한다면 약 130억 달러의 순이익이 발생하는 셈이다.

마약이라는 상품에 소요되는 비용은 극히 낮기 때문에 마약 판매에 대한 순이익은 10퍼센트보다 월등히 높다. 마리화나는 가공할 필요가 없으며, 헤로인과 코카인의 가공비용도 미미하다. 마약 밀매에서 남기는 마진에 대한 추정치는 줄잡아도 90퍼센트에 이른다. 마약 불법거래로 벌어들인 400억 달러 중 360억 달러가 순이익이라는 것이다. 마약은 멕시코가 합법적 수출로 벌어들인 130억 달러의 세 배나 되는 수준의 잉여 현금을 창출하는 것이다.

멕시코가 80퍼센트의 마진율로 250억 달러만 벌더라도 연간 수익은 200억 달러에 달하며, 이는 합법적 수출로 버는 금액보다 70억 달러나 더 많다. 숫자를 어떤 식으로 바꾸어도, 그러니까 마약이 합법적 수출로 얻는 수익의 절반만 벌어들인다고 가정해도, 마약 밀수로 벌어들인 금액이 멕시코 금융시스템의 유동성에 엄청난 도움이 된다는 사실에는 변함이 없다. 멕시코는 2008년 금융위기 이후에도 상업용 부동산 건설을 위한 대출을 계속했던 소수 국가들 중 하나였다.

그러므로 멕시코 정부는 이런 거래를 막으려는 어리석은 짓은 하지 않을 것이다. 물론 마약거래 조직 간의 충돌로 인한 폭력이 아주 없는 것은 아니지만, 이런 사건들은 주로 인구가 밀집된 멕시코의 중심부가 아닌 국경 부근에 집중되어 있다. 전체적으로 볼 때 멕시코에 유입되는 엄청난 양의 현금은 어떤 경로로든 은행시스템과 경제 전반으로 흘러들어가며, 폭력과 무법상태로 인한 해악보다 더 많은 이익을 가져다

준다. 그러므로 멕시코 정부가 취할 수 있는 합리적인 선택은, 겉으로는 마약거래를 저지하려는 모습을 보이면서도 다른 한편으로는 그러한 노력들이 실제로 성공하지 못하도록 만드는 것이다. 이것은 미국을 달래는 동시에 현금도 계속해서 유입될 수 있도록 보장하는 방법이다.

미국의 멕시코 전략

미국의 경제는 멕시코의 경제와 너무 통합되어 있어서 합법적인 상업 활동을 중단시키기는 불가능하다. 이는 미국과 멕시코 사이를 수많은 트럭들이 끊임없이 왕래할 것이라는 사실을 의미한다. 국경감시대가 모든 화물을 검사하기엔 교통량이 너무 많다. 심지어 국경이 차단된다 하더라도 불법이민과 마약은 계속해서 국가 간 교차지점이나 다른 통로를 이용해 미국으로 숨어들어올 것이다. 미국에 들어오기 전 마약의 원가가 매우 낮다는 사실을 고려하면 화물 단속은 마약거래에 거의 아무런 영향도 끼치지 못한다. 화물은 총수익에 큰 영향을 미치는 일 없이 손쉽게 교체될 수 있기 때문이다.

마약보다는 불법이민자를 추방하는 편이 훨씬 쉬울 것이다. 일단 미국에 들어오면 이민자를 식별해내기가 수월해지기 때문이다. 이를 위한 가장 간단한 방법은 위조하기 어려운 신분증명 카드를 발급하는 것이다. 현재 신용카드 거래에 사용되는 시스템을 통해 신분증명 카드를 확인하기 전까지는 아무도 고용되지 못한다. 신분증명 카드가 없는 외국인은 추방되고, 고용주는 체포되어 중죄 혐의로 기소될 것이다.

그러나 이 간단한 방법은 실행 가능성이 매우 낮다. 그 이유 중 하나는 불법이민에 강력하게 반대하는 사람들 대다수가 연방정부를 깊이 불신하기 때문이다. 신분증명 카드는 돈이나 사람의 움직임을 추적하는 데 사용될 수 있다. 즉, 세금사기나 양육비를 내지 않는 아버지를 찾아내는 데 쓰일 수도 있고 정치조직을 감시하는 데에도 활용될 수 있다. 물론 이것은 정부의 권력남용으로 이어질 수도 있다. 이 문제에 대한 이민반대 연합 내의 의견 갈등은 그런 체제를 지지하는 것을 불가능하게 한다.

그러나 이처럼 비교적 쉬운 절차가 실행되지 않는 데는 보다 근본적인 이유가 있다. 많은 수의 저임금 노동자들로부터 이익을 얻는 사회계층이 피해를 입는 계층보다 규모가 크기 때문이다. 그러므로 멕시코 정부와 마약에 대해서처럼, 미국이 취할 수 있는 최선의 전략은 이민자들의 이동을 막기 위해 모든 수단을 동원하는 것처럼 보이면서도 실제로는 그러한 노력들이 실패하게 만드는 것이다. 이것은 미국이 불법이민에 대해 오랫동안 견지해왔던 전략이다. 그 결과 중단기적인 경제이익과 장기적인 정치 이익 사이에 긴장이 조성되기도 했다. 장기적인 문제는 국경지대의 인구 변화, 그리고 국가 충성도의 잠재적 변화에 있다.

미국 대통령은 이 두 가지 중에서 선택을 해야 한다. 그가 취할 수 있는 유일한 합리적 행동은 상황이 전개되는 대로 놔둔 채 그때마다 임기응변을 발휘하는 것이다. 기존 체제를 유지하려는 세력들의 이익을 고려할 때 어떤 대통령이든 불법이민을 저지하기 위한 절차를 밟는다면, 그의 지지도는 급격히 추락할 것이다. 그러므로 대통령이 펼칠 수 있는 최상의 전략은 바로 현재의 전략을 계속해서 유지하는 것이다. 그것은 바로 '위선'이다.

마찬가지로 마약 문제에도 합법화라는 비교적 간단한 해결책이 마련되어 있지만 시행되지는 않을 것이다. 마약을 합법화해 나라 전체가 마약으로 넘치게 만든다면, 거리의 마약 가격 역시 급락하여 밀수의 경제적 이익도 무너질 것이다. 돈벌이를 놓고 국경지대에서 벌어지는 폭력도 현저히 줄어들고, 그와 함께 마약을 살 돈을 훔치려는 마약 중독자들 사이의 길거리 폭력도 감소할 것이다.

이 전략의 단점은 마약의 양과 사용자의 숫자가 얼마나 증가할지 모른다는 것이다. 기존의 사용자들은 더 이상 가격의 제약을 받지 않음으로써 사용량을 늘릴 것이며, 불법 마약을 사용할 의사가 없었던 사람들도 합법화된 이후에는 마약을 사용하게 될 가능성이 크다.

미국 대통령과 의회는 멕시코로 유출되는 현금을 차단하고 국경지대의 폭력을 제한하는 것의 이익을 마약 사용의 증가와 그 부작용에 견주어 계산해봐야 할 것이고, 그리고 그러한 증가에 찬성하거나 최소한 무관심한 것처럼 보여야 할 것이다. 마약을 합법화함으로써 불법적인 마약거래를 일소하는 제안을 수용할 만한 정치연합이 미국에는 존재하지 않는다. 그러므로 신분증명 카드와 마찬가지로 마약 합법화는 내부의 이데올로기적 이유 때문에 시행되지 못할 것이다.

마약에 대한 미국의 수요를 억제할 만한 마법 같은 해결책이 나타나지 않으리라는 점을 가정하면 미국 대통령은 세 가지 사실을 받아들여야 한다. 마약은 계속해서 미국으로 유입될 것이며, 엄청난 양의 현금도 계속해서 멕시코로 유출될 것이다. 그리고 멕시코 영역 내에서의 폭력은 마약 조직들 간의 카르텔이 안정적인 평화상태를 이루거나, 한 조직이 다른 모든 조직들을 제거할 때까지 계속될 것이다.

미국이 그런 싸움을 해결하기 위해 사용할 수 있는 다른 유일한 전략은 바로 개입이다. 그러나 FBI의 소규모 습격이든, 북부 멕시코에 대한 대규모 군사적 점령이든 이것은 대단히 나쁜 방안이다. 일단 성공할 확률이 낮다. 국내에서도 마약을 통제하지 못하는 미국이 타국에서 그렇게 할 수 있다고 주장하는 것은 어불성설이다. 대규모 군사적 점령에 관한 한, 미국은 자신의 군대가 적의 군대를 파괴하는 데는 탁월하지만 적의 영토에서 점령에 저항하는 게릴라를 제거하는 데는 훨씬 능숙하지 못하다는 사실을 알고 있다.

미국의 개입은 마약 조직들과 멕시코 민족주의를 결합시킬 것이며, 이는 국경의 양쪽 편 모두에 위협을 가할 것이다. 어느 순간 미군에 대한 공격은, 심지어 미국 내에서도 더 이상 단순한 강도 행위가 아닌 애국 행위가 될지도 모른다. 미국이 세계의 나머지 지역들에서 직면하고 있는 복잡한 문제들을 고려할 때, 최대한 피해야 할 것이 멕시코 국경에서의 전면적인 전쟁이다.

미국 대통령의 최우선 과제는 북부 멕시코의 폭력과 법집행관들의 부패가 미국으로 들어오지 않도록 하는 것이다. 그러므로 대통령은 폭력을 억제하기 위해, 비록 문제가 있는 전략이지만 국경지대에 상당한 규모의 병력을 투입해야 한다. 이 전략의 문제점은 적이 국경의 반대편에 자신의 보호구역(sanctuary)을 갖도록 허용한 상태에서 전쟁을 치르는 것이다. 이는 미국이 베트남 전쟁에서 배웠던 바와 같이 정말로 좋지 않은 방안이다. 또한 멕시코 내의 사건들에 대해 미국에게 통제권을 주지 않는 전적으로 방어적인 전략이다. 그러나 실제로 멕시코 내의 사건들에 대한 통제권을 얻을 가능성이 극히 낮다는 점을 고려할 때, 방어적인 자세가 최선일지도 모른다.

미국의 전략은 계속해서 본질적으로 부정직할 것이다. 미국은 불법

이민을 저지할 의도도 없고, 마약 거래의 차단을 기대하지도 않는다. 그러나 둘 모두에 헌신하고 있는 것처럼 보여야 한다. 많은 미국인들에게 이러한 것들은 개인적 삶에 영향을 주는 중대한 사안들로 보인다. 그들에게 들려주지 말아야 할 것은, 더 큰 계획에서 봤을 때 그들이 중요하다고 느끼는 것은 사실은 별로 중요하지 않으며, 그들이 중요하다고 여기는 목표를 미국이 결코 달성할 수 없다는 사실이다.

대통령이 이런 목표들에 대해 절대적으로 헌신하고 있는 것처럼 보이는 편이 훨씬 낫다. 목표가 달성되지 않을 경우, 그것을 효과적으로 실행하지 못한 일부 부하들에게 실패의 책임을 돌리면 된다. 때로는 대통령 참모진이나 FBI, DEA(마약수사국)나 CIA, 군대의 조직원이 불명예스럽게 해고될 필요가 있다. 또한 마약과 불법 이민자들이 계속해서 국경을 넘는 것을 허용한 시스템 상의 실패를 파악하기 위한 대대적인 조사가 시행될 필요가 있다. 다음 10년 동안 미국 대통령은 애당초 성공할 수 없는 계획을 위해 열심히 노력하고 있다는 환상을 제공하기 위해서라도 지속적인 조사활동을 벌여야 한다.

국경 북쪽으로의 폭력 확산을 차단하는 것은, 이 일에 실패하는 대통령을 몰락시킬 만큼 그 자체로 중대한 사안이다. 다행히도 폭력이 확산되지 않도록 하는 것이 마약거래 조직의 이익에도 부합한다. 그들은 미국 내에서 중대한 폭력이 발생하게 되면 그에 대한 대응을 촉발시킬 것이고, 어쨌든 자신들의 사업에 지장이 있을 것이라는 사실을 알고 있다. 미국이 국경 남쪽으로 내려오지도 않을 것이며, 자신들의 거래를 효과적으로 막지도 못할 것이란 사실을 알고 있는 마약 카르텔한테도 북쪽으로 폭력을 확산시키는 일은 비합리적일 것이다. 그리고 엄청난 양의 돈을 거래하는 밀수범들도 합리적이지 않다.

캐나다

캐나다는 미국과 가장 긴 국경선을 공유하고 있으며 최대의 무역 파트너이기도 하다. 북아메리카 대륙에 대한 영국의 관심이 쇠퇴한 이후로 캐나다는 미국의 주된 관심사가 아니었다. 캐나다가 미국에게 중요하지 않은 것은 아니다. 다만 지리적 조건과 미국의 힘에 의해 그 자리에 갇혀 있을 뿐이다.

지도를 보면 캐나다가 광활한 국가인 것처럼 보인다. 그러나 사람이 실제로 거주할 수 있는 영토는 비교적 좁은 편이며 대다수 인구가 미국과 맞닿은 국경 근처에 분산되어 있다. 캐나다의 대다수 지역들은 동서를 지향하는 것이 아니라 남북을 지향한다. 다시 말해, 그들의 경제적, 사회적 삶은 미국을 향해 있다. 캐나다와는 대조적으로 미국은 동서를 기반으로 하여 작동한다.

캐나다의 문제는 미국이 상품의 공급지인 동시에 거대한 시장이라는 데 있다. 또한 두 나라는 문화적으로 매우 유사하다. 이는 캐나다를 별개의 문화와 나라로 보고 있고, 또 그렇게 되길 원하는 캐나다인들에게 문제를 초래한다. 그러나 세계의 다른 국가들과 마찬가지로 캐나다도 미국 문화로부터 큰 압력을 받고 있으며, 쉽게 저항하지 못한다.

캐나다 연방에는 다수의 경계선들이 존재한다. 그 중 가장 중요한 것이 프랑스어를 사용하는 퀘벡과 주로 영어를 사용하는 나머지 지역 간의 불화다. 1960–1970년대에 있었던 극심한 분리주의 운동의 결과, 퀘벡 주는 프랑스어 사용에 대한 양보는 받아냈으나 독립까지 얻어내지는 못했다. 오늘날 이 움직임은 완화되어 더 이상 독립을 요구하지는 않지만 자치권의 확대 문제는 여전히 논란이 되고 있다.

미국에게 캐나다는 어떠한 위협도 되지 않는다. 캐나다가 가장 큰 위협이 될 상황은 세계의 주요 강대국과 동맹을 맺는 경우다. 이것이 실현될 수 있는 시나리오는 하나밖에 없다. 캐나다가 분열되는 것이다. 경제적, 사회적 통합의 정도를 고려할 때, 캐나다의 한 주가 막대한 피해 없이 관계를 바꿀 수 있는 상황, 또는 미국이 그 주와 특정한 적대 세력이 밀접한 관계를 맺도록 내버려두는 상황을 상상하기 어렵다. 이를 상상할 수 있는 단 하나의 경우는 퀘벡의 독립이다. 퀘벡은 문화나 이데올로기와 관련된 이유로 경제적인 관계를 포기할지도 모른다.

다음 10년 동안에는 그 틈새를 이용할 수 있는 거대 강국이 존재하지 않을 것이며, 틈새가 나타날 확률도 거의 없다. 양국의 관계는 안정을 유지할 것이다. 캐나다 서부에 집중되어 있는 천연가스의 가치가 점점 더 중요해질수록 국가적 위상도 올라갈 것이다. 미국 - 캐나다 관계는 양국에게 엄청난 중요성을 가지지만, 미국에 대한 캐나다의 의존도가 그 반대의 경우보다 훨씬 더 크다. 규모와 선택의 폭에 큰 차이가 있기 때문이다. 그러나 이렇게 중요함에도 불구하고 다음 10년 동안 양국의 관계는 미국의 많은 관심이나 결정을 요구하지는 않을 것이다.

미국과 서반구의 관계는 브라질, 캐나다, 멕시코 세 부분으로 나뉜다. 브라질은 저 먼 곳에 고립되어 있다. 미국이 장기적인 봉쇄정책을 취할 수도 있으나 아직 급하지는 않다. 캐나다와는 변화가 없을 것이다. 미국에게 당장 문제가 되는 것은 이민과 마약이라는 두 가지 문제를 가진 멕시코다. 마약을 합법화하여 가격을 강제로 낮추는 방안을 제외하고, 유일한 해결책은 마약 전쟁이 스스로 소진되게 내버려두는 것이다. 그리고 언젠가는 그렇게 될 것이다. 개입은 처참한 결과를 낳을 것이다. 이민은 현재로선 문젯거리지만, 인구 구조가 변함에 따라 그것이 해결책이 될 것이다.

미국은 서반구에서 안전한 위치에 있다. 제국의 신호는 지역 내에서의 확고한 안보이다. 충돌은 본토에 대한 위협 없이 원거리에서 발생한다. 미국은 전반적으로 이러한 상태를 성취해냈다.

결국 서반구 지역에서 가장 큰 위협은 먼로 독트린이 예견했던 바대로, 외부의 주요 세력이 미국을 위협하기 위해 특정 지역을 이용하는 것이다. 이는 미국의 핵심 전략이 라틴아메리카가 아니라, 거대한 주요 세력이 부상하는 유라시아에 집중해야 한다는 것을 의미한다. 중요한 일이 항상 먼저다.

무엇보다도 서반구에 있는 정부들이 미국을 자신들의 문제에 간섭하는 국가라고 인식하게 해서는 안 된다. 이런 생각은 반미감정을 유발해 문제를 일으킬 수 있다. 물론 미국은 라틴아메리카 문제, 특히 아르헨티나에 관여하게 될 것이다. 그러나 이것은 인권과 사회적 진보에 대한 끊임없는 논의와 함께 추진되어야 한다. 특히 아르헨티나의 경우는 두 가지 모두에서 발전이 있을 것이다. 미국이 숨길 필요가 있는 것은 브라질에 대한 의도뿐이다. 그러나 한편으로 따지고 보면 모든 대통령들은 모든 문제에 대해 자신의 진정한 의도를 숨겨야 한다. 그리고 누군가가 계획을 알아차리면 끝까지 진실을 부인해야 한다.

역사적으로 미국은 다른 거대한 세력이 개입되거나, 19세기 멕시코의 경우처럼 특정 문제가 미국의 이익에 직접적인 영향을 미치지 않는한 서반구의 문제들을 무시해왔다. 그것 말고는, 라틴아메리카는 상업적 관계를 위한 지역이었다. 다음 10년 안에 이런 기본적인 시나리오가 바뀌지 않을 것이다. 단, 브라질에 대해서는 작업이 들어가야 하며, 필요할 경우에는 장기적인 봉쇄정책이 세워져야 한다.

12

아프리카:
홀로 남겨진 대륙

Africa: A Place To Leave Alone

세계 모든 지역에서 국민국가들 간에 힘의 균형을 유지한다는 미국의 전략은 두 가지 사실을 전제한다. 첫째, 각 지역에 국민국가들이 존재한다. 둘째, 일부 국가들은 자기주장을 하기에 충분한 힘을 가지고 있다는 것이다. 이런 요소들이 없다면, 관리해야 할 지역 세력의 기존 구조가 존재하지 않는다. 또한 내부적 안정성과 통일성을 위한 시스템도 존재하지 않는다. 아프리카가 바로 이런 운명에 처해 있다. 아프리카는 다양한 방식으로 나뉠 수 있으나 어떠한 방식으로도 통일될 수 없는 지역이다.

지리적으로 아프리카는 네 개의 지역으로 쉽게 구분된다. 첫째, 지중해 남부 연안에 있는 북아프리카. 둘째, 아프리카의 뿔이라고 알려져 있는 홍해와 아덴만 서부 연안. 그 다음으로는 서아프리카로 알려진 대서양과 남부 사하라 사이의 지역. 마지막으로 가봉과 콩고에서 케냐와 희망봉까지 이어지는 광활한 남부지역이다.

하지만 종교를 기준으로 삼으면 아프리카는 단 두 개의 지역으로 나뉜다. 즉, 이슬람과 비이슬람이다. 이슬람은 북아프리카, 서아프리카의 북부 지역, 그리고 탄자니아에 이르는 인도양 분지(basin)의 서부 연안을 지배한다. 한편, 이슬람은 서아프리카의 대서양 북부 연안을 지배하고 있지 못하며, 인도양 연안 너머에 있는 남부 원뿔 지역에는 그다지 진출하지 못했다.

아마도 언어적인 지도가 아프리카의 광범위한 지역들을 가장 잘 나타낼 것이다. 언어를 기준으로 아프리카를 바라보는 것은 한없이 복잡하다. 아프리카에서는 수백 개의 언어가 사용되고 있으며, 소수민족들이 사용하는 언어는 더 다양하기 때문이다. 이런 언어적 다양성을 고려할 때, 각 국가들의 공용어가 대부분 식민지 시절의 언어, 즉 아랍어

아프리카의 이슬람

와 영어, 프랑스어와 스페인어, 포르투갈어라는 사실은 역설적이다. 거의 모든 것에 아랍어의 영향이 깃들어 있는 북아프리카에도 과거 식민제국들이 사용했던 유럽 언어들이 역사의 유물로 남아 있다.

아프리카를 이해하는 데 가장 의미 없는 방법, 즉 오늘날의 국경선을 기준으로 이 대륙을 이해하려는 시도에도 비슷한 모순이 존재한다.

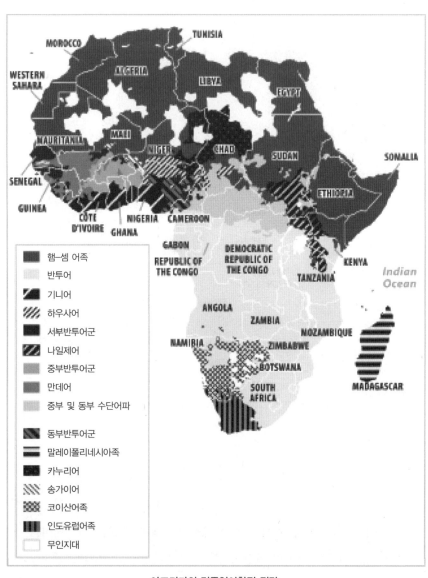

아프리카의 민족언어학적 집단

이러한 경계선 중 많은 것들은 물러난 유럽 제국들 사이의 분할을 보여주는 유물이다. 즉, 그들이 남겨놓은 행정상의 경계선이다. 아프리카의 진정한 역학은 이러한 경계선들이 다수의 그리고 적대적인 민족들을 통합하려고 하는 국가들을 정의할 뿐만 아니라 종종 민족들을 두 국가들 간에 분할하기도 한다는 사실을 고려할 때 드러나기 시작한다. 그러므로 아프리카 '국가'가 있을 수는 있어도, 북아프리카를 제외하면 아프리카 '민족국가'는 없는 것이나 마찬가지다.

마지막으로 우리는 사람들이 거주하는 지역의 측면에서 아프리카를 살펴볼 수 있다. 아프리카에서 세 개의 주요 인구밀집 지역은 나일 강 분지, 나이지리아, 그리고 르완다-우간다-케냐를 포함하는 중앙아프리카의 호수 지역이다. 이렇게 보면 아프리카의 인구가 과잉이라는 느낌을 받을지도 모른다. 물론 빈곤의 수준을 고려할 때, 아프리카의 빈약한 경제하에서 삶을 영위하기 위해 애쓰는 사람들이 너무나 많다는 것은 사실이다. 그러나 세계의 다른 지역들과 비교해보면 실제로는 아프리카 대륙의 대부분은 인구가 분산되어 있다. 아프리카의 사막과 우림 지형 때문에 이는 불가피한 현상이다.

인구밀집 지역을 살펴볼 때도 우리는 정치적 경계선과 민족적 경계선이 서로 관련성이 거의 없다는 사실을 발견한다. 인구밀집은 힘을 위한 기초가 되기보다는 단지 불안정과 허약함을 증가시킬 뿐이다. 불안정은 분열된 인구가 같은 공간을 차지하고 있을 때 찾아온다.

예를 들어, 나이지리아는 대규모 석유수출국이며 힘을 기를 수 있는 수익이 있기 때문에 이 지역의 주요 세력이 되어야 한다. 그러나 나이지리아의 경우, 석유 자체가 끊임없는 내부 분쟁을 유발해왔다. 그러한 부는 국가의 주요 사회기반시설이나 산업 분야로 가지 않고 지방

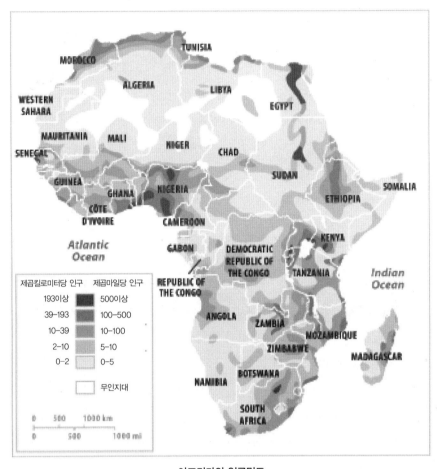

아프리카의 인구밀도

토호세력들의 수중에 들어가 탕진되었다. 석유로 얻은 부가 국가 단일
성의 기초가 되지 못하고 나이지리아 국민들의 문화적, 종교적, 인종
적 차이에서 비롯한 혼란에 자금을 댄 꼴이 되었다. 결국 나이지리아
는 민족이 없는 국가인 것이다. 좀더 정확히 말하자면, 나이지리아는

318

다수의 적대적인 민족들로 이루어진 국가이며, 이 민족들 중 일부는 국가 경계선들에 의해 나뉘어져 있다. 마찬가지로 르완다와 우간다, 케냐의 인구집단도 자신들에게 부여된 민족적 정체성들에 의해 통일되기보다는 분열되어 있다. 앙골라에서와 같이, 때로는 전쟁이 불안정한 국가들(states)을 만들어냈지만, 장기적인 안정성은 어디에서도 찾아보기 힘들다.

오직 이집트에서만 민족과 국가가 일치하는데, 이는 이집트가 종종 아프리카의 주요 세력이 되는 이유이다. 그러나 대부분이 지중해 분지에 속하는 북아프리카의 역학은 아프리카 대륙 전체와는 상당히 다르다. 그러므로 이제부터 내가 '아프리카'라는 단어를 사용할 때는 앞 장에서 이미 다룬 바 있는 북아프리카 지역은 제외하는 것으로 한다.

또 다른 역설은 아프리카인들이 강한 공동체의식을 가지고 있음에도 불구하고 — 서구인들은 종종 이것을 단순히 부족이나 씨족에 기초한 것이라고 폄하한다 — 운명을 공유한다는 이런 인식이 더 큰 동료 시민 집단에까지 확장되지 않는다는 사실이다. 이것은 국가가 민족으로부터 유기적으로 발생하지 못했기 때문이다. 그 대신 아랍과 유럽 제국주의에 의해 설정된 경계들이 이 대륙을 혼란 속에 남겨놓았다.

혼란에서 벗어날 수 있는 유일한 길은 권력이다. 효과적인 권력이 통합된 민족으로부터 유래하고 그 민족을 통제하는 국가 안에 자리 잡아야 한다. 그렇다고 해서 러시아 같은 다민족국가나 두 개의 한국처럼 민족의 일부만을 대표하는 국가를 배제하자는 것은 아니다. 이는 국가가 공유된 정체성과 공동 이익을 가진 국민들을 통합해야 한다는 것을 의미한다.

아프리카를 위해 고려해볼 가치가 있는 가능한 결과는 세 가지다.

첫째는 현재의 전 세계적 자선활동의 길이다. 그러나 오늘날 아프리카의 공공생활의 아주 많은 부분을 지배하고 있는 국제원조 체계는 지속가능한 영향을 주기 어렵다. 자선활동은 아프리카의 경계선이 지닌 비합리성이라는 근본적인 문제를 다루지 않기 때문이다. 이는 잘해야 지역적인 문제들을 개선하는 데 그칠 것이며, 최악의 경우 수혜자와 기부자 모두의 부패를 악화시키는 시스템이 될 수도 있다. 물론 후자의 경우가 더 자주 일어난다. 실제로 기부자들도 아프리카에 제공되는 그들의 원조가 문제를 해결하리라고 믿지 않는다.

두 번째 길은 안정을 위한 토대를 마련해줄 외부 제국주의의 재등장이다. 그러나 그 가능성은 거의 없다. 아랍과 유럽 제국주의의 시기가 쉽게 끝이 난 이유는 아프리카에서 얻을 수 있는 이익이 있었음에도 불구하고 치러야 할 비용이 너무 높았기 때문이다. 아프리카의 경제 산출은 주로 천연 원료이며, 오늘날 이를 얻기 위해 군대나 식민지 관리자를 파견하는 것보다 훨씬 간단한 방법이 존재한다. 기존 정부나 군벌들과 거래하는 기업들은 통치에 대한 책임을 지지 않으면서 훨씬 더 낮은 비용으로 목적을 이룰 수 있다. 오늘날 기업 제국주의는 외국 세력들이 현지에 진출해서 최대한 낮은 가격으로 원하는 것을 얻은 다음, 일이 끝나면 떠날 수 있게 한다.

세 번째이자 가장 가능성이 높은 길은, 앞으로 몇 세대에 걸친 전쟁을 통해 민족들이 정통성을 지닌 국가를 형성하는 것이다. 냉혹하게 들릴지 모르겠지만, 민족국가는 전쟁을 통해 만들어지며, 사람들이 공동의 운명을 인식하게 되는 것도 전쟁의 경험을 통해서이다. 이것은 민족국가의 건설뿐만 아니라 민족국가 역사의 전개과정에도 적용된다. 미국과 독일, 사우디아라비아 모두 전쟁을 치르면서 형성된 민족국가들이다. 전쟁이 꼭 필요한 것은 아니다. 하지만 인간의 조건이 가진 비극성은 우리를 가장 인간답게 만드는 것, 즉 공동체가 전쟁의 비인간성에서 기원한다는 데 있다.

아프리카에서 전쟁을 막을 수는 없다. 설령 서구의 제국주의가 없었더라도 전쟁은 일어났을 것이다. 실제로 제국주의가 아프리카에 개입했을 때 그들은 이미 싸우고 있는 중이었다. 민족국가의 건설은 세계은행에서 원조 회의를 하고 외국의 공병대가 학교를 세워준다고 해서 이루어지지 않는다. 왜냐하면 실질적인 민족국가는 피로써 세워지기 때문이다. 아프리카 지도는 다시 그려져야 한다. 그러나 이것은 회의실에 앉아 있는 사려 깊은 위원회가 할 일은 아니다.

때가 되면 아프리카는 스스로를 소수의 주요 국가와 다수의 약소국으로 재편할 것이다. 이러한 재편은 경제발전의 기틀을 제공하고 여러 세대에 걸쳐, 세계적 강대국이 될 만한 국가를 길러낼 것이다. 그러나 다음 10년에 영향을 줄 만큼 빠르게 전개되지는 않을 것이다. 아프리카에 자생적 제국주의를 도입할 수 있는 민족국가가 등장한다면 이런 과정이 가속화될지도 모른다. 하지만 제국적 힘을 가질 만한 후보국들이 모두 내부적으로 심각하게 분열되어 있기 때문에 급격한 진화는 기대하기 어렵다. 후보국들 중에서 유럽의 전문성과 아프리카의 정치구조를 결합하고 있는 남아프리카공화국이 가장 관심을 끈다. 남아프리카공화국은 아프리카에서 가장 능력 있는 국가다. 그러나 바로 그 사실로 인해 남아프리카공화국은 분열 상태에 처해 있으며, 해가 지날수록 지역 강국으로의 등장을 기대하기 어려워지고 있다.

궁극적으로 미국은 아프리카에 대해 큰 관심이 없다. 물론 나이지리아나 앙골라의 석유, 그리고 아프리카 북부와 소말리아, 에티오피아에서 이슬람의 영향력을 통제하는 것에 대해서는 관심을 갖고 있다. 그리고 이 문제에 도움을 줄 수 있는 세력인 나이지리아와 케냐의 안정에 대해서도 관심을 가진다. 하지만 냉전 당시 아프리카에 대한 미국의 집중적인 개입 — 1960년대 초 콩고 내전, 1980년대 앙골라 내전, 소말리아, 그리고 에티오피아 — 은 단지 소련의 세력 확장을 막기 위한 것이었다. 하지만 그러한 정도의 집중은 더 이상 존재하지 않는다.

최근에는 중국이 광산과 천연자원 등을 구입하면서 아프리카에 진출하고 있다. 그러나 이미 논의했듯이 중국은 투사할 수 있는 힘의 한계와 내부적 허약함 때문에 소련이 가했던 만큼의 위협이 되지 못한다. 중국은 과거에 소련이 했던 것처럼 아프리카의 위치를 전략적으로 이용할 수 없으며, 광산을 본국으로 가져갈 수도 없다. 중국의 투자의 주된 효과는 아프리카의 불안정에 더욱 심하게 노출되는 것이며, 이는 미국이 아프리카에 대해 초연한 자세를 취할 수 있게 한다.

한편 미국 기업들은 아프리카 지역에 대한 미국의 주요한 개입 없이도 석유와 각종 광물, 농산품을 얻어내는 거래를 성사시키는 데에 누구 못지않게 능숙하다. 미국의 모든 다른 이해관계들을 고려할 때 특별히 관심을 갖지 않아도 되는 지역을 한 군데쯤 두고 있는 것은 전략적으로 이득이 된다. 단지, 미국이 자원을 보존할 수 있게 하는 것만으로도 가치가 있다.

그럼에도 불구하고 아프리카에는 기회가 있다. 미국은 전략상 세계 여러 지역에 개입할 수밖에 없고, 이는 미국에 대한 반감과 불신을 만들어낸다. 이런 문제는 정책을 통해서 피할 방도가 없다. 하지만 적어도 그 문제를 혼란스럽게 만들거나 완화시킬 수는 있다. 아프리카가 바로 그것을 위한 곳이다.

미국은 다른 모든 국가들과 마찬가지로 잔인할 정도로 이기적이다. 그러나 그렇게 보이지 않는 것도 가치 있는 일이며, 호감과 존경을 사는 것도 가치가 있다. 단, 호감을 얻는 것을 최우선 목표로 오인하는 일이 없어야 한다. 아프리카를 대규모로 원조하는 것은 미국의 이미지를 개선하는 데 기여한다. 미국이 매년 국방비에만 수천 억 달러를 쓰는 상황에서 향후 10년간 아프리카를 원조하기 위해 100~200억 달러를 지출하는 것은 존경을 사기 위한 적절하고 합리적인 시도라고 할 수 있다.

다시 한 번 말하자면, 원조 자체는 아프리카의 문제를 해결하지 못하겠지만 최소한 일시적으로라도 문제의 일부를 개선할 수는 있다. 다수의 원조계획이 의도치 않은 부정적 결과를 낳았던 것처럼 미국의 원조도 해를 끼칠 수 있으나, 그러한 제스처는 상대적으로 적은 비용으로 미국의 이익에 기여할 것이다.

대통령은 절대로 전쟁에서 눈을 떼서는 안 된다는 사실이 그가 동시에 전쟁에 대해 영리할 수 없다는 것을 의미하지 않는다. 마키아벨리의 주장 중 하나는, "선은 선을 행하려는 노력에서 나오는 게 아니라 권력에 대한 무자비한 추구에서 나온다"는 것이다. 그러나 약간의 선을 행해서 훗날 미국이 개입할 때 유럽이 병력을 지원하도록 설득할 수 있다면, 그것은 분명 가치 있는 투자일 것이다.

13

기술적 · 인구학적 불균형

The Technological And Demographic Imbalance

이 책은 다음 10년 동안 미국이 직면하게 될 힘의 불균형들, 그리고 그것이 전 세계에 미치는 영향에 관한 것이다. 나는 경제적, 지정학적 문제에 초점을 맞추었고, 그러한 불균형이 일시적이며 교정될 수 있다고 주장했다. 그러나 다음 10년에 중요하게 작용할 두 가지 다른 주요 사안을 살펴보지 않는다면 이 책은 불완전해질 것이다. 그 두 가지가 바로 인구 변동(demography)과 기술이다.

경제주기, 즉 호황과 불황은 지난 10년의 경우처럼 투기와 금융 조작(financial manipulation)에 의해 영향을 받을 수 있다. 그러나 좀더 깊은 수준에서, 경제의 팽창과 축소는 인구통계학적 요인과 기술 혁신에 의해 주도된다.

다음 10년에는 전후 번영의 동력이 되었던 인구통계학적 조류가 바뀌는 상황을 보게 될 것이다. 베이비붐 세대 — 트루먼과 아이젠하워 대통령 집권기에 태어난 세대 — 라고 알려진 이 연령대는 60대에 접어들면서 은퇴를 하고 정체기를 거쳐 늙어갈 것이다. 그 결과 반세기 전 풍요로움을 창출하는 데 주요한 역할을 했던 이 세대의 인구 팽창이 수년 후에는 경제적인 부담을 만들어낼 것이다.

1950년대에 베이비붐 세대는 수백만 개의 유모차와 분양 주택, 스테이션왜건, 자전거, 세탁기 등에 대한 수요를 창출하는 데 기여했다. 1970년대에 베이비붐 세대는 아직 그들을 맞을 준비가 안 된 경제 체제에서 일자리를 찾기 시작했다. 그들이 구직을 하고 결혼을 하고 자녀를 낳아 기르고, 구매를 하고 대출을 받음에 따라 이자율과 인플레이션, 실업률이 증가했다.

1980년대에 경제가 베이비붐 세대를 흡수함에 따라, 그리고 1990년대에 이르러 이들이 중장년층이 되자 경제도 비상한 수준으로 성장했다. 그러나 다가올 10년에는 베이비붐 세대가 미국에 가져다주었던 창의성과 생산성의 엄청난 분출이 막을 내릴 것이다. 그리고 경제는 인구학적 위기에서 나타나는 첫 번째 현상들을 경험하게 될 것이다. 베이비붐 세대가 전성기를 마침과 동시에 기술혁신도 급격히 쇠락할 것이며, 이런 현상은 점점 더 심해질 것이다. 이들이 점점 늙어감에 따라 생산력은 줄어들고 소비가 급등하여 유례없는 수준의 의료와 장례 서비스가 생겨날 것이다.

다음 10년은 기술이 필요(needs)를 따라가지 못하는 시기가 된다. 일부에서는 기존 기술이 한계에 다다르고 이를 대체할 만한 기술이 나오지 않을 수도 있다. 그렇다고 해서 충분한 기술변화가 없다는 얘기는 아니다. 이를 테면, 전기자동차와 차세대 휴대전화가 대량으로 공급될 것이다. 공급이 딸리게 될 것은 긴급하고 새롭게 출현하는 필요들을 해결할 혁신이며, 실질적인 경제 성장을 이끄는 것도 바로 그와 같은 혁신이다.

첫 번째 문제는 재정인데, 획기적인 신기술의 개발은 새로운 개념을 도입하고 제품을 시장에 적용시키는 측면 모두에서 본질적으로 위험성이 크기 때문이다. 2008~2010년의 금융위기와 경기침체는 기술개발을 위한 자본투자뿐만 아니라 위험을 감수하려는 욕구 역시 위축시켰다. 다음 10년 중 몇 년은 자본부족 현상과 함께 자본을 위험성이 낮은 사업이나 좀더 안정된 기술에 투자하려는 경향을 보일 것이다. 이런 현상은 다음 10년의 후반기로 넘어가면서 전 세계적으로 완화될 것이며, 미국과 같은 국가에서는 상황이 좀더 일찍 나아질 것이다. 그럼에도 불구하고 기술개발의 준비기간을 고려할 때 차세대 주요 기술혁신은 2020년이 지나야 나타날 것으로 보인다.

이러한 혁신의 속도에 있어 두 번째 문제는, 이상하게 들릴지도 모르겠으나 군대와 관련되어 있다. 19세기 증기기관의 발명과 영국 해군의 발전(그리고 그것의 제국적 확장)은 동시에 진행되었다. 20세기 들어 미국은 전 세계적인 기술개발의 엔진 역할을 했으며, 혁신의 상당 부분이 군사조달(Military acquisition)에 의해 자금이 제공되고 추진되었다. 이렇게 개발된 대부분의 기술이 민간부문에 적용되었다. 군은 항공기와 라디오 개발을 대폭 지원했으며, 그 결과 항공산업과 방송산업이 태어났다. 미국의 광역 고속도로 체계는 소련의 공격이나 핵 재앙에 대비해 신속하고 원활한 병력이동을 위한 군 프로젝트로 처음 제안되었다. 마이크로칩은 핵미사일과 위성발사체를 관리하는 소형 디지털 컴퓨터에 사용하기 위해 개발되었다. 그리고 1990년대 본격적으로 대중화된 인터넷은 원래 1960년대 군사적 커뮤니케이션 프로젝트로서 시작되었다.

전쟁기간에는 기술의 변혁이 집중적으로 일어난다. 사회는 삶과 죽음이 걸려 있는 상황에서는 많은 돈을 빌려서라도 투자를 하기 때문이다. 미국-지하디스트 전쟁은 무인정찰기와 공격용 항공기, 데이터베이스 기술 등의 개발을 자극했지만, 2차 세계대전(레이더, 페니실린, 제트엔진, 핵무기)과 냉전(컴퓨터, 인터넷, 광섬유, 첨단재료) 당시처럼 중대한 변혁을 이끌어내지는 못했다. 그 이유는 궁극적으로 아프가니스탄과 이라크에서의 전쟁이 획기적인 혁신이 아닌 기존 기술의 개선으로도 충분한 경 보병(light-infantry) 전쟁이었기 때문이다.

이러한 전쟁을 위한 자금공급이 끊어지면 연구 및 개발 예산이 가장 먼저 타격을 입는다. 이것은 미국의 국방조달 과정에서 일반적인 순서이며, 다가올 3~4년 내에 새로운 위협이 나타나지 않는다면 성장 또한 재개되지 않을 것이다. 획기적인 군사 기술을 개발하고 있는 국가가 거의 없는 상황에서, 혁신을 위한 이러한 전통적 동력은 2020년 이후까지도 민간 부문에서 열매를 맺지 못할 것이다.

다가오는 10년에 기술혁신을 이끌 가장 강력한 동력은 인구학적 위기와 그와 관련된 비용이다. 내가 『100년 후』에서 논의했던 인구감소는 10년 안에 일부 지역에서 먼저 나타날 것이다. 반면 인구감소의 전조인 고령화는 세계 어디서나 찾아볼 수 있다. 노동력도 축소될 것이다. 그 이유는 노동자들이 은퇴할 뿐만 아니라 점점 더 상향되는 교육조건으로 인해 사람들이 20대 초반이나 중반까지는 고용시장에 참여하지 못하기 때문이다.

고령화의 경제적 영향을 악화시키는 것은 늘어나는 평균수명과 그에 따라 증가하는 퇴행성 질환이다. 더 많은 사람들이 오래 살게 되면서 알츠하이머 병, 파킨슨 병, 치명적인 심장질환, 암과 당뇨병 등으로 더 많은 사람들이 치료(최첨단 기술을 수반하는 치료를 포함하여)를 필요로 할 것이고, 이는 경제에 엄청난 부담이 될 것이다.

다행히 현재 충분한 자금이 지원되고 있는 유일한 분야가 의료연구이다. 정치연합은 기초 연구가 의약 및 생명공학 산업의 기술적 응용으로 이어지도록 연방정부로 하여금 충분한 자금지원이 이루어지게 하고 있다. 그럼에도 불균형의 가능성은 여전히 남아 있다. 게놈 지도연구는 퇴행성 질환에 대한 신속한 치료법을 내놓지 못하고 있으며, 다른 연구들도 마찬가지이다. 그래서 앞으로 10년 이상은 임시적 처방 조치들에 초점이 맞춰질 것이다.

퇴행성 질환에 대한 의료 서비스를 제공하는 것은 경제에 상당한 부담이 될 노동 비용을 수반할 것이다. 이에 대한 한 가지 대안으로 로봇공학을 들 수 있다. 그러나 효과적인 로봇공학은 오랫동안 진화하지 못한 두 가지 주요 분야에서의 혁신에 달려 있다. 바로 마이크로프로세서와 배터리다. 로봇이 노인들을 돌보려면 엄청난 처리 능력과 강화된 기동성을 필요로 하지만, 실리콘칩은 이제 소형화의 한계에 다다랐다. 한편 로봇을 조종하고, 감각 입력을 처리하고, 임무를 지정하는 데 필요한 기본 프로그램은 현재의 컴퓨터 기반에서 구동할 수가 없다. 생물학적 재료부터 양자 컴퓨팅에 이르기까지 수많은 잠재적 해결방안이 있으나, 이 분야들은 아직 기본적인 연구수준을 벗어나지 못하고 있다.

다음 10년에는 두 가지 수렴하는 기술 요소들도 정체될 것이다. 첫째는 19세기에 시작된 커뮤니케이션 혁명이다. 이 혁명은 전자기 스펙트럼(electromagnetic spectrum)에 대한 이해를 바탕으로 이루어졌는데, 이러한 과학적 발전은 세계적인 제국들과 시장의 부상에 의해 일부 영향을 받았다. 전보는 통신케이블만 갖춰져 있으면 먼 거리에서 실시간에 가까운 의사소통을 가능하게 해주었다. 전화, 라디오, 텔레비전 같은 매체는 새로운 정치적, 경제적 관계를 창출하여 양방향 커뮤니케이션을 가능하게 했고, 중앙집중화된 방송커뮤니케이션의 시대를 열었다. 이러한 '1대 다수' 매체는 그 시스템을 통제하는 이에게 암묵적으로 상당한 권력을 가져다주었다. 하지만 중앙집중화된 '1 대 다수' 방송의 패권은 디지털 시대의 가능성이 확장됨에 따라 종말을 맞이하고 있다. 다음 10년은 심지어 이러한 최첨단의 디지털 기술에 있어서조차 지난 60년의 성장과 혁신에 종지부를 찍을 것이다.

디지털 시대는 2차 세계대전 당시 인사 관리라는 엄청난 도전을 해결하는 데 필요했던 데이터처리 혁명과 함께 시작되었다. 당시만 해도 병사 개개인의 정보는 분류 및 식별을 위해 비전자 바이너리 코드(nonelectronic binary code)의 형태로 컴퓨터 펀치카드에 입력되었다. 하지만 전쟁이 끝나자 국방부는 이 원시적인 형태의 컴퓨팅에서 전자 시스템으로의 변환을 추진했으며, 이는 진공관과 거대한 메인프레임에 대한 수요를 창출했다. 이런 메인프레임들은 대부분 IBM 영업조직을 통해 민간 부문에 공급되었고, 청구서부터 임금대장에 이르는 다양한 업무들에 활용되었다.

트랜지스터 및 실리콘 기반의 칩이 개발된 이후, 혁신은 서부 연안으로 옮겨갔고, 퍼스널 컴퓨터에 혁신의 초점이 맞춰졌다. 메인프레임이 주로 데이터의 조작과 분석에 사용되었던 반면 퍼스널 컴퓨터는 타자기, 스프레드시트, 게임 등과 같이 이미 존재하고 있는 것들의 전자적 아날로그를 만들어내는 데 사용되었다. 그리고 이것은 다시 휴대용 컴퓨팅 기기들과, 가전 제품을 위한 내장용 컴퓨터 칩으로 진화했다.

1990년대에는 두 개의 기술적 지류인 커뮤니케이션과 데이터가 하나의 줄기로 통합되었으며, 정보도 전자 바이너리 형태를 띠게 되어 기존 전화선으로 전송될 수 있었다. 국방부가 메인프레임 컴퓨터 간의 데이터 전송을 위해 개발한 인터넷은 퍼스널 컴퓨터에, 그리고 전화선과 모뎀을 이용한 데이터 전송에 재빨리 적용되었다. 그 다음 혁신은 엄청나게 큰 용량의 그래픽 파일뿐만 아니라 많은 양의 바이너리 데이터를 전송하기 위한 광섬유였다.

웹사이트 상에 영구적으로 보여지는 그래픽과 데이터가 출현하면서 그 변화가 완성되었다. '1 대 다수' 브로드캐스팅(broadcasting)으로 통제되었던 세계는 '다수 대 다수' 내로캐스팅(narrowcasting)이라는 무한히 분산된 체계로 진화했다. 그리고 20세기의 뉴스와 커뮤니케이션 기술에 의해 제공된, 공식적으로 부과된 현실 인식은 현실에 대한 불협화음으로 바뀌었다.

컴퓨터는 전통적인 기능들을 보다 효율적으로 수행하기 위한 도구가 되었을 뿐만 아니라, 커뮤니케이션 기기로도 사용되었다. 컴퓨터는 기존 우편과 전화통화 방식을 바꿔놓았으며, 연구의 도구로도 활용되었다. 인터넷은 천문학 관련 데이터에서 이베이의 최신 수집품까지, 정보와 판매, 마케팅을 결합한 시스템이 되었다. 인터넷 네트워크는 공공의 광장과 시장이 되어 대중사회를 통합하는 동시에 분열시켰다.

휴대용 컴퓨터와 아날로그 휴대전화는 이미 특정 응용 프로그램들에 이동성을 부여하고 있었다. 이 두 기기가 컴퓨팅 능력, 인터넷 접속, 음성 및 문자메시지, 그리고 퍼스널 컴퓨터와의 즉석 동기화 기능을 갖춘 개인용 디지털 기기로 통합되자, 세계 어디에서든 데이터를 빠르게 활용할 수 있게 되었다. 만약 내가 시드니나 이스탄불에 착륙하면 블랙베리가 즉시 전 세계에서 발송된 이메일을 다운로드하여 최신 소식을 읽을 수 있게 해준다. 커뮤니케이션 혁명은 이제 극점에 도달했다.

지금 우리는 점진적인 변화 상태에 있다. 즉, 수년 전에 개발한 기술을 위한 능력을 확장시키고 새로운 응용 프로그램을 찾는 데 주요 초점이 맞춰져 있다. 이것은 닷컴버블 말기에 퍼스널 컴퓨터가 다다랐던 정점과 비슷한 위치다. 당시에도 하드웨어에서 인터페이스까지 기본적인 구조가 자리 잡혀 있었다. 마이크로소프트가 사무에 필요한 전반적인 응용프로그램을 개발한 상태였고, 무선 인터넷이 등장했으며, 전자상거래가 아마존닷컴을 비롯한 여러 기업들에서 이미 실행되는 중이었고, 구글은 자신의 검색엔진을 출시해 놓고 있었다. 그러나 지난

10년을 돌아볼 때 진정한 의미의 기술적 혁신을 떠올리기는 매우 어렵다. 획기적인 발전 대신 소셜네트워킹 같은 새로운 응용프로그램을 개발하고, 기존 능력을 모바일 플랫폼으로 옮기는 것에 초점이 맞춰져 있었다. 아이패드가 보여주듯이 이러한 노력들은 계속될 것이다. 그러나 이것은 궁극적으로 새로운 구조를 구축하는 것이 아니라, 그저 재배치하는 것이다. 1980년대 경제를 변화시켰던 마이크로소프트는 현재 그 동안의 성취를 고수하는 비교적 얌전한 기업이 되었다. 애플은 우리가 이미 하고 있는 것을 좀더 효율화하는 새로운 기기들을 만들고 있다. 구글과 페이스북은 인터넷상에서 광고를 팔고 수익을 얻는 새로운 길을 모색하고 있다.

획기적인 기술혁신은 이제 시장 점유율을 위한 전투, 즉 작은 개선이 마치 큰 사건인 것처럼 포장하여 돈을 벌어보려는 노력으로 대체되었다. 한편, 경제의 동력이 되었던 가술 기반의 생산성은 감소하고 있다. 이것은 다음 10년 동안 부딪히게 될 난제들에 상당한 영향을 줄 것이다. 기초 연구개발이 저조하고 기업들이 지난 세대의 핵심기술에 대한 작은 개선만을 시도하는 상황에서, 전 세계적 성장의 주요한 추진력은 기존 기술을 보다 많은 사람들이 이용할 수 있게 하는 것으로 제한된다. 하지만 휴대전화 판매가 이미 포화에 다다랐고 기업들이 불필요한 업그레이드에 투자하는 것을 꺼리기 때문에, 이것은 성장을 위해서는 문제가 있는 처방이다.

그렇다고 디지털 기술의 세계가 죽어가고 있다는 말은 아니다. 하지만 컴퓨팅은 여전히 본질적으로 수동적이며, 데이터 조작과 전송에 한정되어 있다. 필요한 다음 단계는 로봇공학처럼 적극적으로 데이터를 사용하여 현실을 조작하고 변화시키는 것이다. 그러한 적극적인 단계로 나아가는 것은 다가오는 인구구조 변화와 연관된 경제적 변혁을 상쇄할 생산성의 거대한 신장을 성취하기 위해 필수적이다.

미 국방부는 군용로봇을 오랫동안 개발해왔으며 일본과 한국도 민간 부문 활용에 발전을 보이고 있다. 그러나 이 기술이 2020년까지 준비되려면 아직도 많은 작업이 진행되어야 한다.

하지만 사회문제를 해결하기 위해 로봇공학에 의존하는 것은 또 하나의 복잡한 문제를 낳는다. 바로 이 기계들을 작동시키는 데 필요한 전력공급 문제 때문이다. 인간의 노동력은 에너지를 비교적 적게 쓴다. 그러나 인간의 활동을 모방하는 기계들은 많은 양의 에너지를 소비하며, 이런 기계가 경제 내에서 확산됨에 따라(컴퓨터나 휴대전화가 그랬던 것처럼) 전력소비도 대폭 증가할 것이다.

기술혁신에 전력을 공급하는 문제는, 증가하는 탄화수소 사용이 환경에 영향을 미쳐 정말로 기후변화를 초래하는지에 대한 뜨거운 논쟁을 불러온다. 이런 문제들이 열정을 불러일으키긴 하지만 가장 중요한 이슈는 아니다. 기후변화를 둘러싼 문제는 대통령의 통찰력 있는 리더십을 요구하는 두 가지 문제를 추가적으로 제기한다. 첫째, 에너지 사용의 절감은 가능한가? 둘째, 탄화수소 그리고 특히 석유를 사용하여 경제를 계속 성장시키는 것이 가능한가?

공공정책 입안자들은 절약을 통해 에너지 문제를 해결할 수 있다고 기대한다. 그러나 최근의 에너지 소비 증가는 개발도상국에서 비롯된 것이다. 그렇기 때문에 절약을 통해 문제를 해결한다는 생각은 실효성이 없다.

아시아와 라틴아메리카의 신흥 산업국들은 에너지 문제를 해결하기 위해, 혹은 해수면 상승으로 일부 섬나라들이 침수되는 것을 막기 위해 에너지 소비를 줄일 준비가 되어 있지 않다. 그들 입장에서 보면 에너지 절약은 자신들이 벗어나기 위해 오랫동안 치열하게 싸워왔던 제3세계의 지위로 영구히 격하되는 것이다. 그들이 보기에 에너지 소비를 줄여야 하는 나라는 선진국들, 즉 미국, 서유럽, 일본이다. 100년이 넘도록 지속되어온 방만한 에너지 소비에 대해 보상하라는 것이다.

지난 2010년, 코펜하겐에서 에너지 사용, 특히 이산화탄소 배출문제를 다루는 정상회담이 열렸고, 이산화탄소 배출량을 줄이자는 안이 제출되었다. 하지만 에너지 소비가 증가하는 시기에 배출량을 줄이는 것은 상당히 많은 난제들을 제기한다. 이는 새로운 에너지원이 극적으로 발견되거나 화석연료의 소비를 줄이지 않고는 거의 불가능한 일이다. 자전거 출퇴근이나 재활용을 철저히 하는 것만으로는 부족하다.

코펜하겐 기후변화회의가 실패한 것은 정치적으로 지속 불가능했기 때문이다. 선진국 지도자들 중에는 화석연료 절감에 따르는 생활수준의 급격한 저하를 국민들이 수용하도록 설득시킬 수 있는 사람이 아무도 없다. 국민들이 주저하는 것을 비합리적이라고 비난해서는 안 된다. 그들은 확실한 것과 확률적인 것을 비교할 뿐이다. 여기서 확실한 것은 소비 절감이 국민들의 삶을 상당히 제한하고 경제적인 혼란을 초래할 수 있다는 사실이다. 확률적인 것은 과연 기후변화가 발생하여 파괴적인 결과를 낳을 것인가의 문제이다. 기후변화가 인간에게 미칠 영향이 부정적일 것이라는 예상은 맞을지도 모른다. 그러나 문제는 우리의 자녀와 후손들에게 미칠지도 모르는 영향이 당장의 확실한 결과보다 더 중요한가에 있다. 이것은 그리 유쾌한 사실이 아니다. 하지만 동시에 코펜하겐과 교토 기후변화회의의 결과가 왜 실패할 수밖에 없었는지를 잘 설명해주는 것이기도 하다.

다음 10년 동안 우리는 에너지 사용이 계속해서 급증할 것이라고 전제해야 한다. 결국 문제의 핵심은 화석연료의 소비를 줄일 것인가가 아니라 급증하는 수요를 뒷받침할 수 있는 화석연료가 충분히 남아 있는가에 있다. 비화석연료는 에너지 사용을 대체할 수 있을 정도로 빨리 개발되지 못한다. 원자력발전소를 짓는 데도 족히 10년 이상 걸린다. 풍력 및 수력발전은 전체 소비에서 아주 작은 부분밖에 책임지지 못한다. 태양열도 마찬가지다. 다음 10년 안에 어떤 장기적인 해결책이 제시되든, 우리가 해결해야 할 문제는 급증하는 에너지 사용에 대한 대체연료를 찾는 동시에 이산화탄소 배출량을 제한하는 것이다.

　에너지 사용은 운송, 전력발전, 산업용, 주거용이라는 네 가지 범주로 크게 분류된다. 다음 10년에도 운송 분야에서는 계속해서 석유가 사용될 것이다. 기존의 이동수단들을 대체 에너지원으로 전환하는 비용이 엄청나기 때문에 10년 내에 큰 변화가 일어나지는 않을 것이다. 일부는 전기동력으로 전환될 수도 있겠지만 이것은 단순히 화석연료 소비를 자동차에서 발전소로 옮기는 것일 뿐이다. 전력 발전은 석유와 석탄, 천연가스 모두를 쓸 수 있기 때문에 더 융통성이 있다. 산업용 에너지도 마찬가지며, 주거용 냉난방은 약간의 비용으로 전환이 가능하다.

　전 세계 석유생산량은 이제 정점에 도달했으며, 이제는 하락세에 접어들었다는 얘기가 있다. 분명한 것은 석유생산이 연안의 심해나 셰일(shale) 등 점점 더 추출하기 어렵고 고비용 기술을 요구하는 불리한 지역으로 옮겨가고 있다는 것이다. 그렇다면 석유생산량이 정점에 달하지 않았다고 해도 다른 조건이 같다면 유가는 계속해서 치솟을 것이다. 심해 채굴은 높은 비용과 관리의 어려움이라는 문제를 안고 있다.

2010년 루이지애나 해안에서 발생한 BP 사의 기름유출사고에서 보았듯이, 해저 1킬로미터에서 발생하는 사고는 수습하기가 어렵다. 그러나 환경파괴 외에도 셰일 채굴을 비롯한 유전개발에 드는 비용은 상당히 비싸다. 특히 유가가 일정 가격 이하로 떨어지면 석유개발사업에 적자가 나 투자자들이 더 이상 투자를 하지 않게 된다. 석유 가격의 정점에 대한 더 폭넓은 문제는 차치한다 해도, 다음 10년간 증가할 에너지 소비를 맞추려면 석유만으로는 부족할 것이다.

그렇다면 다가오는 10년을 위한 두 가지 선택이 남는다. 하나는 석탄이고, 다른 하나는 천연가스다. 절대적인 의미에서 에너지 소비를 경감시킬 만큼 광범위한 절약은 미국뿐만 아니라 전 세계적으로도 일어나지 않을 것이다. 더 많은 석유를 생산할 능력은 제한되어 있으며, 석유에 의존하는 경제는 이란 같은 국가들에 의한 수송 차단에 취약하다. 다음 10년에 대체 에너지원이 결정적인 영향을 끼칠 가능성은 그다지 크지 않다. 원자력 발전소는 지금 시작해도 5, 6년 뒤에나 가동될 것이다. 그러나 대통령은 더 많은 석탄이냐, 아니면 더 많은 천연가스냐를 놓고 선택하기를 원하지 않을 것이다. 그가 원하는 것은 빠른 가용성, 환경에 대한 무영향, 그리고 저비용을 겸비한 묘책일 것이다. 하지만 다음 10년에 그는 필요한 것과 가용한 것 간에 균형을 잡아야만 할 것이다. 결국, 그는 둘 다 선택하겠지만 천연가스가 더 큰 비중을 차지하게 될 것이다.

천연가스 생산에 수압파쇄(hydraulic fracturing) 기술이나 프래킹(fracking)을 적용하면 에너지 가용성을 극적으로 증가시킬 수 있다. 이 기술을 활용하면 지표면에서 최대 5킬로미터 깊이에 있는 천연가스를 추출해낼 수 있다. 이 가스는 극도로 압축된 상태로 바위 속에 갇혀 있으며, 바위에 균열을 내면 가스가 한 군데로 모여져 추출할 수 있게 된다. 그러나 이 방법은 지구에서 사용되는 다른 에너지 생산 방법과 마찬가지로 환경적인 위험성이 따른다. 미국에게 유리한 점은 국내에 충분한 공급량이 있다는 것이며, 이러한 에너지원에 대한 의존은 전쟁 가능성을 낮춘다는 것이다. 천연가스는 여러 방면에서 석유를 쉽게 대체할 수 있으며 비용도 비교적 낮다. 이는 석유를 수입할 필요를 줄임으로써 외국 세력이 석유를 봉쇄하고, 그럼으로써 전쟁을 촉발할 가능성을 낮춘다.

또한 프래킹 기술은 향후 10년 동안 에너지의 가격과 가용성을 통제할 수 있을 정도로 충분한 양의 천연가스를 확보할 수 있게 해줄 것이다. 50~60년 후에는 다른 기술들이 개발되겠지만, 적어도 다음 10년 동안 선택할 수 있는 것은 석탄과 가스뿐이다.

다음 10년은 아직까지 위기로 전환되지 않은 문제들을 다루고 아직 존재하지 않는 해결책들을 모색하는 시간이 될 것이다. 물의 가용성 문제를 생각해보자. 산업화의 확대와 함께, 높은 생활수준을 누리는 인구가 여전히 증가함에 따라 여러 지역에서 이미 물 부족 현상이 나타나고 있다. 이런 고갈 현상은 종종 국가들 사이에 전쟁으로 이어질 수도 있는 정치적 갈등을 유발하게 된다. 여기에 기후 변화가 날씨의 양상을 바꿀 수 있고, 그로 인해 인구밀집 지역에 강수량이 줄어들 수 있는 가능성을 더하면, 이러한 문제는 위기가 될 수 있다.

물론 물이 고갈된 것은 아니다. 단지 물에 소금이 섞여 있거나 사용하기 불편한 곳에 있을 뿐, 엄청나게 많은 양의 물이 존재한다. 기술 향상이 필요하긴 하지만 우리는 물에서 염분을 제거하는 방법을 알고 있다. 또한 파이프라인을 통해 물을 공급하는 방법도 알고 있다. 문제는 탈염과 파이프라인 공급 모두 엄청난 비용과 에너지를 필요로 한다는 것이다. 이러한 에너지는 현재의 기술로는 확보하기 어렵다. 전작『100년 후』에서도 밝힌 바와 같이, 가용한 에너지를 상당한 수준으로 증가시키려면 우주 기반의 태양력 발전 혹은 다른 종류의 혁신적인 접근이 필요하다.

인구고령화와 노동력 축소, 물 부족 등 우리가 해결해야 하는 주요한 문제들을 살펴보면 공통점을 몇 가지 발견할 수 있다.

1. 이 문제들은 이번 10년에 출현하고 있는 중이지만, 시간이 더 지난 뒤에는 감당하기 어려운 부담이 될 것이다.
2. 이 문제를 해결하기 위한 기술 — 퇴행성 질환에 대한 치료법, 로봇공학, 탈염 기술 등 — 은 이미 존재하거나 개발해낼 수 있지만 아직 완전히 자리 잡지는 못했다.
3. 그러한 기술 대부분을 실행하는 데는(퇴행성 질환의 치료는 제외하고) 에너지에 대한 단기적 해결책과 장기적 해결책 모두를 필요로 한다.

한 가지 위험은 문제와 해결책의 균형이 맞지 않을 것이라는 데 있다. 즉, 기술적인 해결책이 나오기도 전에 문제가 위기 단계로 접어드는 것이다. 다음 10년 동안 이러한 문제들을 다루는 데 있어 대통령의 임무는 극적이지는 않다. 그것은 단기 해결책을 추진하면서 장기 해결책을 위한 기초를 놓는 것이며, 무엇보다도 둘 중 하나가 아니라 둘 다 하는 것이다. 대통령은 장기적 해결책을 검토하면서 문제가 지연될 것이라거나 혹은 해결책이 예상보다 빨리 나올 것처럼 생각하고 싶을지도 모른다. 장기적 해결책들은 단기적 해결책보다 더 매력적이며 논란도 덜 일으킨다. 단기적 해결책은 아직 살아 있고 투표권을 가진 사람들에게 영향을 미칠 것이기 때문이다. 다음 10년에 임기를 수행할 대통령들이 가지게 될 문제는 그 위기가 그들의 임기 중이 아니라 그 다음 10년에 닥칠 것이라는 점이다. 문제를 멀리 차버리고 싶은 유혹이 상당할 것이다. 여기에서도 마키아벨리의 지혜가 중요한 교훈을 준다. 즉, 성공적인 통치자들은 단순히 통치하는 것 이상을 원한다. 그들은 영원히 기억되고 싶어 한다. 존 F. 케네디는 많은 일을 할 시간이 없었다. 하지만 우리 모두는 달에 가기로 한 그의 결정을 기억한다.

단기적으로, 가장 중요한 문제는 다음 10년 동안의 에너지 소요를 위한 기초를 마련하는 것이다. 이를 위해서는 두 가지가 필요하다. 대통령은 가용 화석연료인 석탄과 천연가스 사이의 균형을 선택해야 한다. 그런 다음 국민들에게 이 두 가지 대안밖에 없다는 점을 이야기해야 한다. 그가 대중을 설득하는 데 실패한다면 다음 10년에 등장할 기술들을 위한 에너지가 없게 될 것이다. 물론 그는 지구온난화와 기후변화, 그리고 모든 종을 보호하고자 하는 열망 등을 이용해 자신의 주장을 포장해야 한다. 대통령은 자신의 정치적 기반이 어디에 있든, 전력 발전을 위해서는 천연가스와 석탄을 사용할 수밖에 없음을 주장해야 한다. 그는 전기차와 관련시켜 자신의 주장을 포장할 수도 있을 것이다. 어떤 식이 됐든 이것이 그의 임무다. 실패할 경우, 그는 예측할 수 있었던 위기를 무시한 것으로 평가받게 될 것이다.

그와 함께 대통령은 비탄화수소 자원을 이용한 에너지 생산을 장기적으로 증가시키기 위한 준비를 해야 한다. 이러한 자원은 저렴할 뿐만 아니라 군대를 보내지 않아도 충분히 통제할 수 있는 장소에 위치해 있다. 내가 볼 때 이것은 바로 우주 기반 태양력이다. 그러므로 착수해야 할 것은 민간 부문에서 저비용 부스터 로켓을 개발하는 것이다. 미쓰비시 사는 이미 우주 기반 태양력에 약 210억 달러를 투자했다. 유럽의 환경자문위원회(EAB)도 투자를 결정했으며, 캘리포니아의 퍼시픽가스 앤 일렉트릭Pacific Gas and Electric 사는 우주 기반 태양력을 구입한다는 계약을 맺었다.

에너지의 원천이 우주 기반 태양력이든 다른 기술이든, 대통령은 몇 가지 축을 중심으로 개발이 진행 중이며, 그것이 실현 가능하다는 점을 분명히 해야 한다. 앞으로는 엄청난 양의 에너지가 필요하게 될 것이며, 지나온 역사를 살펴볼 때 이런 기술의 원천은 미 국방부가 될 것이다. 이런 방식으로 정부는 초기 개발 비용의 부담을 줄이고 민간투자는 그 보상을 챙기게 될 것이다.

우리는 국가가 시장보다 더 많은 힘과 자원을 보유하고 있는 시대에 살고 있다. 시장은 기존 과학과 초기 기술을 활용하는 데 있어서는 탁월하지만 기초연구에는 약하다. 항공기와 원자력, 달 탐사와 인터넷, GPS 등 장기적인 혁신에 투자하는 데는 정부가 훨씬 뛰어나다. 정부는 물론 비효율적이다. 하지만 그러한 비효율성과 그에 따르는 비용을 흡수하는 능력이 바로 기초연구의 핵심이다. 우리가 다음 10년 동안 착수해야 할 프로젝트들을 볼 때, 그것을 가장 성공적으로 실행시킬 수 있는 조직이 바로 국방부다.

이렇듯 기술과 지정학, 그리고 경제적 복지가 서로 엮이는 양상은 특별히 새로운 것이 아니다. 팔레스타인은 갑옷을 만드는 솜씨가 훌륭했기 때문에 레반트Levant 해안을 지배할 수 있었다. 제국을 연결하고 통제하기 위해 로마 군대는 오늘날까지도 사용되고 있는 도로와 다리를 만들었다. 세계 지배를 목표로 하는 전쟁 중에 독일군은 현대 로켓 공학의 기초를 닦았으며, 그에 맞서 영국은 레이더를 만들었다. 주요 강대국들과 힘을 겨루는 국가들은 계속해서 군사적, 경제적 압력을 받을 수밖에 없다. 그들은 비상한 신기술을 발명함으로써 그러한 상황에 대응한다.

미국 역시 그러한 국가 중 하나다. 미국은 현재 경제적 압력을 받고 있지만 군사적 압력은 감소하고 있다. 이와 같은 시기엔 대개 미국이 극적이고 새로운 모험에 나서지 않는다. 현재 미국 정부는 앞에서 논의한 바와 같이 퇴행성 질환에 많은 자금을 투입하고 있다. 또 국방부는 로봇공학 연구에 상당한 투자를 하고 있다. 그러나 근본적인 문제인 에너지는 아직 합당한 관심을 받지 못하고 있다. 다음 10년에 있어, 에너지와 관련된 선택들은 전혀 획기적이지 않다. 대통령이 절약과 풍력발전, 지상의 태양력 등의 프로젝트에 자신의 권한을 소모하게 될 위험이 있다. 이런 것들은 요구되는 양만큼의 에너지를 창출할 수 없다. 특히 천연가스는 근본적인 해결책이 될 수 없다.

그러나 다음 10년에 일어날 대부분의 일들과 마찬가지로, 평범하고 명백한 선택들을 수용하는 일이 먼저 요구된다. 그런 다음 위대한 꿈들이 조용히 그 뒤를 따르면 된다.

14

제국과 공화국, 그리고 다음 10년

The Empire, The Republic, And The Decade

미
국의 외교정책을 논하면서 나는 모든 대륙과 수많은 국가들을 살펴보았다. 물론 빠뜨린 국가들도 있다. 미국이라는 제국의 전 세계적인 성격 때문에 세계의 모든 국가는 어떤 식으로든 미국에 중요할 수밖에 없다. 아프리카 니제르Niger 이슬람의 위협에서부터, 네팔이 중국-인도 균형에 끼칠 영향, 그리고 마약 전쟁에서의 에콰도르의 역할에 이르기까지 미국이 완전히 관심을 갖지 않아도 되는 나라는 지구상에 거의 없다.

많은 이들은 미국이 지나치게 확장되었으며, 이처럼 복잡한 국제적 개입(involvement)이 결국에는 미국에게 이득이 되지 않을 것이라고 주장한다. 물론 이런 주장에 설득력이 없는 것은 아니다. 하지만 미국이 자신의 국제적인 이해관계에서 어떻게 빠져나올 수 있는지에 대해서는 그들도 분명치 않다. 다음 10년 동안 미국은 이슬람 세계의 혼란, 재부상하는 러시아, 침울하고 분열된 유럽, 그리고 거대하고 심각한 곤경에 처한 중국을 관리해야 한다. 또한 자신뿐만 아니라 전 세계를 위해 현재의 경제적 문제에서 벗어날 길을 찾아야 한다.

우리는 또한 미국 경제가 지금은 비록 타격을 입었을 수도 있지만 여전히 세계 경제의 약 25퍼센트를 차지하며, 미국의 투자와 대부가 전 세계에 퍼져 있다는 사실을 기억해야 한다. 단지 미국이란 이유로 우리가 힘들게 관리해야 하는 광범위하고 복잡한 관계가 만들어진다. 미국은 실제로 지나치게 확장되었을 수도 있다. 또한 제국의 지위에 오르지 말았다면 더 좋았을 수도 있으며, 또는 지금이라도 물러나는 게 나을 수도 있다. 그러나 희망사항이 정책을 만들지는 않는다. 정책은 현실을 바탕으로 만들어지며, 의도된 것이든 아니든 만들어진 현실은 놀랄 만큼 심각한 결과 없이는 포기될 수 없다. 미국은 1898년 미국-스페인 전쟁을 계기로 세계적인 강대국의 길로 들어섰다. 그리고 한 세기가 넘도록 같은 궤도를 달리고 있다. 미국이 현재 이동속도에서 경로를 바꾸는 것은 선택사항이 아니다. 이를 요구하는 것은 환상에 불과하다.

유일한 선택은 이미 창출된 권력을 관리하는 것뿐이다. 이것은 도덕적 원칙과 권력의 행사를 서로 조화시키는 데서 시작된다. 도덕적 원칙에서 시작하는 것이 가장 실용적이다. 전쟁을 벌일 것인가를 놓고 벌어지는 내부적 갈등의 상당 부분은 도덕과 권력의 관계에 대한 불명확성에 비롯되고 있다. 그러므로 중요한 것은 현실과 도덕성에 대한 공통된 이해이다.

권력 행사는 항상 도덕적으로 모호하다. 그러나 미국이 무너진다면 미국의 도덕적 원칙은 아무런 의미가 없다. 보편적인 권리의 추구는 말 이상의 것을 요구한다. 그것은 힘을 요구한다. "아무도 다치지 않는 것"은 비현실적이며, 우리가 할 수 있는 최선은 누가 언제 다치게 될 것인지에 관한 어려운 결정을 내리는 것이다. 링컨은 켄터키 주에서 노예제를 지지해야 했다. 옳은 행동은 아니었지만 그렇게 하지 않았다면 전쟁에서 패했을 것이다. 그리고 만약 그가 전쟁에서 패했더라면 그의 모든 도덕적 프로젝트도 파괴되었을 것이다.

마찬가지로 아무런 도덕적 목표 없이 단순히 권력만 추구하는 것도 의미가 없다. 닉슨은 목적 없이 권력을 행사했다. 그를 워터게이트와 파멸로 이끈 것은 바로 도덕적 관점의 부재였다. 목적으로 수단을 정당화하는 것과 수단 자체가 목적이 되어버리는 것에는 분명한 차이가 존재한다.

다음 10년 동안 미국은 단순화하려는 욕망을 극복해야 한다. 문제를 해결하는 단 하나의 표어나 공식은 존재하지 않기 때문이다. 권력 행사의 핵심이 되는 도덕적 문제는 예기치 못한 형태로 반복해서 나타난다. 그 어떤 지도자도 모든 문제를 매번 적절하게 해결할 수는 없다. 우리가 어떤 지도자에 대해 내릴 수 있는 최고의 평가는, 그 또는 그녀가 주어진 상황에서 전반적으로 잘 해결했다는 것이다.

이런 수준에 도달하려면, 미국인들은 더 성숙해져야 한다. 우리는 해결할 수 없는 문제에 대한 해결책과 우리의 리더들에게서 완벽함을 기대하는 미숙한 존재들이다. 처칠은 아마 미국의 대통령으로 선출되지 못했을 것이다. 어떤 기준에서든 그는 알코올 중독자였고 엘리트주의를 자처하는 사람이었다. 루스벨트는 재직 당시 외도를 한 적이 있으며 대통령이 되기 전에도 그런 경험이 한 차례 있었다. 일부 전기 작가들은 링컨이 조울증을 앓고 있었다고 추정한다. 레이건은 대통령 말기에 알츠하이머 병 초기 증상을 보였다. 이들 모두가 당시 상황을 고려했을 때 정치를 잘했다고 평가될 만한 지도자들이다.

알다시피 미국 사회는 증오심이 가득한 담론으로 분열되고 있다. 물론 과거에 앤드류 잭슨과 프랭클린 루스벨트에 대해 오갔던 말들이 상냥했던 것은 아니다. 시민의 평등권, 베트남 전쟁, 워터게이트 등을 둘러싼 충돌들도 견뎌냈기에, 우리가 오늘날 새로운 수준의 분열적 상태(incivility)에 도달했다고 주장할 수는 없다. 그러나 이라크와 아프가니스탄 전쟁, 그리고 2008년의 금융위기는 미국 엘리트들의 국제적 이해관계, 그리고 그들이 일반 대중들의 이익을 침해해온 건 아닌지에 대한 중대한 의문을 제기했다. 악인과 선인은 종종 구별하기 어려우며, 그렇기 때문에 이런 논의에 대한 간단한 접근법은 없다. 정치적 반대 진영에 대한 비방은 일관된 정치적 로드맵을 만드는 데 전혀 도움이 되지 않는다.

지난 10년 동안 미국은 여러 도전들에 직면해야 했다. 미국은 준비가 되어 있지 않았고, 잘 관리하지도 못했다. 그것은 소위 '학습 경험'이었으며, 미국의 생존을 위협하지 않았기에 나름의 가치가 있었다. 그러나 그 이후에 떠오르게 될 위협은 지난 10년의 위협을 훨씬 능가할 것이다. 미국을 기다리고 있는 게 무엇인지 알고 싶으면 20세기 중반을 되돌아보면 된다.

미국이 강박적인 외교정책에서 더 균형 잡히고 미묘한(nuanced) 권력 행사로 전환하는 데 있어 다음 10년을 갖게 된 것은 다행스런 일이다. 이는 그 목표가 힘보다는 외교를 활용하는 법을 배우는 것임을 의미하지는 않는다. 외교는 자신의 자리(place)가 있다. 하지만 내가 말하고자 하는 것은, 다른 대안이 없을 때 미국은 자신의 적들을 주의 깊게 선택하는 방법을 배워야 하고, 그들이 패할 수 있음을 분명히 하고, 그런 다음 그들이 굴복하게 만들 효과적인 전쟁을 일으켜야 한다는 것이다. 이길 수 없는 전쟁은 하지 않는 것이 중요하다. 그리고 이기기 위해 전쟁을 해야 한다. 미국처럼 광범위한 힘과 이해관계를 가진 나라가 단지 분노 때문에 전쟁을 한다는 것은 있을 수 없는 일이다.

미국은 지난 50년 가운데 16년을 아시아에서 전쟁을 하면서 보냈다. 한국전쟁을 겪은 후, 평화주의자와는 거리가 멀었던 더글러스 맥아더도 미국인들에게 그런 모험을 삼가라고 말했다. 그 이유는 간단했다. 미국이 아시아에 발을 들여놓는 순간 수적으로 크게 압도되기 때문이다. 본국에서 수천 킬로미터 떨어진 병력에 대한 군수지원 문제, 물러날 곳이 없을 뿐 아니라 몸으로 지형을 체득한 적들과의 전투는 안 그래도 힘든 싸움을 더욱 악화시킨다. 그러나 미국은 이번에는 다를 거라고 기대하면서 계속해서 뛰어든다. 이것이 지난 10년의 모든 교훈 중 다가올 10년을 위해 가장 중요하다.

우리가 영국으로부터 배워야 할 교훈은, 아시아와 유럽에서의 전쟁을 관리하는 데 비록 이기적일지라도 훨씬 더 효과적인 방법이 있다는 사실이다. 그것은 잠재적인 적의 자원을 미국이 아닌 그 인접국으로 돌리는 것이다. 미국의 외교정책에 있어 힘의 균형을 유지하는 것은 국내 정치에 있어 인권 선언과 같이 근본적인 것이어야 한다. 미국은 오직 가장 긴박한 상황, 즉 상대하기 힘든 강대국이 광범위한 영토를 장악하고자 위협하지만 이에 맞설 수 있는 세력이 전혀 없을 때에만 동반구에서 전쟁을 수행해야 한다.

미국이 가진 힘의 토대는 바다에 있다. 바다에 대한 지배는 다른 국가가 미국을 공격하는 것을 막고, 필요시 미국이 개입할 수 있게 하며, 미국에게 국제무역에 대한 통제권을 부여한다. 미국은 이 힘을 사용할 필요는 없지만 그렇다고 다른 국가에게 양도해서도 안 된다. 국제무역은 바다에 의존한다. 바다를 통제하는 자가 결국 전 세계 무역을 통제하게 된다. 힘의 균형 전략은 도전자들이 바다에 대한 미국의 통제권을 위협할 수 있는 힘을 구축하지 못하게 막는 해전의 한 형태이다.

미군은 현재 이슬람 세계에서 싸울 수 있는 병력을 구축하는 데 집착하고 있다. 어떤 이들은 우리가 모든 전쟁이 비대칭적이 되는 단계에 도달했다고 말한다. 다른 이들은 미래에는 분쟁이 몇 세대 동안 이어지는 '장기전(long war)'이 될 것이라고 말한다. 이것이 사실이라면 미국은 이미 패배한 것이나 다름없다. 미국이 10억 이상의 이슬람을 평정할 방법은 없기 때문이다.

그러나 나는 이런 평가가 잘못되었으며, 그와 같은 목표는 상상력의

348

실패라고 주장할 것이다. 장군들은, 스스로 말하듯이 항상 마지막 전쟁을 치른다. 전쟁이 한창 진행 중인 동안에는 미래의 모든 전쟁이 현재 자신이 싸우는 전쟁과 비슷할 것이라는 결론에 도달하기 쉽다. 그러나 체계 전쟁(systemic war), 즉 주요 강대국들이 국제적인 체계를 재정의하기 위해 싸우는 전쟁이 거의 세기마다 일어난다는 사실을 잊어선 안 된다. 냉전과 그에 따른 하위 전쟁들까지 포함한다면 20세기에는 세 개의 체계 전쟁이 있었다. 21세기에도 체계 전쟁이 벌어질 것이라는 사실은 거의 확실해 보인다. 여러 차례의 소규모 전쟁에서 이길 수는 있어도, 가장 중요한 대규모 전쟁에서 패하면 모든 것을 잃게 된다는 점을 기억해야 한다.

미군은 앞으로 어디에서 싸우게 될지 모른다. 2000년 당시만 하더라도 미국은 다가올 10년 가운데 9년을 아프가니스탄에서 전쟁을 하면서 보내게 될 것이라는 사실을 믿기 어려웠다. 그러나 실제로 그렇게 하고 있다. 이러한 전쟁들을 계속하기 위해 군대를 강화하는 것은, 미국이 더 이상 전쟁을 원하지 않는다고 결정하면서 국방 예산을 삭감하는 것과 마찬가지로 엄청나게 큰 실수다.

최우선의 초점은 바다에 두어야 한다. 미 해군은 미국의 전략적 토대이며, 미 우주군(U.S. forces in space)이 그 뒤를 긴밀히 따라갈 것이다. 왜냐하면 다음 10년 안에는 정찰 인공위성이 대함 미사일을 유도할 것이며, 얼마 지나지 않아 미사일 자체가 우주에 진입하게 될 것이기 때문이다. 새로운 무기 체계를 배치하는 데 20년씩 걸린다는 점을 감안한다면, 다가올 10년은 미래의 무기 체계를 위한 집중적인 준비의 시기가 될 것이다. 다음 10년은 전환을 위한 시기이다.

대영 제국은 식민성을 두었고, 로마는 지방총독을 두었다. 미국은 외교정책을 다루는 기관이 중구난방으로 산재해 있다. 중복되는 직무를 가진 정보기관만 16개다. 국무성과 국방성, 국가안전보장회의, 국가정보국 모두가 결국 동일한 문제를 다루며 대통령이 그들을 관리하는 한에서만 어느 정도 조화를 이룬다. 부엌에 요리사가 너무 많다고 말하는 것은 핵심에서 벗어난 것이다. 똑같은 메뉴를 대접하는 부엌도 너무 많다. 워싱턴에서 일어나는 관료주의적 내분이 코미디 소재로는 좋을지 모르지만, 그것은 전 세계에 있는 삶들을 산산조각 낼 수도 있다. 현재 상태 그대로 내버려두는 것이 훨씬 편하겠지만, 단지 워싱턴에게만 그럴 것이다. 미국의 외교정책기관들은 합리적으로 조정되어야 한다. 대통령은 자신의 팀을 통제하는 데 많은 시간을 소비한다. 이것 역시 통제불능 상태에 빠지기 전에 바뀌어야 한다.

미국인들은 미국의 문제에 대해 자기 자신을 제외한 모든 사람들만 탓으로 돌린다. 폭스 뉴스나 특수 이익단체, 또는 진보적 미디어가 문제라고 말한다. 그러나 본질적으로 문제는 미국이 제국인지, 그리고 그렇다면 어떻게 할지에 관해 미국 내의 합의가 없다는 것이다. 미국인들은 사실을 직시하는 것보다 서로를 비방하는 것을 좋아한다. 그들은 현실을 주장하기보다는 당위를 주장하길 좋아한다. 내가 보여주고자 했던 것은 미국의 정치체제(regime)와 다음 10년, 두 측면에서 내가 보는 현실이었다. 나는 이 책에서 미국은 '의도하지 않은 제국'이 되었다고 주장하면서, 이 제국의 지위가 공화국 미국에게 심각한 위협을 제기한다는 사실을 보여주었다. 도덕적 기초를 잃는 것은 제국을 무의미하게 만들 것이다.

나는 또한 이른바 마키아벨리적 대통령, 즉 권력의 본질을 이해하면서 동시에 도덕적 중심(moral core)을 갖춘 지도자의 필요성을 주장했다. 대통령은 공화국을 위한 유일한 실질적 보루이다. 국민 전체에 의해 선출되는 사람은 오직 대통령밖에 없기 때문이다. 대통령이 할 일은 이끄는 것이며, 그래야 국가를 운영할 수 있다. 하지만 대통령은 아무리 뛰어나더라도 혼자서는 나라를 이끌지 못한다. 그에게는 공화국이 성숙하게 기능하도록 건국자들이 남겨준 다른 기관들이 필요하다. 그리고 무엇보다도 대통령은 국가를 위해 책임지는 성숙한 국민을 필요로 한다. 신약성서에는 이런 구절이 나온다.

> "내가 아이였을 때 나는 아이처럼 말했고 아이처럼 생각했고 아이처럼 판단했다. 어른이 되었을 때 나는 유치한 방식들을 내려놓아야 했다."

미국은 이제 어른이 되었고 국민들도 그래야 한다.

링컨과 루스벨트, 레이건 모두 분열된 나라를 이끌었다. 이들 각각은 폭풍을 헤쳐 나갈 강력한 연합체를 만들어낼 만큼 정치적 수완이 뛰어났다. 그러나 미래에는 영리한 지도자뿐만 아니라 영리한 국민도 필요하다. 1787년 헌법제정회의 후에 한 여인이 벤저민 프랭클린에게 다가와 대표들이 어떤 유형의 정부를 선택했는지 물었다. 그는 "공화국입니다."라고 대답한 뒤 이렇게 덧붙였다. "당신이 그것을 유지할 수 있다면요."

나는 대부분의 사람들이 생각하는 것보다 미국이 훨씬 더 강하다고 진심으로 믿는다. 문제들이 존재하지만 미국이 가진 힘에 비하면 사소한 것에 불과하다. 동시에 나는 진심으로, 미국의 생존에 대해서가 아니라 건국자들이 물려준 공화국을 지킬 능력에 대해서 우려하지 않을 수 없다. 제국에 대한 요구와 유혹은 공민성(civility)과 균형감(perspective)을 잃어버린 대중과, 권력을 행사할 능력도 도덕적 목적을 추구할 능력도 없기에 국가를 이끌지 못하는 정치가들에 이미 포위된 제도들을 쉽게 파괴할 수 있다.

미국에게는 다음 네 가지가 필요하다. 첫째, 자신이 처한 상황을 냉정하게 이해하고 있는 국가. 둘째, 현실과 미국적 가치를 조화시켜야 하는 부담을 감당할 준비가 된 리더들. 셋째, 권력과 원칙을 이해하고, 그 둘이 있어야 할 자리를 아는 대통령. 하지만 무엇보다도 필요한 것은, 제국의 역할을 맡게 된 공화국을 운영하는 데 필요한 문화와 제도를 개발하려면 무엇이 관건인지, 그리고 시간이 얼마나 촉박한지를 이해하는 성숙한 국민이다. 그러한 국민이 없다면 다른 어느 것도 가능하지 않다. 상황은 결코 절망적이지 않다. 하지만 미국이 성숙해지기 위해서는 의지에 찬 거대한 행동을 필요로 한다.